刑事判例の研究

その一

井上祐司 著

九州大学出版会

はしがき

これまでに発表してきた論稿で、まだまとめてこなかったものを、ここに、『刑事判例の研究』という題をつけて、発表することにした。私の論作集としては、おそらく最後のものとなるであろう。

扱われているテーマは、広くに及んでいるが、「監督者の刑事過失」に関して、いくつか、まとまったものがある。そこでも、監督的地位にある者の過失を、最終的な結果との関係でとらえようとしたところに、従って、通常の過失犯の構造と異なるところのないものとしてとらえているところに、つまり、「具体的結果の予見可能性」というところまで降りてきてとらえるところに、それら論稿の特徴があるといえよう。

また、本書の最後にあげた、「米兵ひき逃げ事件」のとらえ方は、被告米兵の第二現場の行動を、少年兵をして、引き落とし行為へと「仕向けた」ものとしてとらえているところに特徴がある。このようなとらえ方は、本件についての諸家の評釈にはみられないもので、私の独自のとらえ方である。ある論者の見解を一歩進めたものではないかと考えているが、批判を戴ければ幸いである。

さらに、「不作為の放火」事案についても火勢の進展と、その状況が家に燃え移ることを見究めてから現場を立ち去るという点にこだわってとらえている点も、私なりの工夫であり、また、「横領と背任」に関し、不法領得の意思を、「権利者の排除」と、「自己に領得する意思」とに分解してとらえている点も、一つの特徴といえるであろう。この点も、批判をうけたいと思っている。

平成十五年五月

井上祐司

刑事判例の研究（その一）目次

はしがき …… i

第一　構成要件該当性の内容について …… 三
一九五七年（昭和三二年）（「法政研究」二四巻三号）

第二　改正刑法準備草案における故意・過失 …… 二五
――行政犯における故意・過失に関連して――
一九六〇年（昭和三五年）（「法律のひろば」一三巻七号）

第三　刑法二四二条の「他人ノ占有」の法意 …… 三九
一九六一年（昭和三六年）（「判例タイムズ」一一一号）

第四　偽造運転免許証行使罪の成立する事例 …… 四九
一九六二年（昭和三七年）（「法政研究」二八巻三号）

一九六九年（昭和四四年）

第一〇 地方公務員法三七条、六一条四号の合憲性および同条により禁止される争議行為の範囲……一一五
——福教組・佐教組事件の各控訴審判決——
（「法政研究」三五巻五号）

第一一 共犯と身分——営利の目的と身分——……一二九
（『判例演習　刑法総論（増補版）』）

第一二 強盗傷人罪——財物を奪取しなかった場合と既遂の成否——……一三七
（『判例演習　刑法各論（増補版）』）

第一三 名誉毀損罪における事実の証明……一四三
（『判例演習　刑法各論（増補版）』）

一九七〇年（昭和四五年）

第一四 兇器準備集合罪……一五一
——防衛庁襲撃事件　東京高裁昭和四四年九月二九日刑事部判決——
（「判例タイムズ」二四六号）

一九七一年（昭和四六年）

第一五　刑法における因果関係……（「法学セミナー」一九一号）　一六五

一九七二年（昭和四七年）

第一六　各則案の治安刑法的基調を批判する……（「ジュリスト」四九八号）　一七五

第一七　共犯と身分……（『刑法演習問題五五講』（一粒社））　一八九

第一八　強制執行免脱罪——罪質……　二〇一

——強制執行免脱罪の成立には基本債権の存在を必要とするか——

（『演習　刑法各論』（青林書院新社））

一九七三年（昭和四八年）

第一九　最高裁四・二五判決とあおり罪……（「法律時報」四五巻八号）　二〇七

第二〇 可罰的違法性……………………………………………………………二三九
——公労法一七条違反の争議行為にも労組法一条二項を適用することができるか——
（ジュリスト増刊『刑法の判例（第二版）』）
一九七六年（昭和五一年）
第二一 不能犯——静脈空気注入事件——……………………………………二四五
（「法学セミナー」二〇巻一三号）
第二二 「労働法的違法性」について——熊倉労働刑法論の機軸として——…………二五五
（「法の科学」第五号）
一九七八年（昭和五三年）
第二三 性表現の今日的考察………………………………………………二七九
（法学セミナー増刊『言論とマスコミ』）
第二四 刑罰法規の委任——猿仏事件最高裁判決——……………………二九五
（『刑法判例百選Ⅰ　総論』）
第二五 尊属殺の合憲性……………………………………………………三〇三
（『刑法判例百選Ⅱ　各論』）

刑事判例の研究（その二）　目次

刑事判例の研究　その一

第一　構成要件該当性の内容について

はしがき

近代刑法学において「犯罪とは構成要件該当の違法・有責の行為である」とされる。この犯罪概念の規定は、ベーリンクの「犯罪論」（一九〇六年）によって完成されたものである。それまでは、構成要件が一般法学上の意味——一般構成要件（可罰条件の総体）——に理解されて、犯罪は構成要件と同視されていた。ところがベーリンクは、刑罰法規の各本条における各種犯罪——特別構成要件——に当る行為のみが犯罪たりうるという罪刑法定主義の思想をば、犯罪概念に徹底的に表現せねばならぬとして、冒頭のような規定を与えたのである。そして、ベーリンクのこの一般構成要件から特別構成要件への転換は、極めて積極的に肯定的に評価されてきたのである。(1)

ところが、ソヴエト・東独の刑法学においては、(2)この転換を徹底的に否定的に評価し、ベーリンクをもって「帝国主義イデオローグ」の筆頭にかかげた。(3)このことは我々に甚だ唐突な印象を与えた。しかもその批判は十分な説得力を欠くものがあった。そこで、この転換の意味をさぐることは我々じしんに課せられた問題というべきであろう。

しかし、この課題は刑法理論の全領域にまたがる問題であるため、容易な仕事ではない。そこで、ここにおいては、さしあたり、その第一歩として、ベーリンクとM・E・マイヤーの構成要件該当性という判断の構造を確定するということに限って稿をまとめることにした。一般構成要件から特別構成要件への転換の歴史的位置づけは、違法論と規範的責任論の検討をぬきにしては不可能であるが、その予備として、構成要件該当性の判断構造を確かめることが必要であったからである。

(1) 滝川・犯罪論序説(昭二七)、五一頁、小野・犯罪構成要件の理論、二〇一頁。ドイツ刑法学全体の社会経済的背景・イデオロギー的基礎については、小野・犯罪構成要件の理論(昭二八)、二九二―三一一頁、平場・構成要件欠陥の理論・法学論叢・五三巻(昭二二)、二七〇頁、及び註一三参照。しかし、井上正治教授は、規範主義刑法理論が独占金融資本主義のイデオロギーであることをつとに指摘された。刑法学総則(昭二六)、一一六頁。

(2) ソヴエトの構成要件論が理論的系譜として「古い」構成要件に連なることについて、木田純一・犯罪構成要件理論の現代的展開、刑法雑誌六巻(昭三一)二号、二三八頁、団藤・刑法学の新しい展開、法律時報、二八巻(昭三一)一八頁、同・刑法綱要(昭三二)、六三頁註三および七七頁註五。

(3) Prof. Dr. Gerats, Die strafrechtliche Verantwortrichkeit in der DDR, 1952, S. 58-60. 構成要件を客観的側面に限定し、違法・責任という裁判官の評価によって犯罪の成否を左右することで、古い構成要件のもつ形式的合法性を破壊した、というにある。しかし、この点を主張するためには、違法論の批判をぬきにしても、規範的構成要件要素、一般に法の解釈・適用における「評価」の問題を解決せねばならないであろう。

一 ベーリンクの「構成要件該当性」の内容

一

ベーリンクは、[1] 自らその構成要件の理論を「類型説」とよんだ。[2] 彼は、構成要件・構成要件メルクマール・構成要件該当性をそれぞれいかに規定したであろうか。

「この論作も『構成要件』のもとに、いかなる犯罪が類型的に問題なのかということを示すメルクマールの総体を理解している。つまり、刑法三〇三条にとっては『他人の物の損壊』、刑法二一一条にとっては『人を殺す』等々(3)」。

「すべての法定類型はお互にまたさまざまのものであるが、ある一つの共通のものをもっている。即ち、それぞれの類型は次の意味で外部的な所謂客観的行為側面の輪郭を示している。即ち、この指標はただに直接客観的に実現されねばならぬというのみならず、内的なもの、行為者の精神的なもの、所謂主観的行為側面（責任）が、その指標について示されねばならぬ……という意味において……(4)」。

それぞれの類型の概念的要点をなす指標が「法定の構成要件」である（ある行為の可能性の全条件を把握するところのいわゆる一般的犯罪構成要件に対して「特別構成要件」、「技術的意味における構成要件」）、我々はそれを個々の犯罪種類を特徴づけている外面行為形象と定義づけることができる。それは行為者の内部的なものの領域にもまた（責任にとっても）意味があるという限りで(5)」。

二　ここにおいて、構成要件とは、行為の外部的輪郭を示すメルクマールの総体であると規定されている。それでは、これらの外部的メルクマールは具体的にどのように規定されているのであろうか。

「行為の構成要件該当的なものと、非類型的なものへの分割は、当然に特定のメルクマールの附加によってのみ行うことができる。しかし、諸構成要件はいろいろあって、それはまず、単に、身体運動ないし、身体抑止じたいを注視して、その時間的・場所的・その他の特徴的メルクマールを与えているが、その行為から出てくる因果の鎖には何も言及していない場合と、さもなくば、行為から生ずる結果と共に、行為を注視し、それゆえ、行為のある特定の種的結果が特徴的色合いを与え、そして、行為はその結果の原因として、当該類型を形成しているかの何れかである」[6]。

ここで構成要件の内容として、身体的動静・時間・場所・結果についてのそれぞれの規定性があげられている。これと同様の趣旨が教科書に次のようにまとめられている。

「すべての法定構成要件は、内容的には、特定の生活過程の抽象的な形象を輪郭づけており、人間行為の吟味にあたってそれがこの形象に照応するかどうかということを可能にする。この形象の特徴は、理論的にはつぎのものから得られる。

(一) 身体的態度の特徴（例えば「行く」）又は、運動の観念的な意味（例えば「要請」「威嚇」）、

(二) そこで身体運動が行われる時間的・場所的な環境（例えば八九条の「闘争中」……）、

(三) 時間的に身体運動の後にくる結果、結果としての状態の共存（例えば人の死［物理的］、立服の惹起、認識到達［精神的］）[7]」。

ついで、彼は侵害犯においては、侵害の客体が構成要件に属するとする。更に、彼の構成要件の内容について特に注意しなければならないのは、後代において、社会的・文化的評価を必要とするところの「規範的要素」と考えられたものについてである。この点は彼が構成要件を「純粋に記述的なもの」[8]としたことと関連して特に注目に値する点であるからである。

「刑罰法規における類型が、時たま、刑法典一八五条の誹毀のように定義的に厳格に書きおろされていないという事情は、犯罪類型が違法性契機をその中に含まぬという命題に対して、両事情は決して矛盾するものではない。ここでは正に構成要件への科学的突入が必要であり、その探求の後に、そして、ある具体的な場合における構成要件の存在の後に、常のように違法性が吟味される。

例えば、我々が誹毀のもとに、ある人の社会的地位に関して、その人の品位を落とすことを理解するならば、

具体的にかかる品位を落とすことが存在しているという確定によっては、なおその行為の犯罪性は肯定されない。違法な誹毀と違法でない誹毀とがあるからである。人が「誹毀」という言葉を、正にただ構成要件的にのみうけとる限り……」[9]。

刑法三六〇条の狼藉についても、同様に、「ある人についての特定されない範囲の面倒[10]」をかけることであるとしている。いわゆる規範的な要素を解釈によって事実的メルクマールに分解し、構成要件の厳格な枠づけを貫徹しようとしているのである[11]。

三　かくして、次に、構成要件該当性という判断はどのような仕組で把握されているかを検討せねばならない。

「そこから構成要件が概念的につみかさねられるところの個々の要素（刑法典二四二条においては、物、物の他人性、動産性、奪取）が構成要件メルクマールである。ある行為が構成要件の下におかれねばならないとすれば具体的生活過程は、これらメルクマールに包摂されるものでなければならない[12]」。

つまり具体的行為の中にこれらのメルクマールが存在するときその行為は構成要件該当性があるとされている。この当嵌めの手続とは一体どういうことであろうか。

かれは、構成要件該当性が因果関係とは別個の問題であることを強調して次のようにのべている。

「以上のことから、実現行為とは、構成要件該当的結果の『原因』であり、『予備』『附随』行為とは、その『条件』である、というような新しい因果関係が主張されていると思ったら誤りである。

支配的因果関係論――conditio sine qua non にあるものは相互にその因果的意味において同等であること――は、私には従来から否定されないものだと思っている。結果にたいする原因としては、予備行為も、附随行為も同じである。その区別は因果の領域にあるのではなくして構成要件の領域にある。問題なのは conditio sine qua non がその因果力に関して区別さるべきかどうかではなくして、それらのものが固有の構成要件に属するか、その局外圏に属するかにある……」[13]。

ベーリングは実行行為を構成要件の核心としてとらえ、予備・附随・事後行為をその核心のそばにある局外圏とする。この実行と局外圏とを区別する概念的基準について次のようにのべている。

「例えばある人の毒殺、抑留、窃盗の見張りが実行行為に入るのか局外圏に入るのかを何に基いて認識するか。その答は次のようなものでのみある。実行とは、その行為について、その他の有責な行為をみとめることなくしても、それが構成要件を充足している（少くともその開始を説明する）ということ、それが『死を齎す』『奪取する』等々を意味するということが言われうるということである。局外圏に属する行為とは、補完的有責行為（補充的行為）と一緒になってのみ構成的色合いをもち、従って、補完必要的なものであり、それじしんとしては構成要件の実現として現われないものである」[14]。

また、未遂・既遂に関連して、

「構成要件それじたいは、その実現の差異――構成要件の実現開始と、構成要件の実現終了――によって影響されない。『死を齎す』という類型は、未遂でも既遂でも同様に問題になる。しかし、類型はその上に、ある部分的（そして端初的）実現という概念が完全な実現に対比して適用しうるように形成されている。その実現は類型上の差異を齎すことなしに、強度のものであったり、より強度の少いものだったりすることがある。『構成要件該当的』であるのは、たんに既遂行為のみならず、未遂行為もそうである」[15]。

既遂は類型の完全な実現であり、未遂は類型の部分的実現として、共に、構成要件該当的であるとされる。しかし、これは、甚だあいまいな性格づけと言わねばなるまい。既遂と未遂とは、結果という構成要件要素を欠くという一点においてのみ異なるだけであり、行為そのものの特徴としては、同一のものであるべきだからである。構成要件要素がいろいろの性格をもったものの統一体でありながら、自らその間に役割の相異がある。結果はメルクマールとしては構成要件的結果であり、その存否は既遂・未遂を決定する。中核たるメルクマールは構成要件的行為じたいの法的特徴づけであり、不能犯と未遂、予備と未遂、正犯と共犯の区別にとって決定的である。この重要な後者の問題においていわば同義語反覆的な説明を与えているにすぎない。

四　従って、構成要件該当性の判断は、さしあたっては、被告人の具体的な行為の中に構成要件の内容を形成している個々のメルクマールがあるかないかという形で問題とされるであろう。そして、すべての構成要件メルクマールの存在が確定されたとき、構成要件該当性ありと判断されるであろう。

しかし、攻撃の客体、結果、場所的時間的規定性といったメルクマールの存否は、割合容易に判断出来るであろうが、問題は、構成要件要素の中核たる外部的行為そのものの規定性、「死を齎す」「奪取する」等々、いわば構成要件的動詞、の存否である、しかも、この核心のメルクマールの存在については、以上のように同義語反覆的説明に終わっている。しかし、彼はこの点について、一つの手がかりを与えている。

彼は正犯を基礎づけるため、従来の学説が因果関係における原因と条件との区別を基礎としたことを非難した個所でこの点にふれて次のように注目すべき見解をのべている。

「これらの理論は、通常ではない（とっぴな）因果系列にたいする法的責任をやわらげるための努力である。それゆえ実際には、これらの理論は、因果論の領域にあるのではなく、すべての結果惹起が、それとも、特定種類の結果惹起が、答責性を生ぜしめるかどうか、という問題である。この二つの問題を混同したために、因果関係の中に価値的契機をひきいれる誤りをおかした。

これらの理論の争いを検討するに当って注意すべきは、法的性質をもった結論をひき出すのに、前法律的＝

アプリオリ的領域にはいっているということである。方法論的にあやまっている。今問題にしているこの問題は、『因果性』の問題そのものではなくして、個々の法定構成要件の内容の指摘である。実際に解決すべき問題は、Aが『ある人を殺した』か、『他人の財物を奪取したか』等々である。法定構成要件は展開さるべき行為をしるしているので、それは行為者の活動と結果とのある条件関係を勿論要求している。だが構成要件は、原因概念の科学的確定に関係しているのではなくして、単純な日常用語例に、即ち、我々が『殺人行為』『奪取行為』等々を耳にしたときに、我々に生ずるところの表象形式に関係している。

この日常用語例は、しかしながら、結果の因果的に同等な条件の間にただ特定の中心的活動のみが『殺人行為』『奪取行為』としてのみあらわれ、その周辺のものでしかも共働したところの活動（予備・附随行為）は、構成要件的表象形式の外側にある、という意味で区別する。……行為の因果的価値は、法定構成要件の要点を形成しないということは、結果が何らの役割をも演じない構成要件があることがこれを示している」[16]。このように、核心となる構成要件的動詞の吟味に当って、「日常用語例」との一致ということに基礎をおいたのである。正犯の行為――実行行為――の存否は、結果との相当因果関係の存否によるのではなく、端的に行為そのものの相当性、常識的意味との一致で満足したのである[17]。

五　以上ベーリンクの理論を要約すると次のように言うことができよう。

(一)　構成要件（類型）とは行為の外部的輪郭を示すメルクマールの総体である。

(二)　これらのメルクマールには、行為そのものの特徴づけ・場所的時間的規定性・結果・攻撃の客体が属する。

(三)　犯罪の第一の規定性たる構成要件該当性という行為の特徴は、さしあたりこれら構成要件メルクマールが当該の具体的行為に存在するかどうか、存在するとき、その行為は構成的要件該当性ありと言われる。論理的には包摂の操作である。

㈣　構成要件メルクマールの中核たる行為そのものの特徴の吟味に当っては、端的に日常用語例との一致によって解決する。

六　このベーリンクの理論は、一九三〇年の「構成要件の理論」においてどのように変化したであろうか。周知のところであるが、彼は、構成要件と犯罪類型の概念を区別した。

「すべての犯罪類型は、いろいろの要素が一緒になった全体を形成している。しかしこれら多くの、そして、種を異にするところのものでありうるこれら諸要素は、さし当り独立的犯罪類型においては、なお、全体として、一つの観念形象を引合いに出している。この観念形象はこの犯罪類型の統一を基礎づけており、それなしにはこれら要素は、この類型のメルクマールとしての意味を失うであろう。この観念形象がこの犯罪類型にとっての『法定の構成要件』である」(18)。

即ち、犯罪類型とは、法定の客観的・主観的メルクマールの総体である。そして、客観的メルクマールの中には、構成要件メルクマール（不法類型メルクマール）の外に、裸の附加的な客観的メルクマール（破産宣告、傷害致死罪の死の結果等）が属すると同時に、主観的メルクマールの中には責任類型メルクマール（構成要件メルクマール＝不法類型メルクマールの主観的反映）の外に、裸の附加的な主観的メルクマール（目的犯の目的、謀殺における予謀）がある、とする(19)。従って、構成要件メルクマールは客観的にも主観面にも関連する――これは「犯罪論」でも同じであった(20)――が、犯罪類型はこれらのメルクマールのほかに、客観的にはみ出すもの、主観的にはみ出すものをも含むものとして把握されるに至った。そしてこの犯罪類型の概念には、実は、彼が否定し去ろうとした一般構成要件の思想があることは否定出来ないであろう(21)。

七　しからば、次に、構成要件該当性という特徴はどのように把握するのであろうか。

「『構成要件該当』とは構成要件の客観的実現をいみする[22]」。

「当該の行為がその客観的側面において、この法定構成要件を充足するかどうかという問題が最初の問題として生ずる[23]」。

「その行為が当該犯罪類型の法定構成要件に客観的に厳格に照応する、即ち、構成要件該当的であって……[24]」。

即ち、構成要件該当性とは、当該行為が犯罪類型の核心をなしている不法類型メルクマールを充足することである。犯罪類型の客観的メルクマールとの一致ではない。また、次のようにも説明している。

「構成要件実現が存在するというのは次の場合である。

その行為が、その身体的特徴、その事前＝同時情況及びその結果、従って、『行為事情』からして、完全な構成要件的形象を示しているとき、即ち、『人を殺す』であり『他人の動産を奪取する』等々である場合である。この種の行為が構成要件の『実行』（「完全なる実行」）とよばれる[25]」。

「㈠特定の身体的運動が『構成要件該当的』であるかどうかという問題、例えば形式犯においては、その身体的運動が『ある耕地への立入』といえるかどうかという問題は、たやすく答えられる。

㈡実質犯では因果関係が問題となる[26]」。

として、既遂を認めるためには条件関係で十分であるが、正犯については因果関係論は役にたたないと前著と同様の立論を展開している。正犯行為の日常用語例との一致を更に具体的に次のように説明している。

「……既に日常生活において、『子供を生む』ということは、子供の誕生の過程へのすべての条件設定がそれで意味されている。「父もまた子を生んだ」という具合には決して考えることができないように、あるいはまた、「ある帝国裁判所の判決がくだった」ということは、それでその判決の到来への一切の条件設定が意味される。当事者や検事も共に『判決した』とか、審理や評議もまた『判決』過程であるとか、と考えることができないように、同様に、法規の意味において、『殺す』ということから、死への何でもの条件の措定を考えたり、また、刀をとぐことを『殺人』行為であると主張したりすることもできない[27]」。

従って、ここにおいても、構成要件該当性の判断に関する限りは基本的には変更されていないと言わねばならない[28]。

八　最後に彼の「類型」の意味について検討してみよう。

彼は「類型」「類型性」という言葉を使って構成要件該当性の意味を説明しようとしている。しかし、その意味には、いくつかの異なった内容が含まれているように思われる。第一に、彼は、犯罪が今日では実定法規でその種類が限定されている、という意味において、犯罪は構成要件該当的である、類型的である、としている。例えば、

「すべてこの違法行為がそれだけで直ちに刑罰威嚇に服するという時代はすぎ去っている。……厳格に輪廓づけられた犯罪類型のみが刑罰威嚇の下におちることができる……犯罪類型の輪廓を列挙的にくみ尽くして与えているのは、実定法的に与えられている諸構成要件である。自然犯罪は今日は存在しない。この意味で、構成要件該当的でない行為は違法・有責な行為であっても犯罪とはされない（例えば使用窃盗等）……[29]」。

「今日、犯罪とは、とぢられた拡がることのできぬ数のものとして刑法各則に列挙された諸構成要件に照応する行為、即ち類型的な、構成要件該当的な行為のみである[30]」。

このことについては、彼が犯罪概念（総論）と諸構成要件（各論）とにおける構成要件該当性の意味を区別し、総論におけるそれは、諸構成要件のグループと非構成要件のグループを対置して、その前者の領域におちること（何かあるものに当嵌まること）を意味し、あれかこれかの構成要件に当嵌まることが各論のそれだとしたことが思

いあわされる。そして、私が第一の意味と特徴づけた「類型性」の内容は、この「総論」の意味におけるそれである訳である。

第二に、彼は類型性でもって各種犯罪行為そのものの「類型性」を主張する。例えば、

『すべての無頼漢は処罰されるべし』という条文……があったとしても、それは自らの中にとぢられたものとしての特定の犯罪類型への枠をもっていないので……刑法典二条に違反することになるであろう[31]」。

ここには、構成要件が類型であるという意味は、単に犯罪の種類として法規にかかげられていること、第一の意味の類型性、の意味以上の、実質的内容が語られていると言ってよいであろう。この「行為そのものの類型性」の意味は、前途の一―七までに分析してきた「構成要件該当性」の内容において、「日常用語例との一致」という思想に連なるものであろう。また、彼が構成要件の欠缺に関して、法規に実行手段の特定のメルクマールのない場合(それが殆どの場合であるが)についても、

「何らかの絶対的に不適当でない手段の存在が正に構成要件である[32]」。

と主張していることにも顕れていると言えよう。そして、この意味での「類型性」の思想が、後年の「指導形象」としての構成要件の思想に連なるものと推測することも許されるであろう。

更に、第三に、これもまた、構成要件の欠缺に関してであるが、客体の欠缺(執行吏でない者に対する暴行と刑法一一一条)、法定の実行手段の欠缺、主体の欠缺(内国人と刑法典二九六〇条)、時間的場所的関係の欠缺(戦争終結後の武器搬入と刑法八八条)がそれぞれ法定のメルクマールを欠ぐことによって、「類型性を失う」とされる場合である[33]。この場合は、実はその行為がその法条に当嵌められないということであって、「類型性」とは当嵌めじしんを意味し、内容的な意味をもっていない。

以上の第一、第二、第三、と、異なった意味で類型性が用いられていると考えられるのであるが、第三の場合は、

類型説の固有の意味とは無関係であると言えないであろうか。何故なら、類型説をとると否とにかかわらず、従って、一般構成要件の理論においても、ある法定のメルクマールが欠けることによってその法条への当嵌めが不可能になるという事情は、一般であるからである。類型説の固有の意味は、これら必須のメルクマールが存在していても、なおかつ、類型的行為と非類型的行為とをより分けるというところにあるはずである。例えば、執行吏でさえあればどんな種類の攻撃でも当嵌め得るのか、戦争中でさえあれば、いかなるものでも武器の搬入と言えるものなのか、ということこそ類型説は解決しようとするものであるはずであろう。この問題は、第二の意味における「類型性」、実行行為そのものの定型性の問題であろう。従って、第二の意味に、類型説の固有の内容を見ることができる。

第一の意味について、これも果して、類型説固有の内容をなすものであろうか。次の一般構成要件論者の主張と比較してみよう。

「いかなる刑罰法規の下にもたたない行為は、外部的な法律の法廷においては、可罰性をもたない。しかし、ある行為が可罰法規の下にたつということは、その行為が、法効果としての刑罰を法規がそれに結びつけているところの行為の概念の中に含まれる諸メルクマールを自ら中にもっている場合においてのみである[34]」。

「学問は、個々の犯罪の構成要件を事物の本性にしたがって引きだすことができようが、立法者は構成要件を正確に確定するという、裁判官の恣意に対する保証の要求を断乎として要求する。それゆえ、我々は、法的定義、法定構成要件という。

法的定義は、刑法解釈学の核心を形成する。実定法の与える理論的叙述は、自己創造的定義から出発すべきではなくして、法的定義を厳格に固執せねばならぬし、そこから構成要件を展開せねばならぬ[35]」。

この思想は罪刑法定主義の思想そのものであった。第一の意味は、罪刑法定主義の上に立つ理論に共通の内容をなすものであった。従って、これも、類型説の固有の内容とすることはできないように思う。

（1）ベーリンクの構成要件について固有にとりあげているわが文献だけでも相当数にのぼる。主なものは、小野・犯罪構成要件の理論（昭二八）、佐伯・タートベスタント序論、法学論叢二九巻二・三号（昭八）、滝川・刑法における構成要件の機能、刑法雑誌一巻二号（昭二五）、下村康正、ベーリンクの構成要件論、刑法雑誌三巻三号（昭二八）、平場・構成要件論の再構成（現代刑法学の課題・下・昭三〇）、佐伯・ベーリンクといわゆる構成要件の理論㈠㈡、立命館法学第一五号・第一八号（昭三一）、竹田・ベーリンクの構成要件の理論、法学（近畿大学）六巻一号（昭三二）、夏目文雄・犯罪構成要件構造論、愛知大学十周年記念論文集・法政篇（昭三一）。これら構成要件論の研究は、ベーリンクの没価値的記述的類型から、マイヤーを経てメツガーに至る違法類型への発展を基礎づけている。また、違法性と構成要件との関係については、竹田・違法判断―違法判断の基準、法と経済、七巻（昭一二）五・六号、同・構成要件と違法の判断、法と経済八巻（昭一二）、六号、同・違法阻却と違法の判断、法と経済九巻（昭一三）、四号、佐伯・主観的違法と客観的違法、法学論叢（昭七）、二七巻、一号がある。本稿の問題点にとって特に注目したのは、竹田教授が、小野博士の立場を「一般法学上の構成要件」の観念に外ならぬとされる（法学、六巻一号四八頁）点である。

（2）Beling, Die Lehre vom Verbrechen, 1906, Vorwort, ベーリンクが構成要件を類型とするに至った理論的系譜はあきらかではない。社会科学一般、特に法律学に「類型」概念がどのようにしてとり入れられるに至ったか、独立のテーマとして考えねばならないであろう。小野博士は、構成要件を「定型」と規定される。社会学上の類型を基本にして法目的にてらして加工された型であるから、と（小野・犯罪構成要件の理論、二五九頁）。ベーリンクの類型にかかる前法律的な社会学的実体があるかどうか詳らかではない。木村博士は構成要件を平均型とされる。個別概念に対して、一般概念は、類概念と型概念であるが、型には価値型・理念型・平均型がある。ザウエルも平均型としていると指摘される。類概念の機能が「包摂」であるのに対して、平均型のそれは「類推」にあるとされる。罪刑法定主義者は、「型」概念（構成要件）の中に「類推解釈の禁止」を「密輸入」したのだとされる（木村・構成要件と型概念、法学、一二巻三四五頁以下）。荘子教授は、刑法が平均人を予定していることに基いて、構成要件を平均型とされている（刑法演習・総論・不能犯（昭三〇）、三九頁）。

法律学一般の問題として型概念をとりあつかった文献として、恒藤恭・型による認識（昭二五）、一―二四頁。同・法の基本問題（昭一一）、第二篇、法の本質とその把握方法、四六―一一九頁。自然科学―文化科学の認識方法として、類概念―型概念を対立してとかれる。社会現象の認識は型による認識である、ということから、構成要件の型的性格までには相当のひらきがあろう。型判断にともなう「主体的了解」という非合理的要素は、犯罪の認定に不適当である。社会現象を対象とする限り「主体的了解」の方法しかあり得ないのかどうか。「評価」の問題と共に検討の必要がある。唯物論の立場からこの点をとりあげて模写説を展開された文献として、秋沢修二・実存主義とマックス・ウェーバー、法経論集（静岡短大）一九五四年一号一七三―一七五頁参照。しかし、ベーリンクの「類型」は、これらの平面と関係がない。

（3）Being, Die Lehre vom Verbrechen, S. 3.

（4）（5）Beling, Grundzüge des Strafrechts, 1925, 8/9 Aufl. S. 17-18.

（6）Beling, Verbrechen, S. 144-145.

（7）Beling, Grundzüge 8/9 Aufl. S. 23. メツガー、ベーリンクがここで（精神的結果という心理的契機を構成要件要素としたことについてであろうか）客観的記述的要件の思想を変更したとする（Mezger, Vom Sinn der strafrechtlichen Tabestünde, 1926, S. 9）が、シュミットは、メツガーの誤解だとする（Liszt=Schmidt, Lehrbuch des deutschen Strafrechts, 1927, 25 Aufl. S. 167 Anm. 1）。

（8）Beling, Verbrechen, S. 112.

（9）（10）Beling, Verberchen, S. 155-156.

（11）この規範的要素への「科学的突入」ということは、構成要件要素を出来るだけ「評価」から遠ざけようとする時、必要となってくる。規範的要素の問題は、一般構成要件から特別構成要件への転換の歴史的評価の一つの焦点をなす。ベーリンクのこの思想は導きの糸となるであろう。

（12）Beling, Verbrechen, S. 112.

（13）Beling, Verbrechen, S. 250.

（14）Beling, Verbrechen, S. 250-251.

（15）Beling, Verbrechen, S. 261.

（16）Beling, Grundzüge, 8/9 Aufl. S. 28-29.

（17）小野博士は、ベーリンクのこの点を、「最も重要なる場合において、構成要件の内容を決するに「自然的語義」又は「単純なる生活上の用語例」の問題に過ぎずとすることは、到底同意し難い。」（小野・犯罪構成要件の理論、二二六頁）とされる。

（18）Beling, Die Lehre vom Tatbestand, 1930, S. 3；Beling, Grundzüge des Strafrechts, 11 Aufl. (1930) S. 21ff. S. 24-25.

（19）Beling, Tatbestand, S. 3-4；Grundzüge (11 Aufl) S. 24, 25.

（20）Beling, Verbrechen, S. 82.

（21）ドーナは、指導形象と区別された犯罪類型について、それが一般構成要件とひどくにていると批判した佐伯博士は指摘されている。佐伯・タートベスタント序論、法学論叢、二九巻二〇八頁註。

(22)(23) Beling, Tatbestand, S. 18. S. 20.
(24) Beling, Grundzüge, (11 Aufl) S. 33.
(25)(26) Beling, Grundzüge, (11 Aufl.) S. 33.
(27) Beling, Grundzüge, S. 37.
(28) ベーリンクの「日常用語例」との一致ということは、結果犯の「構成要件該当性」についてのみ妥当するのか、形式犯にもそうなのか明らかではない。彼が「構成要件の欠缺」に関連し、攻撃客体のない犯罪については、不能客体の未遂は問題にならないとして次の実例をあげる。即ち、証人が誰も信じないようなやり方で不真実の事実をつげる、その額にウソと書かれているような偽証であっても、未遂ではなく既遂だとする（Beling, Verbrechen, S. 330）。客体の不能ということからみれば、形式犯には問題は生じないであろうが、手段の相当性ということでは形式犯にも不能犯は考えてよいのではなかろうか。形式犯については、「手段」（実行の方法）は問題にならないとするのであろうか。手段の不能に関しては、実質犯についてしか言及していない(Beling, a. a. O., S. 330)。
(29) Beling, Verbrechen, S. 21.
(30) Beling, Verbrechen, S. 24.
(31) Beling, Verbrechen, S. 22.
(32) Beling, Verbrechen, S. 330. ベーリンクの不能犯について、西山富夫・不能犯の理論、法政研究、二一巻（昭二九）一号七三—七四頁。平場・前掲、法学論叢、五四巻、三九—四〇頁参照。
(33) Beling, Verbrechen, S. 330-331.
(34) Feuerbach, Lehrbush des peinlichen Rechts, 1847, §80, S. 150.
(35) Berner, Lehrbuch des deutschen Strafrects, 16 Aufl. 1891. S. 67.

二　M・E・マイヤーの「構成要件該当性」の内容

一　次にマイヤー(1)は以上の諸点をどのように考えたであろうか。

「刑罰法規の最初の部分には、ある行為が直観的幅員においてではなく、概念的な鋭さにおいて記述されている。この観念形象を抽象的な、正確には、法定の、構成要件という。その行為が可罰的たるために構成されねばならぬところの、この概念メルクマールの総体として、法定構成要件は、事実的構成要件から、（抽象的なものが具体的なものから）区別される。場所と時間において現われる出来事は、それが人間の仕事である限り、事実的構成要件である、例えば言及・旅行・爆弾謀殺。しかし、地震は行為ではない、それゆえ構成要件ではない(2)」。

ここでは、構成要件は、古い構成要件概念の意味にとられている。この点は構成要件要素についてのべた次の個所において更にはっきりする。

「我々がこのような名目的な定義で満足せねばならぬのは、法定構成要件の要素が、即物的に、しかも同時にすべてを把握するような概念構成が行えない程に、極めて種々雑多なものであるからである(3)」。

「我々が法定構成要件の実質的定義をどこにも見出さない——この概念の上にその体系を構成したベーリンクにおいても、またこの第一章においても——という奇妙な現象は、法定構成要件がひどく内容的に異なったものをその中に一緒に把握していることから説明される。特に一般的に認められている客観的・主観的構成要件の区別は、行為の構成部分にとってのみ当っているが、その制約のゆえに不完全である。したがって我々は、ある概要で満足せねばならぬ。即ち、法定構成要件に属するものは、

(一)　行為の様式及びそれ以外の行為の関係

(二)　行為の構成部分

(a)　内心的要素（責任メルクマール）

(b)　外部的要素

(c)　規範的要素(4)」。

ここでマイヤーが行為の様式・行為の関係といっているのは次のようなメルクマールである。

「それぞれの法定構成要件の核心は……ある人間態度の正確な記述によって形成されている。しかし立法者は刑罰乃至刑罰の高さを行為をとり入れることに依存せしめることでもって常に充分に満足することはできず、屢々彼は違法性と責任とはしばらくおくとして、なお、あれこれの行為の関係を刑罰前提条件にかからしめざるを得ない。種々雑多な種類のこのような関係の中で行為の様式が、あるとぢられた領域を形成している」(5)。

として、行為の関係――特にその一部としての行為の様式――の例として、行為の時間的・場所的な法規上の要求、行為の主体に関係した法規上の要求をそれぞれあげている。

「行為の構成部分と行為の関係、特に様式との間には、はっきりした区別がある。後者は独立の刑罰前提条件として行為に附せられている。当然のことながら行為者という人に関係している前提条件は行為のメルクマールとは考えられない（親族性とか教師とかいう特徴）。行為の舞台と時点も同様である。……しかし、ここでは、本質的な点においては如何なる区別もないことが強調されねばならない。即ち、行為の様式は、その構成部分と全く同様に法定構成要件の要素である」(6)。

二　以上のように、マイヤーの構成要件、構成要件要素の理論は、その本質において、古い構成要件概念――行為の可罰性に必要な要素の総体――と軌を一にすると言ってよいと思う。

しからば次に、マイヤーは構成要件該当性という行為の性質を、これら構成要件要素が具体的な行為の中に存在する場合だとするのであろうか。然りそして否である。彼は次のように説明している。

「以上に区別された二つの構成要件（法定構成要件と事実的構成要件）が相互に照応するとき、例えば、その言辞が侮辱的である、その旅が逃亡であるとき第一の重要な刑罰前提条件が充足される。そして、法定構成要件のすべてのメルクマールが現実の事情の中に見出されるとき、両者は互に照応する。この関係が確定されるところのこの論理操作は、抽象の操作であり、包摂の操作である。我々は概念的構成要件に比べて重要でないところの（常に内容豊かな）事実的構成要件の諸事情を度外視する。例えば、その言辞が四時になされたこと、フランスが逃亡者の行先地であること等々を度外視する。この確定の結果に対して、我々は構成要件該当性という概念を用いる。それは最初の刑罰前提条件がその充足を見出すところの行為の特徴である[7]」。

ここでは構成要件該当性とは、一応、法定構成要件のすべてのメルクマールの存在が概念されていることになっている。ところが、彼は直ちに、責任メルクマールを該当性の判断から排除するのである。

「我々は犯罪の責任の側面を内部的構成要件とみることは困難である。責任の特徴は、主観的構成要件該当性ということによっては、劣ってしか表現されていないし、その重要性はこの種概念によって、……然るべき方向にむけられていない。加うるに、内的外的構成要件該当性という区別はきれいでなくぎこちない。このような理由から、我々は、構成要件該当性の概念を行為の外部的側面の法定構成要件の客観的メルクマールとの一致ということに限定し、帰責可能性を構成要件該当性に並列しよう。帰責可能性は第二の刑罰前提条件がその充足を見出す行為の特徴である[8]」。

かくて、今や、構成要件該当性は、構成要件の客観的メルクマールの問題としてのみ限定されている。同時に、構成要件要素たる規範的要素（物の他人性とかことがらの不真実性）も排除される。この点についてマイヤーは次のように説くのである。

「㈠規範的構成要素は……いわばその一端を法定構成要件の中に、その他方の端を違法性の中にうちこまれているカスガイに対照されうるのであって、二重の性格をもっている。……それは意志活動と因果関係にはたっていないところの結果の構成部分である。奪取された物であるということは、窃盗によって惹起されるものではない。不真実の事実の流布は、誹謗者の仕わざであるが、事がらの不真実性はそうではない。これらの刑罰前提条件が外部的（客観的）構成要件に向っているということは正しくない。というのは、それらのメルクマールはなる程結果構成部分ではあるが、感覚的に知覚されうるものではない。その実現は外界の中に現われるものではなくして、徹底的に法の世界の中にある。……

他方において、規範的構成要素は、単なる違法要素ではない。何故ならそれは、五九条の行為事情の中に入ることは疑いのないことであるから。……それでもこの要素が法定構成要件の中で異物であるということを指摘するために、我々はそれを不真正の構成要件要素であると言おう。その本質からすれば、それは、違法性のメルクマールに属する。従ってそれは㈡真正の違法要素である。何故なら違法性を指示しないで基礎づける事情は、従って、認識根拠ではなく存在根拠である事情は、違法性に属する。その要素は違法性の構成部分である。……奪取の中には違法なる領得の徴表があるが、物の他人性は、違法性の構成部分である。奪取が欠ければ窃盗の構成要件はなくなるが、他人性が欠げると領得の違法性がなくなる……」(9)。

かくて、構成要件該当性は最初規定された可罰性の前提条件の総体が具体的行為の中に存在するという命題から、責任メルクマールと違法メルクマールをふるい落とし、結局は、ベーリンクと同様の概念内容に帰着するのである。

三　さらに、マイヤーもまた、ベーリンクと同様に、客観的メルクマールの中心をなす行為そのものを特徴づけるメルクマールの存否には、やはり相当性判断をゆるしているのである。彼は不能犯の問題について、客体の不能については客体について法規の特定があるので当嵌めは簡単であるが、手段については問題があるとする。手段（実行方法）を特定していないのが原則であるから。そこでこの点について彼は次のようにのべる。

「……しかし、限定していない場合においては、一見概念的不能の場合もふくまれているように見える。しかし、これはあやまっている。完成の手段はその適性において自然的限界をもっている。それ以外の方法は完成にみちびかない。犯罪の実行の着手をもたらす能力をもった手段のみに拡張される」(10)。刑罰拡張原由たる未遂は、実行の方法が法規で特定されていない場合においても、なお、『自然的限界』があるとする。このことは、実行行為が実行行為として相当のものであることを指摘したことになるであろう(11)。

かくして、マイヤーの以上の所説を要約すれば、

(一) 構成要件とは可罰性の前提条件の総体である（一般構成要件の思想）。

(二) しかし、規範的要素は違法要素であり、内心的要素は責任要素である。従って、構成要件要素は外部的行為メルクマール及び行為の関係（様式）メルクマールのみである。

(三) 構成要件該当性とはこれら構成要件メルクマールが具体的行為に存在していることである。

(四) しかし、手段について法規が特に何事も限界づけていない場合においても、「手段の適性についての自然的限界」がある。相当の行為のみが該当しうる。

（1） マイヤーの構成要件論を固有にとりあげた文献もベーリンクのそれと同じく数多い。ベーリンクにあげた文献もマイヤーの理論を殆どとりあげているが、特に、下村康正・エム・エー・マイヤーの構成要件論、法学新報、六〇巻（昭二八）、二〇五頁以下。本稿の立場からは、特に参照すべくして利用し得なかった文献として、島田・タートベスタントの批判、法学新報四三巻（昭八）、一一号、島方・罪となるべき事実、法曹会社雑誌一五巻（昭一二）、一・二号がある。他日の研究にまたねばならぬ。

（2） M. E. Mayer, Der Allgemeine Teil des Deutschenstrafrechts, Aufl. 2, 1923, S. 3.

（3） M. E. Mayer, a. a. O., S. 3. Anm. 2.

（4） M. E. Mayer, a. a. O., S. 90. Anm. 3.

（5） M. E. Mayer, a. a. O., S. 89.

（6） M. E. Mayer, a. a. O., S. 90.

(7) M. E. Mayer, a. a. O., S. 3-4.
(8) M. E. Mayer, a. a. O., S. 8.
(9) M. E. Mayer, a. a. O., S. 184-185.
(10) M. E. Mayer, a. a. O., S. 359.
(11) マイヤーは「類型」という表現を自分は用いないとする (Mayer, a. a. O., S. 4. Anm. 4.) が、実質的には類型説といいうる(団藤・刑法綱要・総論(昭三二)、三〇頁参照)のは、この点をとらえてであろう。平場・前掲論文・法学論叢、五四巻五一頁も、ここに一般化、相当性の判断があることを指摘しておられる。しかし、この立論は、彼が因果関係論について相当説を排し(Mayer, a. a. O., 144ff, S. 148.)また不能犯においても、客観説を純粋につらぬくと一般化的考察方法をとることになり、どの程度まで一般化・抽象的化して危険を判断するかという新しい困難が生じるので、不能犯の問題は相当性の判断でなく当嵌めの問題で解釈すべきだとする (Mayer, a. a. O., 357-358.) 彼の不能犯の一般的立場とどうして一貫しうるか問題であろう。あるいは、「手段の自然的限界」というのは、ベーリンクの「相当性」の判断(「日常用語例」との一致、「絶対的に不適当でない手段」)と異なって、理解する必要があるのだろうか。

むすび

ベーリンク、マイヤーの構成要件該当性の判断の内容を分析した。構成要件は客観的メルクマールの総体であり該当性とはそれらメルクマールが具体的行為に存在することである。しかし、メルクマールの中核たる「行為」のメルクマールの存否の問題については、「相当性」という判断が窮極的に結びつけられていることを指摘した。これらの「相当性」の判断内容をいかに評価するかということが、一般構成要件から特別構成要件への転換の歴史的意味を確定する一つのポイントとなるであろう。この点はまた後日の研究にゆずらねばならない。

(法政研究 二四巻三号)

第二　改正刑法準備草案における故意・過失

――行政犯における故意・過失に関連して――

一　立法批判という課題、しかも故意・過失という最も基本的な問題領域での課題は、実のところ現在の私の能力を越えた問題である。第一に、立法及び立法批判そのものの法律学上の性格（菊池勇夫・現在における立法政策の意義――立法政策学試論の一――法政研究・一四巻一号三七頁以下参照）が問題である。既に今回の草案について立案にあたられた方々の座談会での発言でも、立法についての限界、立法事業じたいの客観的な原則的な約束がのべられている。例えば、立案当局者は自分の学説を立法化すべきでないとか（研究会・改正刑法準備草案・平野教授発言・ジュリスト・二〇二号一一頁。座談会・改正刑法準備草案の発表にあたって・八木胖博士発言・法律のひろば・一九六〇年五号八頁）、理論構成の問題は法規で固定すべきでないとか（同上ジュリスト研究会・平野・一九頁）、或はこの問題はまだ当分の間判例・学説にゆだねるべきだとか（同上ジュリスト研究会・一八頁・高松勝好参事官発言、同上法律のひろば座談会一一頁・本田正義法総研究部長発言）。ここに自ら、立法事業そのものに固有の科学性・客観的原則性が示されている。とすれば、立法批判も自ら立法事業のその科学性をふまえた上での批判でなければならないであろう。第二に、責任論の領域は近代刑法学の中心であるだけに極めて豊富な研究と深い思索が重ねられてきた。現在の私はその一部分すら覗き得ていない現状である。

にもかかわらず敢て筆をとったことについて全然理由がないわけではなかった。最近特に井上正治教授は「解釈学の客観性」ということを強調されている（井上正治・財産犯の諸問題・(一)警察研究三一巻二号二九頁以下）。この解釈学の客観性は「立法の客観性」とも無関係ではない。

立法事業について判例理論がどのような形でとりあげられるべきかは、簡単に解決のつく問題ではないであろう。しかし、現実の事件を現実に処理した理論として学説とは異なった質をもつことは確かであろう。そして、何が判例で問題になっているかは、解釈学としての学説に対して常に新しい問題意識と学説の実践的有効性の再検討をせまる。立法事業においてもやはり同じ問題がたてられよう。何をいかに立法すべきかは立法政策の問題領域ではある。しかし、立法が現行法との関連においてたてられる以上、現行法の適用のための解釈理論として働いている判例理論は、立法政策において当然に意識にのぼらねばならないであろう。

そこで本稿は次のような課題をとりあげてこの問題について考えようと思う。行政取締法規における故意・錯誤に関する判例理論を確定すること、そしてこの判例理論が立法政策上どのような意味をもつであろうか。

この問題は私に要求された課題に対して余りにも狭いとりあげ方であってその点批判を免れないであろう。その上、貧弱な研究の蓄積と限られた時間的余裕のため、自ら限定した課題についてさえ充分の検討ができていないことをおわびせねばならない。また、判例理論の確定という作業では当然に参照すべき諸家の判例批評をも参照する暇がなかった。機会を改めて稿を補完したい。

二 〔第一の判例の流れ——刑法三八条一項但書に関連して行政犯を故意とする流れ〕 飲食物用器取締規則について、罐詰鑞着用合金中に規定を超過せる鉛分を包含していた事件において、被告人は鉛分超過の事実を全然知らなかったと弁疏した。原審は、この取締規則は「苟も規則違反の行為ある以上犯意の有無をとわず絶対に之を処罰し以て取締規則の維持励行を期待する法意であるから」として有罪を宣した。弁護人は、刑法三八条一項但書「特別ノ規定アル場合」とは「明示の法文により犯意を要せずとの規定」のある場合にのみ適用をうけるのだ、と上告した。大審院はこれに対して判示していう。「法令の規定にしてその趣旨（犯意の有無にかかわらず処罰すとの……井上）をうかがうに足る以上は」明文の規定はなくともよい。そして、当該規則にふれる行為は犯意なき場合でも処罰するに非ればその目的を達し得ないからだ、とその実質的理由を附言している（大正2・11・5刑録一九・一一二）。

しかし、この極端な立場は、直ちに判例じしんの反撃をうけた。

鹿児島県令第五〇号漁業取締規則一六違反事件（大正3・12・24刑録二〇・二六一五）。網類による捕魚禁止区域で禁漁区たることを認識せずに地引網で漁獲した被告人に対し、犯罪構成要素たる場所についての事実上の認識を欠くとして無罪にした原審の判決を、前述の先決例をかかげて、同じく厳格責任の法理による有罪を上告した検察側にたいし、大審院は、「警察罰則又は取締規定には普遍的に当然同条但書の特別規定を含むものと解するを容さず、必ず特別規定の存するものに限り同条一項本文の除外例となるにすぎず。」この規則には「除外例を設けたるものと認むべき規定」がないから、原審が故意犯と理解し、禁漁区域の認識をかく被告人に無罪とした判決は相当であるとした。

その後この流れは多くの判例にみられる。例えば、菜種油粕粉末肥料の含有窒素量が保証票記載の量より少ないことを認識せず、結果的には虚偽の保証票を添付したことになった事案に対する肥料取締法九条違反（虚偽保証票添付罪）事件（大正5・6・8刑録二二・九一九）、清酒に防腐剤を使用しある事実を知らずに店頭に陳列した事案に対する飲食物防腐剤取締規則違反事件（大正5・6・15刑録二二・九七七）、勅令の定める公差以上の差狂を生じた分銅をその事実をしらずに調剤の計量に使用した事案に対する度量衡法違反事件（大正5・6・15刑録二二・九二）、医薬用外劇物衣剤なることをしらずに白毛染を毒物劇物営業の免許無く陳列販売した事案に対する毒物取締規則違反事件（大正5・10・13刑録二二・一五七七）、誤診の結果伝染病患者なることを認識せず、届出をしなかった医師に対する伝染病予防法違反事件（大正6・4・21刑録二三・四〇四）、煮沸により鉛を溶出する飲食用器具たる磁器の皿を鉛溶出の事実を認識せずして販売のため店頭に陳列した事案に対する飲食物用器具販売取締規則違反事件（大正7・5・17刑録二四・五九三）、サイダー百箱中に一本昆虫混入しおれるを知らず販売した事案に対する清涼飲料水営業取締規則違反事件（大正9・5・4刑録二六・三三九）、同じくラムネ二本に刷毛の混入せるを知らずに販売した事案に対する同法違反事件（昭11・7・9刑集一五・九八〇）等がある。

これらの一連の判例は、被告人がそれぞれの取締法違反が故意犯であること、従って、犯罪構成事実についての錯誤を争い上告したものである。大審院は、故意犯であることを承知した上で、ただ、原審の判示は「簡約に失するの嫌なきに非ずといえども」それぞれの事実の不知を認めず故意があったと認定した趣旨であるとして棄却したものである（但し、大正9・5・4事件のみはこの点についての判示不明のため犯意が明らかでないとして破棄）。

これら一群の判例は、行政取締規則が明文で犯意を必要としない旨規定するか又はその趣旨を確認するに足るべき規定がなければ常に故意犯として刑法の責任原則が及んでいることを示したものである。

これらの判例は、刑法三八条一項但書をめぐるものではあるが、しかし、それ以上の意味を当然にふくむものではないであろうか。

漁獲している場所が「禁漁区」であるという認識、自己の添付している保証書が「虚偽」であるという認識、陳列した清酒が「防腐剤入り」であるという認識、使用中の分銅が「公差以上の差狂をもつ」との認識、等々、何れも、認識の対象となる事実が犯罪の客観的構成要素であることは勿論であるがしかし、そのことから、当然にその認識が故意の内容として理解されねばならぬこととはならない。犯罪の客観的構成要素であっても、故意内容にならぬものはある。客観的処罰条件、結果加重犯の結果。前者は犯罪成否の要件ではないという理由で、後者は結果犯という理由で、ここでの問題つまり、問題の客観的要素が犯罪成否の要件でありかつまた挙動犯であるところの上記一連の行政取締法違反罪としての問題とは関係がないと言われるであろう。ただ故意の内容とならぬ客観的構成要素として忘れてはならないのは、いわゆる「過失挙動犯」における行為客体の問題である。この点については後にふれよう。

以上の一連の判例が刑法三八条一項但書の問題をこえる意味をもつという理由にはもう一つある。それは以上の判例におけるもろもろの「認識」は、実は「意味の認識」に正に該当するということである。従って、これらの認識を故意の内容として理解するときは、結果として、「違法性の認識」を故意に要求する方向に近接する。しかも、これらの事案が法定犯であるだけに、意味の認識と違法性の認識とは、概念的論理的には区別できても、実体的には常に一体としてしか存在し得ぬものではないであろうか。

訴追側がこれら法定犯を故意犯から除外しようとする傾向は、ただ行政取締の効果という実践的要求によることもさることながら、理論的にみても、違法性の認識は故意の内容でないとする判例じしんの立場との矛盾があることによるとは考えられないであろうか。故意に違法性の認識がいらないというのであれば、たとえ故意犯であっても「禁漁区」であるという認識、「公差以上の差狂をもつ」との認識までは不要だという理窟も成りたつことになろう。

行政取締法違反罪をめぐるこの実際上及び理論上の問題点は、やがて、もっと鋭い形で正面からわれわれに次の問題をなげかけてくる。いわゆる規範的構成要件要素に関する錯誤の問題である。

三　〔第二の判例の流れ──規範的構成要件要素の認識不要とする流れ〕　規範的構成要件要素に関する錯誤の問題についての判例の流れをみよう。

新聞に記載した事項が客観的に安寧秩序を紊すものであればたり、被告人において当該記事が安寧秩序をみだすとの認識はいらないとした新聞紙法四一条違反事件（大正8・1・29刑録二五・八〇）、客観的に医業にあたる行為を主観的には医業に属すると認識せず免許ある禁厭の方法に属すと確信して、トラホーム患者に対しピンセットで患部の顆粒を取去った事案に対する医師法一一条違反事件（大正11・11・7刑集一・六六六）、近くは、メタノールはメチルアルコールとは別物で飲んでも害はないと思って、メタノールを譲渡した事案に対しメタノールと知っていれば故意ありとした有毒飲食物等取締令一条違反事件（昭和23・3・2刑集二・二五六）、被蔵匿者が密入国者であることさえ認識していれば、罰金以上の刑にあたることの認識がなくとも故意ありとした犯人蔵匿被告事件（昭和29・9・30刑集八・一五七五）、刑法一七五条の犯意としては問題になる記載の存在の認識とこれを頒布販売することの認識があれば足り、かかる記載のある文書が猥褻性を具備するかどうかの認識までは必要でないとしたチャタレー事件（昭和32・3・13刑集一一・九九七）。

これらの判例は、それぞれの錯誤――「医業にあたらない」、「有毒物でない」（記述されざる構成要件要素）、「猥褻性がない」等々――がその客体となった事実について何故に故意によってつかまれている必要がないのかを明確に判示していない。但し、チャタレー事件だけは、この事実の錯誤は「法律の錯誤」であるから故意を阻却しないとする。しかし、「猥褻性」は犯罪の客観的要素たる行為容体の特徴であるのだから、伝統的理論としては、当然に故意の内容となるべき筈である。それを法律の錯誤とするには更に何らかの説明が必要であるのにその点の判示がないのは不親切である。現に、次の一連の判例は、規範的構成要件要素が故意によってつかまれることを必要とすることが判示されている。

四〔第三の判例の流れ――規範的構成要件要素の認識必要――〕　弁済により差押の効力を失ったと誤信し差押物件の封印・差押標示を損壊した事案に対し、封印・標示の「有効性」は構成要素なるがゆえに、民訴・公法の解釈を誤り差押の効力がなくなり差押存せずと錯誤したときは犯意を阻却すとした事案（大正15・2・22刑集五・九七）、軍事機密保護法一条違反罪の犯意として当該目的物が軍事上秘密のものたるを知ることを要求している事案（昭和10・10・8刑集一四・九八九）、近くは公正証書原本不実記載同行使被告事件において、変更登記事項が客観的には虚偽不実であっても記載事項が虚偽不実であることを認識していたことを要するから、被告人が寺院規則の失効を誤信して新総代を選任し、規則を改廃し、宗派・教義の大要を変更登記させた本件では、その誤信に相当の理由の有無をとわず同罪の犯意がないとした事案（昭和26・7・10刑集五・一四一一）、被告人が警察規則を誤解し、鑑札をつけない犬は他人の飼犬でも直ちに無主犬となると信じ、他人所有の犬を撲殺しその皮を剥いだ場合は、他人所有に属する事実についての認識を欠くから器物毀棄、窃盗の犯意を欠くとした事案（昭和26・8・17刑集五・一七八九）がある。

これら一連の判例では、「封印の有効性」・「対象の機密性」・「登記の虚偽不実性」・「財物の他人性」は、それぞれ故意の内容となることが要求されている。

最初にかかげた新聞紙以下の判例は今列挙した封印破棄以下の判例と全く対立して流れている。規範的構成要件要素をめぐるこの対立した判例の流れは、実は、前項で一番最初にとりあげたところの、刑法三八条一項をめぐる判例の流れと相互にどのような関連において位置づけられねばならないであろうか。この関連をつきとめるためには、さきに保留した「過失挙動犯」の問題へ目をむける必要がある。次の一連の判例をとりあげよう。

新聞紙法四二条は皇室の尊厳を冒瀆し、政体を改変し又は朝憲を紊乱せんとするの事項を新聞紙に掲載したとき、発行人編集人印刷人に刑を科しているが、この法条の法意につき、「これらの者をして情を知ると否とに拘らず絶対的に新聞紙の記事に対する責任を負担せしめ、以て取締の目的を貫徹する趣旨である」と判示した（大正11・6・24刑集一・三五四）。これは、実は刑法三八条一項但書に関する判例である。大正二一年厳格責任の原則を明文の規定なしに採用したかつての第一判例の流れの冒頭にかかげた判例へ逆行するものであった。しかしここでも判例は刑法の基本原則へ立ちもどろうとする努力がみられる。

五　〔第四の判例の流れ――過失挙動犯へ――〕　狩猟法二一条三号違反事件（大正11・11・28刑集一・七二二）では、当該場所が銃猟禁止区域であるとの認識の有無は本罪の成立に影響しないとしつつも、傍論として、「銃猟者はその行為の性質上まづその銃猟の場所が銃猟禁止区域に該当せざることを確認し然る後銃猟をなさざるべからず。その確認の責務をおこたり、不注意に銃猟をなしたる者は、」禁止区域を認識しつつ敢て銃猟するものと同じく「同号に該当し処罰を免れない」と。規範的構成要件要素としての「禁止区域」であることの不知について過失の有無を論じている。しかし、積極的に本案について過失の有無も吟味していない。

要塞地帯法二二条七条違反事件（昭和12・6・5刑集一六・四四七）では、同条が撮影禁止区域か否かを確認した上で撮影に出ずべき責務を課している趣旨だとした上で、この確認の責務をおこたり不注意に撮影の行為をした者に対しては、禁止区域であることを認識して行為した者と同じく、同法七条違反として二二条で処罰する法意だと判示し、かつ、本案公訴事実は過失の場合のようだから過失の有無を検討した上で判断すべきであったのにその点を吟味していないとして破棄した。

この判例では、明確に、要塞地帯法二二条の犯罪は「過失挙動犯」としての構成をとげたということができる。「過失挙動犯」とは、その構成要件が具体的な目的的（故意）行為――本件では撮影――及び故意によってはつかまれない行為又は行為客体の（好ましくない）性質――本件では禁止区域――とを記述する、過失犯の特殊形式とされる（Welzel, Das deutsche Strafrecht, 1958, S. 111, 117-118 参照。井上正治・判例にあらわれた過失犯の理論・三二四頁、三三一頁註七〇参照）。もっとも任意の犯罪構成要件の中に、この「過失挙動犯」を読みこむことは、刑法三八条一項本文及但書の規定からして許されるものではない。しかし、当該法規に明文で過失をも処罰する規定がある場合は、正にこの構成要件の類型に属する。従って、明文の規定がないのに、過失犯を構成した点に問題を残しているけれども上の二つの判例がこの構成へと進むことによって、行政取締法規に関する故意論に一つの新生面を見出したことは特に強調されねばならないであろう。なぜなら、犯罪の客観的要素でありながら、結果加重犯の結果でもなく、客観的処罰条件でもなく、また、単なる情状でもないのに、何故故意の内容から当然のごとくに除外されてよいのかという問題に一つの解答を与えているからである。

そこで、この過失挙動犯という視角からもう一度今まであげてきた全部の判例をながめ直すことによって、さきにあげた刑法三八条一項但書をめぐる第一の判例の流れ、規範的構成要件要素をめぐる対立した二つの流れ、これらを相互にどのように体系的に位置づけて判例故意論全体を理解すべきであろうか。

六　刑法三八条一項但書をめぐる第一の判例の流れにおいては、「特別の規定」の法意を、明文はその趣旨を確認せしめる規定と理解した。それであれば依然として解釈上「過失挙動犯」を読み込む可能性はあろう。専ら具体的な個々の法規の研究が必要であるが、もしも過失挙動犯としてかりに構成可能であれば、その限度では、規範的構成要素をめぐる対立した二つの判例の流れの内、行為客体についての認識を欠いた事案につき、故意はそれをつつむ必要なしとした一連の判例をば、正当にうけとめることが出来るであろう。即ち、第二の判例の流れは第四の判例の流れと一本にして、過失挙動犯の構造としてとらえることになる。

この二つの流れを関連さすことによって何が明らかになるか。第一に、第二のグループの最後の判例――チャタレー事件――が何としても不可解な判例であって、もともと過失挙動犯としての構造の中には組みこみえないものが組込まれているということが極めて明確に浮立せられる。なるほどこの判決は「猥褻性の認識」は違法の認識――法の不知の問題であるという論理によってその錯誤論の地位の独立性を主張するかもしれない。しかし、その主張は一方において、故意犯の構成要件の構造じたいを再構成するのでなければ、そのままでは伝統理論の破壊である。他方において、また、この主張をおし進めると、第一の判例の流れ、第三の判例の流れ全体を「法の不知」の領域へおしやることになる。そして、何の理論的担保もなしに、故意犯の構成要件における故意を無色にすることによって、事実上、過失犯を故意犯として把握することになる。故意犯である限り、常にその客観的側面は主観的側面に呼応していなければならない。たとえ、その要素がどのような規範的意味をおびた要素であろうともそうである。第二に、この二つの過失挙動犯による統一は、第二の流れを形成した判例故意論の権威主義的傾向を払拭すると同時に、故意犯の構成要件の構造を歪める必要をなくせしめる。

行政犯を故意犯と構成した第一の流れと規範的要素の認識を故意に要求した第三の流れとはこの合流した過失挙動犯の構成に対してどのような関係になるか。

上述検討における第一と第三の判例の流れは故意犯の構造として一貫した論理性で連なっている。しかし、その理論性の故に反面においてかえって第一の判例の流れに属する各判例において具体的事実認定のルーズさの問題、及びその理論的帰結と実践的要求との矛盾の問題を残すことになっているのではないであろうか。例えば、第一の流れに属する肥料取締法九条違反事件以下の多くの判例において正にこれら規範的要素の認識の有無が争われたのに、大審院は全く文字通りに「判文簡約に失する嫌なきに非ずと雖も」という言葉を繰返して、原判決の判示をばその点の故意があるものと判示した趣旨であると断定している。事がらが事実認定の問題だけに軽率な批評は慎しむべきだが、せっかく、故意犯であることを宣告したのなら、その点をもっと正面から判決理由の中で吟味して欲しいと思う。次に、これら行政犯においては結果は判例の事実としては必ずしもその重大性はないけれども、飲食物関係で果して、故意犯だけを取締の目的の対象として充分な効果を期待できるであろうか。ここでも個々の特別規定の個別的検討が必要だが、もし、過失挙動犯の構成が可能であれば、行政取締の実際的要求にも充分答えうることになろう。もっとも第三の判例の流れとしてとらえたものは、類型としては行政犯をこえて刑法犯一般にも関係する規範的構成要件要素全般についての錯誤の問題領域に関するものであり、依然としてそのまま独自の類型たる流れに属する。ただ、その判例のうち、軍事機密保護法に関する判例(昭和10・10・8)の「秘密性」の認識については、過失挙動犯への組入れが可能であるかもしれない。

かくして、以上の四つの判例は改めて次の関連の中で整理される。第一の判例の流れは全部行政犯に関するものであり、過失挙動犯の類型としてあらためて第四の判例の流れに組込まれる。ここに過失挙動犯として、それぞれ問題になった客体の性質に関する錯誤は、過失犯の特殊の注意義務違反の中において正統にとらえられ、もはや錯誤論として故意犯の中でとらえる必要がなくなる。第三の判例の流れは依然として故意犯における事実の錯誤として位置づけられ、ただ、規範的要素の錯誤という一種をなすものとなる。第二の判例の流れは、これも新聞紙法、医師法、有毒飲食物取締法に関する判例は過失挙動犯として第一、第四の流れと共に過失挙動犯に吸収される。あとに残ったチャタレー事件及び犯人蔵匿罪に関する判例が問題である。この後者の判例は、法律の錯誤に関する判例理論の分析をまつ必要があるが、おそらくは、判例が「法の不知」としてとりあげる場面の一類型として「包摂の錯誤」にあたるであろう。

以上のように、四つの流れにおいて把握された判例の流れはここに新しく、過失挙動犯における過失の問題と故意犯における規範的構成要件に関する事実の錯誤の問題との二つの類型として確固とした犯罪理論体系の中にくみこまれることになる。そして、行政犯を故意犯としてのみ構成したために、現実の取締目的のために流されて四つの流れからはみ出したところの厳格責任をとった二つの判例をも今や過失挙動犯の中に位置づけることができる。

ついでながら、以上のように整理できることが許されるとするならば、さきに第二の判例の流れとしてあげたメチルアルコールの判例、及び次にあげる三つの同法違反事件も正当に整理できよう。メチルアルコールが入っているかもしれぬと疑いながら確実な検査をしないままで販売する意思をメタノールの含有についての未必の故意となし犯意ありとした事案（昭和23・12・7刑集二・一七〇二）、同じ論理のもとに、同条の記述されていない構成要件要素、しかも現範的要素たる「有毒性」について、未必の故意少なくとも認識ある過失が認められる二つの事案（昭和24・2・22刑集三・二〇六、昭和24・4・23刑集三・六二〇）において、「メタノール」について未必の故意なしとして破棄した判例。この三つの判例は、メタノールをメタノールと知ってさえいれば故意犯としての故意に欠くるところがないとして有毒性の認識を欠く点について過失の有無をとわずに犯意を認定したさきの第二の判例の流れとしてあげた事案と論理的には一貫している。しかし、それでは有毒飲食物取締法の本来の趣旨をゆがめてしまう。故意犯として重要なのは、メタノールという言葉を言葉として知っていたかいないかではない、有毒性というその言葉の意味こそが問題であるから。最高裁としては、刑法三八条一項但書の「特別ノ規定」にとらわれざるを得なかったために、故意犯として構成するために敢てこの不自然な形式論理をとって事案を処理したものであろう。しかし、この点は、第一の判例の流れが形成してきた論理「趣旨を確認せしめる規定」を考慮して、正面から有毒性の知情につき過失の有無を吟味して、もし確認義務に違反してなければ勇敢に無罪を宣告すべきであろう。最高裁は「故意犯」としての論理を形式的には維持しえた代りに、故意の内容から「有毒性」をけずりおとすことによって、破棄した判例の示すように実質的には責任原則を放棄したことになったのではなかろうか。

七　行政犯の故意・錯誤の問題について判例の流れの検討と整理から立法政策との関係で次の結論がひきだされよう。

刑法三八条一項但書「特別ノ規定」については故意を必要としないという明文の規定の場合のほか「趣旨を確認せしめる規定」のある場合もふくまれるとする。責任主義の原則から但書に相当する場合は当然過失犯を理解することになるが、そこにはまた、「過失挙動犯」をも理解している。この判例理論はこれを徹底することによっていくつかの解釈論上の成果をもつことは上述した通りである。過失挙動犯がどこまで拡がりうるかについては個々の規定の具体的検討を必要とする。しかし、この際、刑法三八条但書の規定とならんで過失挙動犯の総則規定をおき、学説・判例の正常な展開を促進すべきではないか。

これによって特別法をめぐっての故意・錯誤の問題が判例犯罪理論の全体系の中で正当にしてゆがみのない位置

に据えられることができると同時に、刑法犯の行政犯化（チャタレー事件）という危険な方向への逸脱を遮断することになるであろう。

（法律のひろば　一三巻七号）

第三　刑法二四二条の「他人ノ占有」の法意

（最判昭和三五年四月二六日　刑集一四巻六号七四八頁）

〔事実〕　原判決の認定した事実は「被告人はT製紙会社の前身たるK製紙会社に対する被告人の賃金（二五万円）の譲渡担保として実質上同会社所有の本件貨物自動車一台（時価七〇万円相当）の所有権を取得したが、本件自動車は引き続き同会社が使用していた。ところが同会社は商号変更後、会社更生手続開始決定を受けた結果、管財人三名が選任され、……昭和二八年一二月二五日当時は右自動車は右管財人三名がT会社の所有物としてI運転手に運搬操縦を委託してこれを占有していたが、被告人は本件自動車を占有所持していなかった。被告人は従前前示のように実質的には本件自動車の所有権を取得したといっても、右一二月二五日当時においては、本件自動車所有権の法律的帰属は前記被担保債権に対する右会社からの弁済の充当関係が不明確なため民事裁判によらなければこれを確定し難い状態であったけれども、右一二月二五日当時、本件自動車の所有権が仮りに被告人にあったとしても、右管財人三名は同会社のI運転手に委託してこれを保管占有していたのである。しかるに、同日被告人はその運搬操縦者Iのいない隙に乗じほしいままに某をして判示道路上にあった本件自動車を運転させて被告人の判示倉庫まで運び去ったものである。」

〔判旨〕 一　所論は不法占有は窃盗の保護法益となりえないことを主張するが、当裁判所においては、すでに(1)盗賍物の所持者に対する恐喝罪を認めた判決（昭和24・2・8）、(2)所持禁止の隠匿物資（元軍用アルコール）についての詐欺罪を認めた判決（昭和24・2・15）、(3)占領区軍物資の不法所持者に対する恐喝罪を認めた判決（昭和25・4・11）、また(4)担保禁止により、その担保差入が無効の国鉄公傷年金証書を所有者たる債務者が欺罔手段を用いて右証書を交付させた行為を刑法二四二条の「他人ノ財物ト看做」された自己の財物を騙取した詐欺罪とした判決（昭和34・8・26）、そしてこの(4)の判決は大正7・9・25大審院判決（刑録二四・一二一九）は変更されたことが明らかであり、他人の事実上の支配内にある本件自動車を無断で運び去った被告人の所為を窃盗罪に当るとした原判決の判断は相当である。

二　所論は、本件自動車が他人の財物であることを被告人が知らなかった事実は窃盗の犯意がなかったことに外ならないのに原判決が犯意があったと判示したのは刑法三八条三項の解釈を誤り引用の判例（大正15・2・22封印破棄事件、昭和26・7・10法華経寺寺院規則事件、昭和26・8・17無主犬事件）に違反すると主張する。けれども原判決は、被告人の他人の事実上所持する自動車であることを知りながらその者の意思に反してこれを自己の所持支配内に入れる意思をもって原判示の所為に及んだ事実を認めたのであって、決して、論旨主張のような事実を認定したものではないこと判文上明らかであるから、所論は原判示に副わない主張であり、論旨引用の判例はいずれも事案を異にし本件に適切でない。

〔評釈〕 一　当判決の判例としての意義は、刑法第二四二条にいう「他人ノ占有」は事実上の支配であり正権原による占有に限る必要はないということを窃盗事案につき判示したことにある。その意味で既に同旨を判示した先例（昭和34・8・28）を踏襲したにすぎない。

二　周知のように、財物取得罪の保護法益をめぐって「所有権又はその他の本権」説（小野・各論二三五頁、滝川・各論一一九頁、井上・各論一一七頁、団藤・刑法三四二頁）と「所持」説（牧野・各論（下）五九一、六〇三頁、木村・各論一〇六頁）との対立があり、大審院の判例はずっと前説にたってきた（明治43・11・4刑録一六・一八三五、大正7・9・25刑録二四・一二二九、大正12・6・9刑集二・五〇九、昭和7・6・18刑集一一・八七五）。

ところが最高裁は従来のこのような財産犯の理解とは異なった見解をいくつかの判例で判示したことである。

(一)　昭和25・4・11（刑集四・五二八）所持禁止物たる占領軍物資をその所持者から喝取した恐喝被告事件、(二)　昭和25・7・4（刑集四・一一六八）綿糸一梱半の闇取引において代金五二万円のうち二五万円の現金入り鞄と同時に、古雑誌入り鞄を渡して全額の支払であるかの如く誤信させ右綿糸の交付をうけた詐欺被告事件、(三)　昭和30・10・14（刑集九・二一七三）債権（三万円）取立に当り要求に応じないときは身体に危害を加えるような態度を示して畏怖せしめて六万円を交付せしめた恐喝被告事件、そして本件の直接の先例というべき(四)　昭和34・8・28（刑集一三・二九〇六）国鉄公傷年金証書を禁止に違反して担保に供した債務者が債権者を欺罔して右証書を交付せしめた詐欺被告事件である。

右(一)の恐喝事件と(四)の詐欺事件とは判決理由に「所持」が独立の保護法益であることを判示したため、従来の先例との間に問題を提供した事案である。しかし、最高裁としてはこれらの判決以前にも所持を独立の法益と判示したものがあり、本件判例もそれらを先例として引用している。即ち、(イ)　昭和24・2・8（刑集三・八五）、(ロ)　昭和24・2・15（刑集三・一七五）（この判例評釈として長島・警研二二・一・六四、定塚・刑評一一・六八がある）の両判決がそれである。これら一連の判例に対して、(二)の詐欺事件は詐欺罪の法益が財産権のみではなく取引上の誠実義務をもふくむと判示し、いわゆる「財産上の損害」が詐欺罪に不要なりや、ひいては所持じたいが法益なのかという疑問を投じた点で、以上の判例の流れと関連した問題を提供した（これらの問題点を「所有権その他の本権」説に支点をおきつつ判例の財産犯理論を確定されたものが警察研究誌上の井上・財産犯の諸問題である。とくに、三一巻六・七号参照）。㈢の判例は権利行使と恐喝に関するもので債権額の如何にかかわらず取引手段の態様が社会観念上許容される程度をこえるときは恐喝になると判示したことにより、同様に「財産上の損害」が恐喝罪に不要の観念であるか、ひいては不法領得の意志の要否、そして結局は法益が所持であるかについて問題を提供したのであった（権利行使と強喝に関する最近の判例研究として藤木・警研二九・五・八四、井上・判例の理解のしかた、法時三〇・八、井上・財産犯の諸問題㈢警研三一・五、谷口・権利行使と強喝罪、判時二三三～二三六）。

このように、以上の新しい諸判例は、結局において保護法益をめぐる対立にまで問題を供したものであるが、ここでは本判決が直接の先例として判決理由の中に引用した諸判例に限定して、それら判例の流れの中における本判決の意義をみることにしよう（さきにあげた本判決要旨二は「規範的構成要件要素の錯誤」の問題にかかわるものである。「正権原ニヨル占有」が客観的構成要件であると解する限り、「占有が本権に基くこと」（占有の適法性）の認識は事実の認識として故意に属するとなす上告趣意の見解を正当と思う。本権説にたちながら、これを違法の意識の問題とされる寺尾調査官の見解（法曹時報一二・六・一五六参照）には賛成しがたい。特別の事情がない限り、客観的に占有が適法である場合、それらを事実として主観的に反映しているときは、「適法性の認識もあった」という推定が成立する。それを「適法とは思はなかった」と被告人が主張しても、その供述には証明力がない。「被告人の法的証価が独断だ」というとき、この証明の問題をさしているとすれば正しい。しかし、それ以上に実体的要素として「適法性の認識」は不要であるとするための前提であると考えるならば、法と証拠との混同である。また、故意を規制する構成要件という思想をくずすことは道義責任の拋棄でもある）。

三　まず、本判例が先例とした盗贓物や所持禁止物の詐欺・恐喝取得の事案は、既に多くの学説によって指摘されているように、結論的には本権説と矛盾するものではない。なぜなら盗贓物の場合、直接の被攻撃者の所持は権原によらない所持であるとしても、真実の所有権者との関係では、依然として本権の侵害たるに変わりはない（但し、滝川・各論一二〇頁は窃盗罪の成立を否定する）。また、所持禁止物でも警察処分によって支配力を奪われるまでは私人の所有権の対象であると考えれば、ここにも本権の侵害はある（井上・財産犯の諸問題（三）警研三一・五・五八）。そこで本権説にたった研究者も、これらの判例がその理由として所持を独立の法益とした点を批判したが結論としては賛成したのであった（宮内・各論（上）一一二）。

ところがこんどの年金証書の判決は所持を独立の法益と解する立場を明示したにとどまらず、正権原による占有に限るとしたかつての恩給証書に関する大審院判決（大正7・9・25刑録二四・一二一九）は変更を免れないとした（もし大審院の判例の変更なら大法廷によらなかったことに疑問がのこる。井上・過失犯の理論三一六参照）。そしてこの判例をまた本判決は先例としたのである。この最高裁の両判決は、自己の所有物に関する事案であって、さきの諸先例が自己以外の者の所有物に関する事案であるのとは本質的に異なったものであった。そこでこれら年金証書の事案とこんどの本窃盗事案の両判決は、もしわれわれが本権説の立場をとるとしたとき、どう理解すればよいのであろうか。

四　年金証書の事案につき植田重正教授は次のように批判される。すなわち、ひとしく所有権者に対抗しえない占有であっても、どういう経由で相手が所持するに至ったかという事情の相異が、ひいては所有権者のその者からの取還行為の社会的相当性にも影響するのが当然である。所有権者からの侵奪によって得られた所持か、又は無効の契約にせよ所有権者の真正の同意による所持の移転によって得られたものかによって、その間に刑法上の保護に区別が設けられるべきだとされた。そこから、大審院判決が無効だから直ちに無罪としたのは論理に飛躍があり、また、当判例が所持が独立の法益だから有罪として、所得の保護の相対性に触れるところがない点で判示として必ずしも十分且つ適切でない憾みがある、と批評されている（関西大学法学論集一〇・一・一〇〇。「刑法二四二条の法意」）。

この評釈は財産犯の理解につき理論としてどういう立場を示すものであろうか。第二四二条の「他人ノ占有」の範囲を「正権原ニヨル占有」として限界づけることなく「所持の保護の相対性」という理論で限界づけようとされる点は傾聴すべき考えである。しかし、この理論は、従来の所持説が第二四二条の構成要件としては「他人ノ占有」を無限定に理解はしても、違法阻却事由としての自救行為の相当性で取還行為の幅を合理的に規整することになった立場と結局同一に帰することになって別に新しい提唱ではない。だが植田教授の評釈は手段の違法性から逆に「占有」の範囲を劃そうと意図されるのであって、本権があるかないかを問わない点において所持説にたいすると同じ批判を免れない。

手段の違法性をいくら強調してもそこから直ちに財産犯罪としての違法性が生じるものではない（江家・各論二六九頁「救済手段の違法性を財産犯たる奪取罪の違法性と同視するのは妥当でない」）。それを決定するのは保護法益であるから、財産犯罪のそれを本権にあると見る立場からは、まことに井上正治教授の述べられるように、「処罰の必要がいかに切実なものであっても、詐欺罪として処罰するには、たんに違法な欺罔行為が存在するというだけでは足りない。その欺罔行為がどれだけ厳しく非難に値するものであっても、その欺罔行為により所有権その他の本権にもとづく所持が侵害されなくてはならない」（井上・前掲、警研三一・五・五九）、ということになる。

ただこの判例の具体的事実関係は法益論の新たな解釈に何かの資料を提供してくれないであろうか。この点で粟田調査官の指摘された次の事実は極めて重要である。つまり、今日はこれら証書類につき国民金融公庫や恩給公庫などの大衆的な低利の公的金融機関があるという事実である（法曹時報一一・一一・一四二）。この事実は同じく一般の担保禁止に違反して証書を差入れた債務者が債権者から右証書を騙取した場合であっても、最早従来のように無罪とすることはできず、保護法益を「所持」と観念して有罪とせねば程の事情の変化を齎したと見ねばならないであろうか。しかしそうではない。かかる事情の変化は、井上正治教授も指摘されるように、今日では最初に担保に提供して借金することじたいに詐欺行為の存在を疑わしめる場合のあることを示唆することにはなっても、それ以上の意味をもつと見ることはできないからである（井上・前掲六一参照）。

五　つぎに、本判例の解説を担当された寺尾調査官は、本判示が一般解釈として本権説を覆す趣旨であるとすれば「説明不充分」であるから、「むしろ単に本件の具体的事実関係にたって窃盗罪の成立を肯定したに過ぎないものと解する余地もあるのではなかろうか」となし、本件事実関係のもとでは「刑法の観点からはそのような財産的秩序はそのまま保護されねばならないのであって、やはり、適法な占有と解して不可ないのではなかろうか」とされる（法曹時報一二・六・一五三頁以下）。

この事案の具体的事実として本質的なことは、譲渡担保期間経過後会社の弁済充当の関係が不明確で民事裁判によらねば目的物の所有権の帰属が確定できないという点であった。かかる事実関係は、それもまた、本権説にいう「権原による占有」に当たるというのが寺尾調査官の主張であった。果たしてそうか。

譲渡担保とくにその弁済期間経過後の法律関係がいかなるものかは、この制度が法典外に形成されてきただけに、判例はそれぞれの事案に即して処理してきた（私法二一号譲渡担保特輯。特に、四宮和夫・判例概観、一八一頁以下、植林弘・譲渡担保の法律構成に関する若干の疑問(一)(二)大阪市立大学法学雑誌六・四・一頁以下、七・一・七七頁以下参照）。本件の譲渡担保がいかなる類型に属するものかは資料から明らかではない。しかし、所有権が内部的にも移転し、目的物について賃貸借契約があったことから推せば、おそらく帰属型又は帰属精算型であったかもしれない。しかし、譲渡担保の実態の確定は複雑な過程であるため、或いは内部的には所有権の移転しない処分精算型であるかもしれない（担保債権額と目的物の時価とのひらきが本件では余りにひどすぎる事実がある）。これらの事実関係が明確に確定されなければ、本件についての刑法問題を展開することはできない。もし処分精算型ならば初めから刑法二四二条の問題は生じないからである。民法の門外漢でしかない筆者には、期間経過後の民事上の法律関係がどうなるのかを確定的に述べることはできないが、何れの類型に属する場合であろうと、目的物の引渡請求権が債権者に生ずることは間違いないであろう。そのことはつまるところ民事上適法な賃貸借契約は最早存続していないということではないのか（だから実力で取戻す権利があるかないかはこの際論外である。ここでは目的物の占有に本権があるかないかだけが問題であるのだから）。とすれば所有権が内部的にも移転する場合であっても刑法二四二条の「他人ノ占有」とは認め得ないことになろう。

また、「会社の弁済充当の関係が不明確」というのは具体的にいかなる事実をいうのかも明らかではない。本件事案にとって弁済があったかなかったかは本質的な意義をもつ事実であるから、当然にどちらかに決定した上でなければ本権説にたって刑法第二四二条を適用することはできない。結局、従来の判例の態度をもってするならば、弁済の有無、所有権の帰属を確定することが必要であり、それなくしては本件事実関係からは如何とも判断し難いと言うべきである。

それにもかかわらず、寺尾調査官は「適法な占有」があったといってよいと主張される。以上のべた事実関係の確定しだいでは、民事上本権がない場合も考えられるのに、かかる確定をまつまでもなく「刑法の観点からは」適法な占有があると観念される。この主張はつまるところ「本権による占有」がないときでも「刑法上保護すべき占有」があることをいうにとどまり、所持説にたつことになる。従って寺尾調査官が通説的立場でも適法な占有があると結論されることには多分に疑問が残る。「刑法の観点から保護に値する財産秩序がある」ということからだけでは未だ「適法な占有がある」ということにはならない。本権説にたつ限り、「本権による占有」があるか否かが先決問題であって、それが肯定されてこそ始めて「刑法上保護に値する財産秩序」と認められるのである。

六　本件では「弁済充当の関係が不明確で所有権の帰属が明らかではない」という事実は特徴的であると思う。こういう事実関係は行為の具体的状況としてかなり類型的なものであって、その限りでは占有じたいを法益と観念することの必要がなくもない。さきの寺尾調査官の解説もこの間の事情を強く意識されたからに外ならないであろう。

しかしかかる事実関係は法律的にはいずれかに確定すべき問題であり、また確定できる問題であって（自救行為を認めない判例の立場は別として、所持説においても自救行為の相当性の限界を考えるためには是非とも確定すべき事実である）、所持を法益と解する真意は証明上の利益を強調するにすぎない。しかし問題は実体的に解決されねばならない（本判例を評釈された萩原氏は、本権説の沿革上、比較法上の根拠は肯定されつつも、経済生活の複雑化した今日財物の占有が所有権者と第三者とに対するとき刑法上の保護に区別があるのでは財産秩序の安定は期待できぬとして、所持説を主張される。その立場から、本判例に属する一連の判例に肯定的である。大阪市立大学法学雑誌七・二・九八頁）。

かくして、本件の判示は、さきの年金証書の詐欺事案について伊達判事の指摘されたように「不法領得の意思を必要とする最高裁の判例と矛盾するばかりでなく、……従来の財物取得罪の成立範囲を拡張することは罪刑法定主義の精神に反する」（法律のひろば、一九六〇・四・三三）というべきである。

なお、本判決につき井上正治教授は、次の附記をよせている。

（附記）　本件貨物自動車は、会社更生手続に基き、管財人が占有していたものである。被告人が右貨物自動車の占有を回復するにも、会社更生法に基き取戻権の行使によるべきであって、それを実力で回復したことは、管財人が法令上の権限に基き占有していた財物を奪取したことになるのではないか。その意味において、窃盗罪の成立を認むべきであった。そうすれば先例とも矛盾しない。

（判例タイムズ　一一一号）

第四　偽造運転免許証行使罪の成立する事例

（最決昭和三六年五月二三日　刑集一五巻五号八一二頁）

決定要旨　「偽造にかかる公安委員会作成名義の運転免許証を携帯して自動車を運転した場合は偽造公文書行使罪が成立する。（少数意見がある。）」

事実を要約すると、自動車修理業を営む被告人Mが青果業を営む被告人Yに自動三輪車の売込を勧誘していたが、Yに免許がないため、Mは県警察書記交通係Nと共謀して、Yの自動三輪免許証を偽造し、Yに交付した。被告人Yは昭和二九年初め頃から翌三〇年九月一五日まで（免許証の定期検査のため県警に提出して偽造証明書なることが発覚するまで）にわたり、当偽造免許証を携帯して自動車を運転したものである。その間に、関係警官ないし他人に呈示したり提出したりしたことは訴因とされなかった（但し、第一審判決は、右の定期検査のための提出を訴因の追加をまつことなく認定しているが、これは第二審判決のいうように審判の請求のなかった事実を審判した違法がある）。問題となるのは、偽造にかかる運転免許証を、情を知りつつ、携帯して運転する行為の擬律についてである。これを行使にあたるとすることについては第一審以来一度も争われなかった。ただ、最高裁において少数意見として垂水裁判官が後掲通りの否定的見解を示されたにとどまる。多数意見もこの点については「記録によっても刑訴四一一条を適用すべきものとは認められない」、としているだけでいかなる理由によってそうなのかについて一言も説明をしていない。「簡にして要を得た」「傾聴すべき」少数意見（法曹時報一三・七・一一六、田中永司調査官の評がある。田中少数意見に好意的である）を手がかりとして、この問題について判例批評を試みることにしよう。結局において筆者もこの少数意見の方が正しいと思うものであるが、次にその垂水裁判官の見解をあげておこう。

「行使とは他人に対する外部的行為であって……他人の閲覧しうべき状態におくことである……備付行使をふくむが、……それは……法令または実例上公務所その他場所に文書を備付けて係員関係人等が必要に応じ随時閲覧できるように扱われている場合に……そこに備付けたときは、これによって関係人らに対し該文書を真正の文書として閲覧しうるべき状態におく外部的行為があったものということができる」……「しかし、たとえ法令上自動車を運転する場合に運転免許証を携帯すべき義務ある場合であっても、運転手が運転の際、偽造の運転免許証を単にポケットまたは自動車内に携帯所蔵しているだけでは、未だもって他人が随時これを真正な文書として閲覧できる状態においたものというに足りない。他人に対する外部的行為がないのであるから、これを原判示のように、偽造免許証の行使罪に当るものということはできない。被告人の判示所為は罪とならない。原判決は失当であって、当審としては刑訴四一一条一号によりこれを破棄すべきものである」。

〔評釈〕 一　偽造文書行使において「行使」の概念内容及びその既遂時期に関しては、「行使」という文言の比較的広い内容や、行使の態様がその手段たる偽造文書じたいの性質に依存して多方面であることのために、議論が分かれている。しかし、大体のところ、偽造文書を「行使」するとは、「偽造文書を真正な文書として使用し他人の閲覧しうべき状態におくこと」（明治36・4・10刑録九・五〇七、明治42・11・25刑録一五・一六六一等）であり、従って、態様としても「提出・呈示」のほか、特定の状況下において「備付」を含むことについては異論がない（明治42・6・17刑録一五・七八三、大正6・12・20刑録二三・一五四四、大正14・12・23刑集四・七八七）。

＊井上・各論二〇四頁、滝川・各論二四三頁、小野・各論一〇三頁、団藤・各論一七六頁、福田・各論一〇三頁、宮内・各論三二一六、三三三頁、荘子・ハンドブック・各論一五二頁、斉藤・各論一三七頁、下村・各論二〇八頁、牧野・各論・上二〇八頁、木村・各論二五六頁、草野・電報偽造論＜刑事判例研究第一冊＞四七〇頁、安平・刑事法講座四・七三一頁、安平・文書偽造罪の研究一六一頁以下等。ドイツの通説。西ドイツでは、Frank, StGB, 16Aufl. (1925) S. 582; Maurach, Besonder Teil, 1952, S. 381; Leipziger Komm. 6/7 Aufl. Bd. 2 S. 520; Schönke=Schröder, Komm. 9Aufl. 1959, S. 1014; Welzel, Deutsches Strafrecht, 6

Aufl. S. 336 ; RG 66 313. 東ドイツでは E. Hübner, Verbrechen gegen das gesellschaftliche, persönliche und private Eigentum. 1956, S. 79. 但し、リストは、文書じたい（文書の内容ではない）の現実の感覚的知識をもって既遂としたし（Liszt＝Schmidt, Lehrb. 25Aufl. 1927, S. 744）、ビンデングは被欺罔者が文書について感覚的知覚をうるような彼と文書との間の場所的近接関係、特に占有引渡を要求した（Weismann, VD Bes. Teil, Bd. Ⅶ, S. 366）。

二　そこで問題は、これら従来の判例や学説に照らして、本件事実を以てなお「行使」といいうるか否かにある。多数意見が本件事実を行使に当るとした根拠につき、判例解説者は次のように推測されている。「恐らく、多数意見は、当時の道路交通法九条一項で「自動車は公安委員会の運転免許を受けた者でなければこれを運転してはならない」、同三項で「自動車の運転者は、運転中、運転免許証を携帯していなければならない」とされているところから、免許証を携帯して運転することは、免許証を用法に従って使用するものであると見、而も、携帯しているときは、いつでも取締官憲の呈示要求に応じて呈示し得る状態にあるといえるとすることをも加えて、行使に当るとしたものと推察される……」（法曹時報一三・七・一一六、田中永司調査官）。

この推察どおりとすれば、多数説の根拠は大きな問題を含んでいる。携帯が行使であることの一つの理論的支柱として、携帯を道交法が義務づけているという点があげられている。これは全く論法が逆である。問題は何よりもまず携帯も行使であるか否かにある。従って、もし行使に当るならば、道交法上の携帯義務は文書の行使義務の一態様であることにもなるが、もし行使でないならば、道交法は免許証につき、文書としての行使以外の用法を義務づけているに止るということになる（官憲への呈示、定期検査における提出がそれぞれ行使の義務づけであることは勿論である。しかして行使がかかる義務履行であっても――行為者の完全な任意行為でない――行使罪の成否に影響のないことをドイツの判例は示す RG 70/17, LK. S. 520）。それだけのことであって、道交法上の義務づけが直接に行使に当ることの根拠となる筈はない。正にそれこそが論証さるべき命題なのであるから。問題のたて方のこの出発点におけるあやまりは、文書の用法上の使用という概念が曖昧であって、学説としても争われていることによるであろう。そこでその文書の用法上の使用とは何をいうかを明瞭にせねばならない。

三　まず「文書の用法に従った使用」とは何をいうかが問題となる。いわば、行使の概念の内包の問題である。既遂・未遂を通じて、行使の実行行為の定型性を問うものである。用法に従った使用とは、文書をある社会関係の中で一つの証拠方法として使用することである。

*証拠方法として使用することは、「主張」Behauptung としての意味をもつことではなかろうか。ただ、「主張」なり「証明」なりが文書の内容についてに限るか、存在じたいをも含むかは学説に争いがあるが、さしあたりここでは問題でない。学説・判例ともに文書の概念からして当然用法とは証明をいうと解することになろうが、特に明言しているのは、草野・前掲四七〇頁、荘子・前掲一五二頁、Liszt＝Schmidt, S. 744；Weismann, VD Bes. Teil, Bd. Ⅶ, S. 367；大正9・12・1刑録二六・八五五。「主張」ということを、使用との対抗概念として考えることもできる。この意味に使っている文献がある。井上・前掲二〇四頁、荘子・前掲一一二頁、福田・前掲一〇三頁。牧野、草野両博士の論点は、用法としての使用が、文書の内容の主張をいうのか、文書の存在の主張たるかということであった。リストが「文書の真正についての明示又は黙示の主張」というときは、おそらく、使用との対抗関係を意味していよう（Liszt, S. 744）。しかし、黙示の主張ということになれば、対抗関係としての意味は失われる。文書を何らかの証拠方法として使用すれば足りると思う。文書本来の用法にしたがった使用でなくともよい（明治44・3・24刑録一七・四五八、大正3・11・18刑録二〇・二一五七、昭和29・4・15刑集八・五〇八など）とするのは、文書の内容との関連でいわれているのであって、ここでのべた立場と矛盾するものでないと思う。

免許証の携帯という行為は、文書を証明手段として使用していることであろうか。携帯は所持と同一の内容であるが（ただ携帯とは運転という主要行為に付帯した所持である）、一体誰に対して何を証明する行為であろうか。所持も文書の使用の一形態である。特にさきにふれたように、免許証の道交法上の用法としての使用ではあるが、それが同時に、偽造文書行使罪における「文書としての用法」として使用されるものといいうるためには、「証明のために使用された」という要素が含まれなければならぬ。

携帯して運転する場合、通常は必要に応じて呈示の目的を以て携帯される場合が多い（呈示の目的のない携帯は、最早携帯とさえ言えない。家においている状態に全く同一に帰し、それとは法的には「所持」の態様の差があるにとどまる）。官憲の呈示の要求あるときは、自己が運転免許者であることを免許証の呈示によって証明する。呈示が証明行為であることは勿論である。しかし、たとえ呈示の明確な意図の下においてであっても、単に所持しているに止まる場合は、呈示の準備は完了していても、未だ証明行為に着手したということはできない。所持をもって呈示の着手と観念することができないからである。それでは携帯して運転するという行為全体が呈示という証明行為とは、別箇独立して何ごとかを誰かに対して証明していることになるであろうか。この点も否定しなければならない。成程、免許制度を前提としているから、運転という一定の対世的行為があると、この社会的事実じたいが既に一定の証明力――対世的主張（運転免許者であるとの主張）――をもつ。しかし、これは、免許証という文書の、従って、その所持の有無とは係わりのない効果である。運転行為の証明力と所持の証明力とを混同してはならない。所持じたいは何人に対しても何ごとも立証する行為ではない。免許証の呈示をまつことなしにはそこに主張も証明行為も見出すことはできない。

所持が証明の要素を含まぬことは次のことから根本的には生ずるのではないか。呈示の目的は、呈示すべき時に行為者がその意志を飜すことによって直ちに撤回され、呈示行為は存在しなくなる（官憲の要求があったとき、家に忘れたという主張もあり得るし、または、無免許の自白もありうる）。多くは、呈示のために携帯するのだから、呈示するのが常態であるが、しかし呈示を否定することが皆無でないばかりでなく、かりに通常の如くに呈示するとしても、その行為は携帯的行為から反射的自動的に展開される訳ではない。更に新たなる動機の葛藤を通じそれを克服して実現される行為である。これらの事情は携帯と呈示とが異質の行為であることを示すものである。所持が既に証明であるなら、撤回も動機の葛藤も無意味であろう（この点が備付後の撤回・破棄と異なる。明治42・11・25刑録一五・一六六一は、一たん備付があった以上既遂に達しその後の破棄・抹消も責任を免れないとする）。これらの事情は両行為の社会的意味の相違――証明の用意と証明じたい――を語っている。証明の予備にとどまっているから、行為者のその後の新たな意志次第で証明の用に供することも、または否定することもできる。垂水裁判官が行使とは他人に対する外部的行為であるとされるのも同じ気持からではないであろうか。

要するに、免許証の所持が何ごとも主張したことでなく、証明行為たり得ないのは、垂水裁判官が簡潔に指摘されたように、証明が外部的行為を待たずしては観念し得ないのに、所持は内部的行為に止まるからであるというに尽きよう。

行使がその実体を証明にもつことから、行使は常に相手方を予定した観念となり（Frank, S. 583 Maurach, S. 381）、更にその既遂時期についても、単に、文書の信用に対する公共危険の発生という偽造罪、行使罪、行使未遂罪について共通の要素からのみならず、更に加えて、その危険の程度を証明行為としての終了の時期をもって劃することとなる。「他人の認識・閲覧しうべき状況に対する」ことを以て既遂の時期とするのは、この意味を含むものとして理解できる。

四　行使罪は公共危険犯として文書の信用（証明力をもっている文書の内容の真正さに対する信頼）を侵害する危険が現実に発生することを要するため（公共危険、抽象的危険とは別異の概念であるがここで深入りしない。木村・各論一八八頁註四）、文書の行使の既遂というためには文書の内容が相手方の「閲覧しうる状態に達すること」を要すること、さきにみた通りである。いわば行使の概念の外延にかかわる問題といえる。行使既遂と未遂とを分つ概念要素である。

携帯が既に行使概念の内包において――証明行為か否か――否定された今、認識しうるか否かという問題をたてる余地はなく、行使未遂さえ問題とならぬといわねばならない。他人の認識しうべき状態におかれていないから行使に当らぬとしただけでは、当然に、行使未遂を排斥することにならないから、更にその点を論ずる必要がでてくることになろう。既に文書を証明の用に供する行為でないとするならば、その点で行使とはいえないから、たとえ相手方の現実の認識に達していても、行使罪に該当しないというべきである。

＊さきにあげた判例は登記申請書作成の資料として代書人に偽造文書を交付した事案につき、事実証明の用に供したものでないから行使に当らぬとする（大正9・12・1）。同じ理由から、学説として草野・前掲四七〇頁以下は、偽造の借用証書に確定日付を得るため公証人に提出する行為を行使とした大正3・11・18刑録二〇・二一五七を、また牧野・二一〇頁以下は、裁判上の証明の用に供するため訴訟代理人、告訴代理人に偽造書面を交付する行為を行使とする明治42・4・21刑録一五・四八一、明治42・7・27刑録一五・一〇四八、大正3・11・5刑録二〇・二〇二七、大正4・5・18刑録二一・六四五を、それぞれ批判される。草野博士は訴訟関係人への交付は、文書の内容を主張する場合に当るとして判例を肯定される。ワイスマンは、遺言書の供託をもって行使とする判例（RG26 143）を同じ理由から否定する。Weismann, S. 367.

逆に、行使未遂罪のごとく、証明の用に文書を供しても、相手方の認識しうる状態に達していない行為は行使罪に該当しない（偽造文書の郵送による行使につき、受取人の手許に達し又は受取人の郵便函に入りたる時を以て既遂とする明治40・1・24刑録一三・五二）。同じく行使罪に該当しない場合でも、後者については未遂が問われるが、前者については、未遂でさえないのである。本件事案は、免許証についてその内容（運転免許者たる事実）を主張し証明する行為ではなく、よって行使に当らぬと解したのであるから、行使未遂を論ずる余地がない。

ついでながら、行使罪と行使未遂罪との関係につき、「認識しうる状態」がいかなるものかは、特に備付行使について問題となるが、ドイツの次の判例はかなり明確な内容を示す。

商業帳簿を店の番頭が偽造した場合に、「その帳簿は帳場で仕事をするすべての人に自由に用立てられる」（RG 751 —L. K. S. 520）とか、偽造のナンバープレートをつけて自動車を公道上で運転することをもってプレートの行使とした事案（RG 72 370）につき「共同通行者や警察が認識しうる」（Schönke=Schröder, S. 1014）とか、帳簿の備付に関し、「他人にその文書を感得することが即座に（ohne weiters）自由である。即ち、それが彼の処分にまかされている場合には行使となる（RG 66 313, RG HRR 1939 Nr. 1492）」（Schönke=Schröder. a. a. O.）とか。また「他人の実力圏（Machtbereich）におちること」（RG 66 313—; Welzel, S. 336）とか、「行為者の側においてなしうべきことすべてをなしてしまっても充分でない（RG HRR 1940 Nr. 1272）とかのべている。これらの事案に照らしてみると、かりに本件を証明の用に供する行為と仮定しても、行使既遂に当るとはいえないであろう。

＊文書偽造行使についてではないが、真正印章の不正使用罪（刑一六七条二項）に関し、盗捺のみでは本罪の未遂ではなく、予備にしか当らぬとした判例（明治4・11・1刑集八・五一二）がある。ただし、この判例については、本罪の構成要件が「他人の印章を盗用した上、之を他人の閲覧し得べき状態におく全過程をふくむ」と解すべきで「他人の閲覧し得べき状態におくことのみを切離して使用行為となし、それ以前の行為を……予備行為とする説には賛成し難い。即ち、行為の目的を以て他人の印章を盗用するときは既に不正使用の着手があったとみるべきだ」とされる見解がある（平出禾・刑評四・二二五）。この判例と評釈とは本件につき直接の関係はないが、評釈者の説をとると、本件について行使未遂をみとめることになるであろうか。尤も、不正使用という観念は行使よりも幅の広い観念であるから、直ちに類推はできないけれども。

五　偽造運転免許証の携帯をもって行使に当らぬとすることは、取締目的からみて、更には行使罪の立証の問題からみて必ずしも十全な結果でないことは容易に想像される。しかし、これらの事由から、行使罪の幅を広げて理解することは行使未遂罪を認めている現行法の建前からみても、やはり行きすぎであって、とにかく立法による解決が必要であろう。ニューヨーク刑法典五二一条は、欺罔を実行せんとする目的で偽造文書を所持することじたいを処罰している（Weismann, S. 368）。ソヴエト・ロシヤ刑法において、文書偽造と偽造文書の行使とを処罰するが（七二条一項・二項）、この行使は提出と呈示が観念され、行使の目的を以てするあれこれの方法による偽造文書の獲得《プリオブレチエーニエ》行為を、行使罪の予備として処罰するとする（モスクワ大学版・ソヴエト刑法各論、一九五七年　三九四頁以下）。しかし、本質的に予備であるかかる行為を目的的考察からのみ可罰として立法することが妥当かどうかも慎重に検討を要する（予備を処罰することは心情刑法への傾向をもつことは否定できないから）。

第五　被害者の同意

一　構成要件阻却的同意と違法性阻却的同意との区別の意義

従来から同意にこういう二つの範疇を認めることは一般に行われて来たところであるが、そういう区別をされた同意の間に理論的にどのような関係があり、どういう結論の変化を齎すかは必ずしも充分に整理して考えられたわけではなかった。ゲールズはこの問題を正面に据えて二つの同意を論じた（F. Geerds, Einwilligung und Einverständnis des Verletzten in Strafrecht, GA 1954 S. 262-269)。彼に従って暫くこの区別の意味をみよう。

彼は賛意の二つの場合、つまり構成要件阻却的同意（または簡単に「合意」Einverständniss という）と違法阻却的同意とは、ともに純粋に事実的にみれば同一のメルクマールをもつ、すなわち、被害者がある態様で彼を侵害する所為に賛意し許容し是認し何も反対をしないということである。しかし、それは刑法上では全く異なった効果をもつ。前者は可罰行為の構成要件該当的完成を阻却するし、後者は違法性を阻却する。そういう機能の相違が両同意の法的な条件・内容を異ならしめる、と。

前者すなわち「合意」は、構成要件が、明示的にまたはその性質上、被害者の事実上の意思に反して、または意思を無視して行為する、すなわち、相手の対抗意思を克服することを前提にするときに生ずる。たとえばドイツ刑法二三六条（意思に反してなす誘拐）において、ある婦人がその場所の移転されることに賛同したり、外見上の抵抗しかしないときは、「意思に反して……誘拐する」という客観的構成要件要素がおちる。また、同二四二条（単純窃盗）、二四三条（重窃盗）、二四七条（家庭内の窃盗）、二四八条a（困窮状態の盗み）、三七〇条二・五・六号（軽窃盗）も同じ）において所持者が物の領得を許容したり、自ら譲与するときは、占有を「奪取」によってではなく譲与によって得ているのであるから客観的に窃盗ではない。同じく、家宅権者の合意は「侵入」（ドイツ刑法一二三条、一二四条）でないし、「不本意でない暴力」（vis hand ingrata）は強姦（ドイツ刑法一七七条、同じく一七六条一号（重猥せつ行為））にならない（その他ドイツ刑法二三七条（保護権者の意に反する未成年婦女の誘拐）、二四〇条（強要）、一一四条（官吏に対する強要）、二五三条（恐喝）、二五五条（強盗的恐喝）、二五二条（事後強盗）、二四九条（単純強盗）など）。これに対して、後者すなわち違法阻却的同意においては、保護客体の担い手が一人の私人または数人の私人である場合には、被害者の同意は、もし同意がなければその所為に附着したに違いないところの重大な反倫理性を排除する。

以上のような二つの同意の刑法上の機能の差異は、まずそれぞれの同意の概念メルクマールに影響せざるを得ない。さらにまた、同意の効果についても異なってくる。第一、概念メルクマールの相違の問題。それはまず同意能力に、(1)つぎに同意の形式に現われる。まず同意能力において、「合意」においては、被害者の意思能力は、合意の構成要件機能から明らかなように、行為の不法性を洞察する能力であることは必要でない。事実上の出来事から「意に反せる攻撃」（invitro laeso）というメルクマール、強制という契機を奪うためには、被害者が自然的意思をもって賛成したということで充分である。それだけでそれぞれの構成要件の予定する被害者の意思の強制という要素はおちる。ところが違法阻却的同意においてはその程度の能力では足りない。それぞれの具体的場合において、同意と侵害の意味（法的保護の放棄と不法内容）とその射程を完全に洞察するだけの理解力、判断力、成熟が要求される。つぎに、同意の形式についても、差異が現われる。「合意」においては「意思方向説」[2]（Willensrichtungstheorie）が正しい。何故なら構成要件該当性の問題にとっては、ある構成要件メルクマールの存在か欠缺かが行為者に知られているかどうかは本質的なことではない。庭の桜木に実った桜んぼを盗もうとしている者のあることを偶然知った所有者が、その侵害につき賛意の意思方向をもったことによって、その占有移転は「奪取による」という客観的な要素を欠く。被害者の意思を行為者が知っていなくてもこの間の事情には影響がない（窃盗未遂の問題は後に論ずる）。これに反して、違法阻却的同意では「意思表示説」（Willenserklärungstheorie）が正しい。被害者の同意は明示・黙示に行為以前に表示されねばならない。かつまた、その意思が行為者に知られていなければならない。この結論は違法論から生まれる。正当防衛の事情を知らない者は正当防衛を引き合いに出すことができないのと同様に、同意を知らない行為者の構成要件的実行は適法とは評価されない。たとえば、隣人の木が眺めの邪魔になるので夜陰に乗じて切り倒す。すでに第三者からそれを耳にした隣人はあたかも自らも折あれば切り倒そうと思っていたので内心の意思方向として同意していた。しかし被害者の表示なく行為者はその意思方向を知らずに、自己の目的を達するため他人の財産を破壊せんと意思し、構成要件該当的器物損壊を実行したのであるから違法である。彼の行為は法秩序にとって重大な反論理性をもつ。かりに、被害者の同意された意思方向によって結果無価値が欠けると認めたとしても、人格的違法観からすれば行為無価値は存在している。何故なら同意を知らない行為者はある法侵害を実行せんと意思し、法にそむく意思をもっているから、この行為無価値、悪しき意思は、行為者が同意の認識に達した場合に始めて法共同体から止揚される。したがって、表示の結果としての認識は、違法阻却的同意の主観的正当化要素となる。

第二に、二つの同意のそれぞれの効果における相違の問題。まず、可罰未遂の可能性において、つぎに、錯誤によって同意ありと誤信したとき、最後に、同意―行為の反良俗性、欺罔や強制に基づく同意に関して。

まず可罰未遂について。「合意」においては、可罰未遂の可能性があるが、同意においてはその可能性がない(この点は次の項でとりあげる)。つぎに、錯誤に関して。「合意」の錯誤はドイツ刑法五九条の意味では構成要件の錯誤であるが、同意の錯誤は常に禁令の錯誤である。禁令の錯誤として二つの場合がある。行為者が被害者のある動作(たとえばうなづき)を同意の表示として受け取った場合、宥恕さるべき禁令の錯誤があり、無効の同意を有効と錯誤したとき宥恕の余地のない錯誤がある。最後に、反良俗性と瑕疵ある同意の問題について。身体障害に関するドイツ刑法二二六条a(「被害者の同意を得て傷害をなす者は、行為が被害者の同意があったにもかかわらず、善良な風俗に反するときに限り、違法に行為するものとする」)は良俗に反対する行為が同意の違法阻却的効力に反対することを宣言している。しかし、同時に、同意じたいが良俗に反するときにのみ行為の反良俗性が阻却的効果を奪う(3)。詐取された同意も強制された同意も被害者の真意に基づかないから違法阻却の効果をもたない。これに対して「合意」においては、被害者の「合意」の反良俗性は如何なる意味もない。ここでは行為者が強制的に被害者の意に反して行為したかどうかだけが問題であるからである(ある婦女が良俗に違反して行為者の欲求に同意しても、一七七条の強制的契機が生まれることはない)。詐取された「合意」についても同じである(詐術を用いて財物をせしめても窃盗ではない)。やや困難な問題があるが強制による合意についても事情は変らない。ある婦人が別居中の夫の入居を最初拒否した、ところが夫はもし拒否すれば妻の行った可罰行為を告発するぞと脅迫した、そのため夫に立入りを許容した。ここでは夫は事実上妻の意に反して住居に侵入したものではない。妻の意思変更後に立ち入ったのであるから。住居侵入による可罰性は婦人の強制された合意によってもまたおちる(もっとも強要罪での可罰性は別論である)。このように、「合意」の場合には、良俗違反、詐取、強制において、同意の場合と異なることが明らかである。

ゲールズのこのような主張は大体において承認をうけたように思われる。たとえばヴェルツェルもマウラッハもシェンケ＝シュレーダーも、「合意」がすぐれて事実的性質をもつことから良俗性の問題が生じないことを論じている。ただバウマンは同意の二つの形式が交替可能であることを理由に、錯誤にこの二つの形式がそのままの形で貫かれることに反対している。たとえばドイツ刑法二四八条b（権限者の意に反した自動車の使用）について考えるとき、同意を錯覚して行為した行為者は、錯誤の具体的内容によって、事実の錯誤となったり禁令の錯誤となったりするのであって、そこでは「合意」が問題だからということで一律に構成要件的錯誤とすることには理由がないと反論している。「合意」であろうが同意であろうが、二つは錯誤論において同じ取扱を受ける必要がある、と。

このような二つの同意内容を比較することにはそれなりの意義と成果があるが、問題は、違法阻却的同意の内容がはたしてこのような構造でよいかどうかである。とくに、主観的正当化要素の問題と身体傷害における同意の問題について同意思想のもつ意義を考え直したい。[4][5][6]

（1） レンクナーは「合意」と同意について、それぞれ同意能力、その代理の問題を論じている（T. Lenkner, Die Einwilligung und deren gesetzlicher Vertreter, ZStrW 72 (1960) ¾, SS. 446-463）。「合意」において、自然的意思能力で足りるのは、人の自由に対してむけられた犯罪、純粋に事実上の支配関係の侵害と結びついている犯罪（窃盗など、精神病者・酔払い・未成年者の同意によって窃盗は成立しない。同意が領得一般の違法性を阻却するかどうかで横領の成否がきまる）、最後に保護客体が権利から結果する事実上の収益・利用可能性を本体とする犯罪（自動車の無断使用や住居侵入など）である。これに反して、侮辱罪では合意によって生ずる名誉放棄の意味を理解するだけの精神的倫理的成熟を前提とするところの、洞察・判断力が要求されるし、また、構成要件が関係者の法律行為的に表示された、意に反する行為を前提とするとき、合意じしんが法律行為でなければならぬ（たとえば背任罪）。したがって同意の代理を考える場合にも、合意が法律行為的性質をもつ最後の場合については法定代理人の同意でたりるが、しかし純粋に事実上の性質の合意については代理は親しまない。結局、ゲールズのいうような単純な図式化が否定されることになろう。つぎに、「同意」においては、通説は行為能力者たる必要がなく、年齢や行為能力にかかわりなく侵害と同意との事実上の意味と射程とを認識しうる能力で足りるとする。これに対しレンクナーは、民法における許容されない行為への同意（ドイツ民法八二三条以下）は、被害者の完全な行為能力を必要とするのが通説である、同一正当化事由たる同意が民法と刑法で矛盾することは、法秩序の統一性、正当化事由の全法領域性から考えておかしい、同意の本質から統一的解釈が必要である、として解決を試みている。同意は法律関係の設定・変更・消滅に向けられた意思表示たる法律行為とは異なるが、また、純粋の事実行為でもない、一定の意思外化が問題であって、法はそれに保護規範の中止という法効果を与える、したがって、法的行為（Rechtshandlung）の性質をもつ（Mezger, H. Mayer）、その限度では法律行為の部分的類推が考えられるべきであるという。同意能力について財産犯の同意については一般に行為能力（ドイツ民法一〇五条以下）が必要である（通説反対）、行為能力に制限のある未成年者は、法定代理人の事前の賛意によってのみ有効に同意しうる、人格的法益侵害犯の同意については、事情が異なる、人格権は図式的な行為能力の規定の仕方とは親しまない、具体的場合の自己決定の意思が中心となるから個別的に自然的な洞察・判断の能力が法益・攻撃の種類と程度に応じて判定さるべきである、このことは生命への危険と財産取引との差異から出てくる結論ではなく、人格権の本質から出てくるものであって、刑法と民法との差が問題になっているのではないことをここでもレンクナーは強調する。しかし、バウマンは、法秩序の統一性からレンクナーのような結論が直ちに出てこないこと、民法においては明らかに認識可能な年齢制限が法的安定のため要求されるが、刑法においては、ドイツ民法一〇四条以下に働く原理がすべて個別的事例にたちもどってつかまれることをレンクナーは見落としているという（Baumann, Strafrecht, AT, 1961, S. 253）。

（2）かつてチーテルマンによって説かれた厳格な意思表示説、これに対するにメツガーの厳格な意思方向説は今日賛成者はない。「ゆるめられた表示説（eine abgeschwächte Spielart der Erklärungstheorie）」（明示の表示が必要だが行為能力は不要）と、「ゆるめられた意思方向説（eine abgeschwächte Willensrichtungstheorie）」（刑法的保護放棄の意思方向がどうにかして外部にあらわれねばならない）とがあり、バウマンは両者を混合説とよんでいる（Baumann, S. 251）。

（3）木村亀二「被害者の承諾と違法性」刑法解釈学の諸問題三三三頁以下は、承諾の対象の問題につき承諾による行為全体の反良俗性を説かれる。承諾が倫理的であっても、行為全体をみるとき反良俗性を帯びる場合として、「自己の妻に対する侵害を防止せんがために自己に対する侵害に同意を与えたという場合」（木村）、「喧嘩ずきの甲が乙をなぐりたいと考えている。丙が友人乙の代役をつとめさせてくれといって同意したとき」（バウマン）、「これらの場合、同意はそれじたいとして倫理的であるが全行為態様は反倫理的である」（バウマン）。この際行為じたいが身体の完全性を破壊するという構成要件的可罰評価と行為の反倫理性を混同してはならない。「全行為態様」というときその重点は構成要件の外枠にあるところの諸事情（侵害の態様・程度・動機など）にあることを忘れるべきではない。ただし、扶助料や保健金詐欺の目的をもってする身体傷害や財産の毀滅について、身体傷害や器物破損につき同意が無効であるかは侵害者が同意の反倫理性を知っていてさえ問題がないではないであろう。

（4）被害者の同意は違法阻却事由として刑法典に規定されているわけではない。その意味で、超法規的違法阻却事由と言われる。

法規秩序（Gesetzordnung）には欠缺（Lüeken）は論理的にまぬがれ難い。しかし、法秩序（Rechtsordnung）にはとじられたまとまり性（Geschlossenheit）があるし、それを実現するのが解釈学の仕事という。同意は単純な法益の放棄ではなく、刑法的保護の放棄というが、それが慣習法的な違法阻却事由であって、完全に実定法規上の基礎を欠くと断言されることに筆者は疑念をもつ。たとえば、財産的法益侵害の同意の内容をなす刑法的保護の放棄の基礎もやはり財産権という実定法にあると考えることはできないものか。そういう実定的権利を基礎にして、具体的な行使の限界を論ずるとき、規制原理として法益較量や目的説が働く。同意を構成要件要素の解釈問題に解消するか、消極的構成要件要素と考えるか、または、違法阻却事由とするかは、「結果」概念の分析によって変わる。さし当り問題はその具体的内容にむけられる。

（5）最近の構成要件理論の発展は違法阻却事由としての同意の働く場面をますますせばめて、構成要件要素の解釈問題に還元されて行く傾向にある。そうした場合に、一体後に正確にどれだけのものが残るかも確定すべき問題であったが、本稿では触れることができなかった。

（6）被害者の同意に関するわが判例の詳細な分析と体系化は、中野次雄「被害者の承諾」総合判例研究叢書刑法(1)七一頁以下によって始めて行われた。また、この法理の歴史的研究につき、宮内裕「被害者の同意」法と経済一〇四・一〇五号参照。

二　同意における主観的正当化要素

正当防衛について防衛の意思が必要であるとする素朴な理論は主観的違法要素の理論の登場、さらには人格的違法観によってその理論的支柱を得たばかりか、すべての正当化事由について、主観的正当化要素を必要とするに至った。したがって今日、被害者の同意においても主観的正当化要素として「同意のあることの認識とそれに基づいた侵害」とが要求される。はたしてこの点そう考えてよいであろうかを考えてみよう。

わが佐伯博士は「主観的違法要素」の論稿においてこの問題をとりあげられた。それによって明らかなごとく、主観的違法要素を承認する学者必ずしも直ちに主観的正当化要素を肯定したわけではない。ヘーグラー、ザウアー、メツガーらがそうであった。その理由は第一には、主観的違法要素の承認にもかかわらず、依然として法益侵害を違法の本体としたので、主観的要素が法益侵害を左右する限りで始めて違法要素たり得たこと、したがって客観的に法益侵害のない違法阻却事由の不知の場合については、もっぱら、主観的にのみ違法な意思があるに止まるからである。特に同意においては、その法的性質が被害者の意思方向で足り表示を必要としないとしたことのため、行為者に同意の認識を要求することと矛盾するとされたためであった。ナチス刑法学者のブラウンは法益侵害を違法の本質とする限り主観的正当化事由は認められないのが論理的帰結でなければならないとし、今や国民共同体に対する義務違反を犯罪の本質とし、したがって、行為者の心情と犯罪意思を違法の構成部分とすべきだと説いた。佐伯博士は直ちにはこのナチスの思想に従うことを拒否されて、「可罰的違法」の思想から、それぞれ犯罪の可罰的違法の程度、質、内容を考えた上で、「主観的要素がその犯罪類型においてどの程度まで客観的事実の意味を消却しうるか」を個別的に研究すべきことを提唱された（佐伯千仭「主観的違法要素」法学論叢三七巻一号四八頁）。主観的正当化要素の理論づけのためには、新しい違法論の展開が何よりも必要であったわけである。これは人格的違法観によって完成されたと言ってよい。

同意に関して主観的正当化要素をめぐる現状は次のようになっている。店主が一足の靴下を盗もうとしている女万引をみつけたが、そのあわれな姿に憐びんの情をもち、これを妨げようとしなかった場合を例にして列挙しよう。(1)
(イ) 違法阻却的効果をもつためには同意を知って行為しなければならないから、その不知は正当化を主張できない（ヴェルツェル、ニーゼ、マイヤー）。従って、本事案の場合に窃盗既遂となる。(ロ) 構成要件阻却的同意と違法阻却同意を区別し、前者の同意は行為の実質的不法内容に関係せずもっぱら形式的類型性を排除するのであるから、その客観的な同意の存在によって客観的構成要件の欠缺をみちびき、未遂となる。しかし、違法阻却的同意においては(イ)と同じ（マウラッハ、ゲールズ）。従って、本事案において、窃盗の構成要件の「奪取」が店主の同意で欠けると解釈すれば窃盗未遂となるが、意に反する行為は構成要件の外側の問題、つまり違法阻却としての問題と解釈すれば、主観的正当化要素がない事案に該当し、窃盗既遂となる。(ハ)　違法阻却事由には主観的正当化要素が必要である。しかし、それが欠けた場合には既遂でなく未遂であるとする[2]（シェンケ＝シュレーダー）。従って、本事案について窃盗未遂。(ニ)　構成要件阻却的同意であれ違法阻却的同意であれ、違法は行為者の心情に左右されずに客観的に確定されるから、既遂の成立はさまたげられる。同意が正当化の力をもつためには行為者の侵害に対する被害者の賛成的な意思方向があれば足り、行為者が同意を認識している必要はないとする。しかし、そこには行為者の犯罪的意図の発現があったから未遂が成立するとする（メッガー、バウマン、オエラー、牧野）。従って、本事案の場合は窃盗未遂となる。(ホ)　未遂犯の成立も否定する立場がある。

この問題では違法の本質論の相違が基本的に決定的な契機になっている。主観的違法要素の理論や人格的違法論についてどう対応するかが問題である[3]。市民社会を前提にする限り、法の問題（Legalität）と倫理の問題（Moralität）の峻別を説いたカントの思想はカテゴリカルな意味をもったものと考えねばならない（佐伯・前掲論文四〇頁参照）。オエラーが、右の事案につき既遂を認める立場に対して、「行為者が客観的には法秩序と一致していることを見落している」と述べ、さらに社会的価値、客観化された目的（行為者の心情から独立した目的）という立場から同意の不知について次のようにのべていることに注目してよいであろう。「表示された同意は、その行為に同意なかりせば固有に附着したであろうところの目的方向とは別の目的方向を与える。表示された同意を伴う行為の客観的目的は、法的保護からとき放たれた結果への遂行の中にある。その行為に対してはいかなる正当防衛も反抗もあり得ない」（D. Oehler, Das objektive Zweckmoment in der rechtswidrigen Handlung, 1959, S. 176）。違法の本質を法秩序と行為との矛盾として把握する以上は、違法阻却事由について主観的正当化事由を認める余地はなく、同意の不知に基づく行為は未遂の一種として処理することが正しいと思われる。

(1) この立場――人格的違法観の立場――は、未遂をみとめるところの客観的違法論の㈡の主張に対して、こう批判する。未遂が成立することは、客観的な裸の同意だけでは侵害行為の結果無価値は別として、少なくとも行為無価値は正当化されないことを自認することである、したがって、そういう構成は出発点とした「認識されない同意に正当化力がある」というテーゼを自ら否定することだという。さらにゲールズは、不法判断はもともと単一であるべきで、既遂では適法としながら未遂では違法とすることはおかしい、また、すでに既遂の構成要件該当行為があるのに、それを未遂で論ずるのもおかしいと批判する（Geerds, S. 266‐267）。またマウラッハは、未遂犯は客観的構成要件の欠缺によってのみ基礎づけられる、正当化要素たる同意の不知は、犯罪メルクマールが無瑕なのだから未遂の規定が類推できるか疑わしいという。

　これらの批判は、行為者の意図――外部的態度――結果の間の因果の連鎖が被害者の同意（有意行為 voluntary act の介入）によって切断されていることを見落しているのではないであろうか。詐欺事案に関して、詐欺未遂を認めるのと同じ論理である。構成要件阻却的同意でない場合について外部的態度と結果との因果関係が切断されるとするためには、結果概念の再検討を必要とするであろう。

(2) シェンケ＝シュレーダーはこの場合の未遂を逆の形の不能未遂 umgekehrten untauglichen Versuch といい、ザウアーは不能未遂類似の場合という。行為者の心情は現実に存在する構成要件の表象であるから「幻覚犯」でないことは明白であるが（木村）、物理的結果が欠ける場合、および物理的結果の発生がありながら物理的結果と外部的態度の間の因果関係がきれる未遂の場合と本件とが異質の問題であることは認める必要があろう。すべての犯罪にとって存在するところの刑法によって保護された社会関係の侵害（既遂）、侵害の危殆化（未遂）を犯罪的結果とし（いわば法益侵害あるいは行為の違法性を行為の結果とみる）、ここにいう前者の犯罪的結果と犯罪行為との因果関係が同意によって切断される場合として未遂を構成すれば、未遂の構造は承認されるであろう。法規の中に直接記述されていないこういう結果概念――新カント派の存在と当為を否定し、違法を評価とみず判断者の主観の外に客観的に存在する社会関係への変更とみる唯物論の立場の帰結――は、社会主義刑法理論の一部（トライニン、グズネッツォワ）において説かれる。しかし、近代刑法学においても、実質犯―形式犯の区別を否定する思想がその源流をなしたと考えられよう。行為無価値・人格的違法はその反面に結果概念の空疎化をコロラリーとして伴ったことが注目される。この問題は違法論の誕生とも連なる。機会をあらためて研究したい。

(3) 目的行為論の時代的背景からも、またその解釈論的帰結としての主観的未遂論と主観的共犯論への著しい接近ということからも、社会主義刑法理論の批判の対象となっている。人間行為の目的性が行為を行為たらしめ動物界の現象と区別せしめる本質契機であることは万人の認める論理であり、すでにアリストテレス以来我々の知識の一部であって、フィナリズムの固有の財産ではない。しかし、その普遍妥当な論理から一挙に刑法の世界で目的行為論に基づく犯罪論体系が正当化さるべきものではない。

目的性は人間行為の本質契機であるが、それがすべてではない。行為の社会現象としての側面もまたその本質契機である。社会的行為概念は結果無価値を出てないという批判は当っているが、それ故にこそ正当であると思う。

三　同意と医療干渉

医療干渉（ärztlicher Eingriff）（治療行為と医療過誤）[1]が同意に関係していかにとり扱われるか。理論の発展をみると、この問題領域から同意思想を排除してゆこうとする強い流れが見られる。まず、治療行為に関して、「直接的・物理的に身体組織を犯すすべての侵害」は身体傷害であって[2]、被害者の同意によってのみ違法性が阻却されるという古典的な構成（GR 25/375 1894, 3, 31）は、色々の概念構成によって崩壊せしめられていった。治療行為は始めから身体傷害の構成要件に該当しないとする構成をとることによって、同意思想の働く余地を狭めていったのである。まず、ベーリングは、身体傷害罪における結果の概念を分析して、これが身体への物理的侵害ではなく、「身体的利益」の侵害であること、したがって成功した治療行為は結果を欠くが故に構成要件に当らないとした（Beling, Die strafrechtliche Verantwortlichkeit des Arztes bei Vornahme und Unterlassung operativer Eingriffe, ZStrW 44 (1932) S. 220ff.）。つぎに、エンギッシュは、優れて身体的利益を保護する客観的に適切な治療行為は、同意の有無にかかわらず身体傷害に該当しないという。同意のない治療行為は強要罪にとどまる（K. Engisch, Ärztlicher Eingriff zu Heilzwecken und Einwilligung, ZStrW 50 (1933) S.1 ff）。ただ、当時次第に強くなり始めていたナチス法思想に対して消極的に対応していた。つまり患者の自己決定権（同意）は私的自治に基づくものではあるが国民共同体の利益と矛盾するものではなく、ナチス法思想の下でも否定さるべきでないとして、個人の健康管理権を一つの法益較量の中で考慮さるべき要素と考えた。そのため「客観的に適切な治療行為」とそうでないものとの限界領域があいまいな場合においては、自己決定権が基準となること、また客観的に適切でない治療行為においても同意が反良俗性をもたない限りで身体傷害罪の違法阻却事由となることを主張した、さらにシュミットは違法論における目的説の立場と新たな「社会的意味をもった行為概念の立場から、同様に治療行為の身体的傷害でないことを論証せんとした（Eb. Schmidt, Der Arzt im Strafrecht, 1939. さらにヴェルツェルが目的行為論――社会的相当性の立場から治療行為のこういう結論を引き出したことについてZStrW, 58, S. 515ff.）。遂にナチス刑法学者は、以上の諸構成においても残っていた同意思想をこの問題領域から完全に排除して、医師の強制処置権をみとめるに至った(3)（「生存が無価値な生命の毀滅」という安楽死の思想はその端的な現れである。木村・前掲書二九〇頁）。

戦後においてもここに流れる同意思想空疎化の傾向は受けつがれていると考えてよいであろう。マウラッハは医師の手術は特別の正当化事由を必要としない、その行為はレーゲ・アルティス（ここでは医学の規則）にのっとり成功した限りで、およそ患者の不当な取扱に当らぬとする（Maurach, AT, 1958, S. 266）。ヴェルツェルは成功した治療行為は「健康を回復するものであり、身体のいまわしい相当でない取扱でもない」から故意身体傷害に当らぬとし、失敗した治療行為でも、それらの結果の招来に故意がむけられていないから、故意の身体傷害、殺人の構成要件に当らない。さらに、たとえ失敗しても、その処置がレーゲ・アルティスにかなう限りでは、「取引に必要な注意」を侵害していないから、過失身体傷害、過失致死の構成要件に当らぬという。したがって、治療行為に関する限りでは、故意犯は成立せず、ただ、レーゲ・アルティスに違反し、かつ失敗した治療行為が過失構成要件に該当する。治療目的ではなく、美容上ないし実験の目的をもってする身体への侵害は、故意身体傷害となる。同意のない治療行為は強要罪として構成される。この三つに同意の作用する余地が認められるにとどまる（Welzel, 1960, S. 251）。

社会主義刑法理論ではこの問題をどう考えているであろうか。ピオントコウスキーは、「患者じしんのため医者によってその職業上の義務の遂行（社会的危険性および違法性を阻却する事由）として実行される人間の組織体の解剖学的完全性の侵害は犯罪でない」、「身体傷害への被害者の同意は、その同意が何らかの社会的に有用な目的、例えば、人間有機体の性質についての知識の領域を拡大するための科学的実験のため、他人の健康を回復するための輸血の目的、他人のうけた傷害のためまたは移植のため自己の皮膚の一部を与える目的などのため、与えられたときは、犯罪構成要件を遠ざける」、「被害者の同意が何らかの社会的有害な目的（たとえば、職業的な乞食のあがりを容易にするために不具にするように）の達成のため与えられたときは実行された行為の違法性（社会的危険性）を阻却しない」（A. A. Пионтковский = В. А. Меньшагин, КУРС. Особенная часть, 1955, с. 570-571）。

東独刑法総論教科書は「同意なしに行われた、失敗せる医学上の関与」については、「医学上の規則と医師の職業上の義務に従って実行された身体の完全性への関与は、基本的に社会的に必要なものであり、従って刑法的には関聯性のない行為である」とし、さらに「被害者の同意なしに実行された（成功せる）医学的関与は、事務管理と緊急避難の原理に従って判断さるべきである。これに反して失敗せる医師の関与は過失の視点の下で吟味さるべきである」（Lehrbuch, AT, S. 526）と。また、これを「実質的犯罪概念」との関係でとらえ、「医師の治療処置、手術、種痘等々は社会的危険ではなく、高度に必要であり、健康のために要求される関与である。それ故医師の治療行為は刑法二二三条（故意身体傷害）の構成要件を充足しない、その可罰構成要件は常に社会的危険な侵害のみを記述しているのだから。このことによって、有責に実行された医療過誤の結果としての身体傷害又は殺害による医師の答責性は排除されないこと当然である」（U. Dressler = M. Naundorf, Verbrechen gegen die Person, 1955, S. 54-55）。

チェコ刑法学者シュベルトも同じように説明する、「人の生命と健康とが社会にとって最大の価値をもつから、被害者の同意は原則として意味をもたない。ただ、治療目的をもつ行為は犯罪ではない、社会的に有用な性格をもつから」（Dr. L. Schubert, Nebezpečnosť konania pre spoločnosť ako základná podmienka trestného činu, 1955, 露訳一二〇頁以下）。社会的有用性ということに重点がかかりすぎて、同意、推定的同意の役割がやや薄れている点に問題がある。社会構造の原理を異にするとはいえ、社会主義社会における社会（国家）と個人との関係を前提とする別の意味の個人倫理の問題は残る筈である。

医療的干渉には多くのメルクマールが関係する。主観的治療目的（行為者の意図）、客観的治療目的（外的態度の治療適性－「傾向性」またはレーゲ・アルティス＝治療行為と医療過誤[4]との区別）、成功か失敗か（結果）、さらに被害者の同意の有無。治療行為に関する従来の理論構成から明らかなように、そこには主観的治療目的（心情価値・主観的行為無価値の問題）と手段の相当性（態度価値・客観的行為無価値の問題）が強調されると共に、治療行為と医療過誤の区別が次第に前法律的医学的基準から、法律的倫理的基準に変遷し、遂には過失の違法性の基準たる「取引に必要な注意」に解消されていく傾向も見られる[5]。成功か失敗か、同意の有無という結果無価値が空疎になる。証明と認定の困難なこれら要素に重点をおくことにも危険がある。治療意図に基づき成功したレーゲ・アルティスに則った治療でも、被害者の同意、推定的同意がない限り、身体傷害罪になるとする建前がとられるべきである。これを単に強要罪とすることは、シュレーダーやヒルシュが適当に指摘したように、「被害者の身体と意思とを分離し」、「人間の身体と物の価値とを同視する」（相当の対価を提供すれば詐欺に非ずとの論理の推論）ものといえよう（H. A. Hirsch, Soziale Adäquanz und Unrechtslehre, ZStrW, 74 (1962), S. 102）。もともと、同意は法的保護の放棄であるから、単に結果無価値のみの正当化力としてのみとらえることに問題がある。同意は行為者の意図、外的態度、結果をふくめて正当化するというメツガーの主張には理由がある（Mezger, Lehrbuch, 1933, S. 209）。手段の相当性は成功した結果によっても、医学規則との合致によっても、補われることはできない。被害者の同意は正に医学上の規則と同じ資格をもって並ぶ契機である。そこには単に手術も身体への干渉であるからだという形式論理だけがあると見ることは誤っている。また身体も個人の財として処分可能な法益であるという功利主義だけがあるのでもない。市民社会の構造から個人の私的自治は生まれ、個人論理はその社会の構造原理となる。医学の功績と文化性はこの個人倫理を媒介にしてのみ（つまり同意と推定同意を条件としてのみ）評価されるべきである。医師の質や医学の限界じしんを問題としているのではない。アメリカの法学者ステットラーとモリスは「患者は、医師の勧める処置・手術をうけるか、それをやらないで危険をおかして生活するか、どっちの機会をとるかについての最終的裁断者である」（C. J. Stetler & A. R. Moritz, Doctor and Patient and the Law, 1962, p.133）という。

（1）　ハインベルガーはビスマルク「改革」以前の刑法文献が治療行為の問題について沈黙している点をとらえて、一九世紀の前半において、治療行為の適法性は自明のことと一般に考えられていたのだという。しかしその後この問題についてのドイツ文献は読みおおせない位に厖大なものがあり、それに関する判例もかなりの数にのぼっている。しかし、フランス、イタリヤ、とくに英米においてはほとんどみるべき文献はないという（Heimberger, Berufsrechte und verwandte Fälle, VD AT Bd. IV, S. 37）。ポーランド刑法学者ザヴィッキーによれば、特にドイツにおいて一九世紀末からこの問題がとりあげられたのは、一八七八年—一八九〇年まで改良主義的な社会保険制度が一連の法規で制定された事実と関係があるという（フランスでは、一九三〇年、イギリスでは一九一一年、イタリヤでは一九一九年に同じ種類の保険制度がとられた）。つまり、これらの法規によって、医師と患者との関係が私法上の契約という性格を次第に失い、損害賠償事件は民事裁判や和解によって解決されることができなかったこと、他方、国家はこの保険制度に対する被保険者の最大の信頼を手に入れんとし、必ずしも医療過誤をとりつくろうことを欲しなかったし、またできなかったこと、医師に対する刑事制裁によってこの制度の諸関係について熱心な関心を証明せんとしたこと、さらに直接的に、国家は、保険組合医師が危険な方法を用い、その結果の失敗により被害者への年金や補助金として国庫や雇主に無用の物質的負担がかかることを警戒し監視する必要があったこと、これらの社会的諸事情がとくにドイツにおける比較的早くからの研究の背景をなしたことをといている。また、診療所や病院の大衆化に伴い早急な処置にせまられて実験的な手段をとる危険を生むとともに、被保険者の警戒心がまし、博愛的診療所の医療過誤をもっぱら不幸な事故に転嫁することを困難にしたとも附言している（J. Sawicki, Über die Verantwortlichkeit für fehlerhafte ärztliche Eingriff, Rechtswissenschaftlicher Informationsdienst, 1955, Sp. 203-204）。

(2) 身体障害と同意の問題は、同意行為の良俗性として問題となった。治療行為の問題も、その同意が反良俗的でないことと相まって身体傷害の違法性を阻却するとされた。身体への法益が処分可能な法益であることから同意が無条件に身体傷害の違法性を阻却するとするのは、Binding, Handbuch, I. S. 724；Allfeld, Lehrbuch, S. 345；Olshausen, § 223, 9. a であったが、戦時中不妊手術の問題にからんで、二二六条が制定され、身体傷害に関する限り良俗性は実定法上の要件となった。これが他の人格的法益にまで広がる一般的規定となるか否かは見解が分かれている。これはさきに本文でとりあげた構成要件阻却的同意と正当化的同意との峻別の問題とからんで、結論的には身体傷害に限定される傾向にある。シュンケ＝シュレーダーは、「ここでのみ同意にかかわらず社会倫理との公然たる矛盾のため、同意が法秩序によって、殺人の場合と同様に承認され得ないところの攻撃が考えうるからである」(Schönke-Schröder, S. 298-299)。なお、Creifelds, Wild bei einem Verstoss gegen die guten Sitten die Einwilligung im Strafrecht irrelevant? (StrafAbh. 266) 1929 は良俗の概念を排斥する。木村・前提書三二七頁註一三参照。

(3) たとえばカルフェルツ（一九三六年）は「動的ナチズム的法律観」の「理念要求」として、「兵役義務者、出産能力ある婦人、女の監護者、教育者としての両親、更に老政治家、学者、発明家……は国家に対して、替え難い奉仕をする能力があり従って義務がある、この種の人間の生命と労働能力をたとえ強制的にその反対意思を抑圧してでも保持してゆく」ことを説いたし、ホフマン（一九三六年）も「病める国民に対する無制約の処置強制、医師の無制約の処置権が、彼らの市民法的な契約思想による何か幽霊にでも逢ったような恐怖を解消する」と説いた (Vgl. K. Engish, ZrStW 50 (1938), S. 23)。ベーリングからシュミットに至る理論の展開の中に同意思想が残りつづけた方向をもって、ナチスへの彼らの抵抗、自由主義的側面を見ることができる。木村・前掲論文三一一頁も団体主義と全体主義との区別を強調し、団体主義の積極面を前景に出す。しかし、私はむしろそのもう一つの側面、ナチス思想に向かっている側面――を強調したい。そうすることによって戦後のドイツにおける社会的相当性理論への批判とも連なる。

(4) ザヴィツキーは、医療過誤に関する近代ドイツ刑法理論の社会的背景として、大化学薬品企業カルテルや私的医療資本、開業医の封建的組合組織や保険会社などのプレッシャー・グループを指摘している。「ブルジョア的諸関係の中では学者が同意に与えるところの大きな意味又は小さな意味の背後に、大医薬商会とそれと結びついた研究所の鋭い又は弱い圧力が隠されている」という (Sawicky, Sp. 201, 206)。ドイツの医療過誤の理論が「レーゲ・アルティス」と「過失」との二つの要素で傷害・致死を論ずる点について、論理的に正しい構成であるとしながら、ザヴィツキーはこの二つの要素の区別が患者の差別取扱――被害者の階級的所属に応じた――を許すことになっていると批判する。「この区別は行為者の資格や条件による行為者の責任の個別化に作用するよりも寧ろ患者に対する義務の範囲を、患者の地位や財産に依存せしめることに奉仕した」(Sp. 209)。

(5) メツガーは「医術の承認された法則」lex artis の対立（鑑定意見の対立）があるときは、結局は裁判官が何がその事件のレックス・アルティスかを決定せねばならないし、また具体的事件に適用されるときは行為者の能力や具体的事情やらを考慮せざるを得ず、したがってそれは技術的な操典ではなく「倫理的人格の規矩」であると考えねばならぬという（Mezger, Über strafrechtliche Verantwortlichkeit für ärztliche Kunstfehler, Deutsche Zeitschrift für gerichtliche Medizin, Bd. 42 (1953), S. 365ff.）。また、エンギッシュも、医学的（科学的立場）に正しい、あるレックス・アルティスも、患者の支払能力および医者の謙虚（能力保存の必要）から社会的規範に転化し、その二つが一緒になって「客観的に要求される注意」を形成するという（K. Engisch, Irrtümmer und Fehler des Chirurgen, Langenbecks Arch. U. Deutsch. Z. Chir., Bd. 273 (1953), S. 428ff.）。ザヴィツキーはこの両論文を引用しているけれども、この転化には別にふれていない。社会主義刑法理論ではあくまでも「最高の医学に基づく判断」であるという。裁判の教育的機能と結びつけているが、むしろ私はこの問題が因果関係の確定における法則判断（nomologische Urteil）の領域であるから、行為時にさえ拘束されないし、しかも具体的な行為者の知識・経験・設備などに基づく、具体的責任判断と異なる所以であると思う。

（6）推定的同意については当然取り扱う必要があったが、研究不足のため論じることができなかった。その問題点だけでもあげておこう。一つは、被害者の現実の反対の意思があるとき尚推定的同意によって違法阻却を論ずる余地があるか、である。たとえば、かねてから被害者が「四肢が切断される位なら死んだほうがましだ」とか、「家の平穏が乱される位なら家がこわれた方がましだ」とか、たまたまある一人の人の法益が衝突した場合に、被害者個人の非常軌的な法益較量をどういう形で考慮に入れるかという問題である。この場合に、そういう被害者の個人的な基準もいよいよ死に直面すれば変化するのが常だ（H・マイヤー）といい切ってしまえば、事柄は簡単で、平均人・合理人の規範的な（＝標準的な）法益較量の基準にとって代わられる。そこにはもはや同意思想は完全に消滅して、法益較量という優越利益の原則が支配することになる（メツガー、宮内裕「違法性の阻却」刑事法講座一巻二二八頁、井上正治・刑法学総則一〇四頁）。しかしそれでは「合理的な意思」という形で個人の意思決定と意思表現の自由は不当に害される。我々は平均人から自由に振舞うことが許されなくなる（H. Arndt, Die mutmaßliche Einwilligung als Rechtfertigungsgrund, (StrAbh. Heft 268) 1929, S. 36）。まねかれざる代理人がうるさくやってくると批難される所以である（マウラッハ）。そこで、もし反対の意思が表示されている以上はもはや「推定的同意」は論ずる余地はなく、侵害が法益をすくう唯一の手段であった限りで、超法規的緊急避難として許されるとする立場がある（アルント）。これに対して、その中間をいく考え方は、行為者がそういう個人的な特異の秤量基準を知っていた場合にだけ行為者を拘束し干渉を許すまいとする立場である（木村・前掲書二八八頁、マウラッハ、バウマン）。このような解釈論の対立は、阻却事由全体を利益説的に整理するか、目的説的（社会的相当性説を含めて）に整理するかという違法の本質論の対立、個人の自己決定権にどれだけの比重をおくかという同意思想のとりあげ方の対立があるであろうし、結局は市民社会における個人と社会との構造的対立という物質的基礎のイデオロギー的表現であろう。同意思想を客観的法益較量と同列におくとすれば、アルントの見解が一応正しいことになる。かつて被害者の表示した秤量基準の具体的事情と当該の場合の具体的事情とが一致する限度で（反対の意思の対象、範囲の解釈――メッガーは意に反しても可能だと論じたが、それは被害者の内心的意思方向と一致しているという条件があることに注意せよ）やはり拘束すると考うべきであろう。こういう解決はニヒリスティックな影をもたざるを得ないが、そのことは、当該の非常規的評価じたいを尊重することによるのではなく、個人の自己決定権を尊重することの反射的効果、偶然的附着物に他ならない。したがって、その点を根拠として自己決定権そのものを否定するわけにはいかないであろう。

もう一つの問題は推定的同意と他の阻却事由との関係である。最近はむしろ「他人のためにする行為」という項目と並べて論ぜられる傾向にある（ヴェルツェル、H・マイヤー、マウラッハ）。この両者の要件をそなえるものが、「事務管理」であるからという理由で、事務管理の中で推定的同意を説く学者もある（ヒッペル）。「他人のためにする行為」は「推定的同意」と法理を異にする。前者は一種の緊急避難の思想であるのに、後者は同意思想の拡大・補充であるから（ヴェルツェル、マウラッハ）。この問題は、「推定的同意」という項目の下にいかなる場面を設定するか――それは同時にその概念メルクマールとも関連する――に関する。アルントは一〇個の事例をあげる。(1)ある医者が自然療法の狂信者たる意識を失った事故者を手術する。(2)どんな手術にも同意しない婦人を診察したところ医師は重い内部疾患を発見する、むしろ事前の手術によって婦人を不妊にしておかねばならない。(3)ある人が自殺者を救助し、その際に彼の身体を侵害する。(4)ある散歩者が、割れた水道管の排除によって家屋のこれ以上の被害を防ぐため、または絶叫する子供を窒息死から救うため鍵のかかった家宅に侵入する。(5)ある農夫が狩猟権者に引き渡すため溺れている鹿を救う。(6)道路上である子供からひどい迷惑をうけた大人が適度の懲罰を加えた、その子の両親はいかなる身体的懲罰にも反対であった。(7)甲が乙の留守宅をおとずれ、待ち時間のつぶしに乙の葉巻煙草をすう、または学生が同宿の同胞をあてにして、彼の最後の食物をたべてしまう、または、急に入用になった貸した本を留守中にとってくる。(8)ある人が留守の友人の速達又は電報を彼に代わって必要な手段をとろうとして開披した、実際はそのために他人の高度に苦しい個人的事情を知った、また友人が相手のために急ぐ場合の金を受け取り、その相手の名で受取証を書いて渡した。(9)他人の価値の高い事故にあった犬を、その死の苦痛から免れさせるため殺した。(10)ある兵士が溺死者を救うためその職務を離れた。これらすべての場合、アルントは、「事務管理」でも「隣人愛」でも「推定的同意」でもただ一つの思想ではまかなえないとして、結局、すべてを実質的違法論から生まれる「超法規的緊急避難」の法理でのみ統一的に解決せんとした。最近の学説もこれらの種々の法理を混合的に適用して解決する方向にある（Welzel, S. 84; Schönke-Schöder, S. 299）。ドイツと異なり広汎な射程をもつわが刑法三七条（緊急避難）でも救済をうけ得ない推定的同意がどの程度ありうるのかを確定することが必要であろう。要するに各犯罪類型の構成要件要素の解釈問題か、又は緊急避難の問題かのいずれかで同意全体の問題領域が整理されうるかどうかである。しかし、本稿では、この法理のもつ意味からその軽視への傾向を反省することにとどまった。なお、治療行為の資料に関し九州大学助手西山雅明氏の研究に負うところの多かったことを感謝する。

（刑法講座　二巻）

第六　必要的共犯

一　必要的共犯は任意的共犯に対していわれる。通常の構成要件は一人でも実現されうるが、ある構成要件は、他人が犯罪の実現に共同することによってのみ実現される。後者を必要的共犯といい、多衆犯（内乱罪・騒擾の罪など）と対向犯（重婚罪・賄賂罪・猥せつ罪など）に分けられる。多衆犯にせよ対向犯にせよ、その参加者のすべてに、異なる罪名・法定刑のもとに特定の刑罰が規定されている限り、特別困難な問題は生じない。必要的共犯の問題性は、対向犯の一方のみが処罰されている場合に生ずる。例えば、猥せつ文書については、それを販売した者のみが処罰され（刑一七五）、買い受けた者には処罰規定がない。諸統制法規にもこの例がある（賃金臨時措置法の賃金据置き違反罪＝雇主のみ、価格統制令の違反罪＝業者のみ、地代家賃統制令の違反罪＝地主・家主のみ）。これらの場合、必要的不可罰共犯者の方が、必要的可罰共犯者に対して、法規の予定する共同参加の最低限を超えて加担したとき、彼らに総則共犯規定を適用して罪責を問いうるであろうか（必要限度内の参加に止まる限り立法者の不可罰の意思につつまれているから問題はない）。これが中心問題である。富力にまかせて真面目な業者に統制違反を誘惑・教唆した買手は、不可罰共犯であるにもかかわらず、統制違反教唆として罰しうるか。

二　この問題についてクリースは共犯と身分の問題を手がかりとして、一般的に人的関係がどの限度で共犯規定の例外領域を構成しうるかについて次の三つの命題をたてた。㈠特定人を保護するための刑罰法規はその被保護者の共犯としての処罰を妨げる。㈡本来、主たる行為者たる者は、実質上彼の行為の加担行為にすぎぬ行為に対しては、たとえそれが独立犯に高められた場合でも、その共犯としては処罰さるべきではない。㈢法の主旨によりある加担者の不可罰が推論されるときは、その者は共犯としても処罰されない、と。この基本思想を、フロイデンタールは、必要的共犯の共犯超過の問題が、実は同一法益に対する同一人の実害行為と危険行為との競合した場合と同じであるとし、法条競合（補充関係）の理論で説明した。「正犯即ち結果侵害行為につき罰せられざる者は危険行為につき罰せられることなし」と。フランクもまた「正犯即ち原因につき罰せられざる者は教唆犯即ち条件につき罰せられることなし」と。これら一連の学説の特徴は共犯の一般理論（正犯と共犯との関係）からこの問題を説いたところにある。必要限度を越えたことを理由に立法者の不可罰の意思を破ることになるという結論が示される（この立場に対して、メッガーは「ふみこえた参加が、最早その法規が不可罰として大目にみようとはしていないところの法益の侵害危険を意味しているという事実を看過している」という。しかし、そうではない。社会的事実として一つの共同行為の共同の主体として、売手、買手を一種の共同正犯としてみるのである。だから、買手の行為を自己の行為部分と他人の行為部分（教唆）とに分割しまい）。

これに対して裁判所は、第一命題は認めた（未成年者が自己の誘拐に加担しても共犯たり得ぬとした）が、第二命題は全面的に否定した（懐胎の婦女につき堕胎の幇助たる対価を得た堕胎手段提供罪の共犯をみとめ、囚人が他人をして自己を逃走せしめたとき逃走罪の共犯をみとめ、犯人庇護、媒合についても共犯をみとめた）。第三命題については必要の限度を越えない限りで承認した（破産法二四一条（特定の債権者に不当に満足を与えた債務者処罰の規定）について、債権者がその利益の「単純な受領」以上に出て教唆・要求すれば共犯となる）。

戦後の学説は、この問題の解釈基準としてのみみると、判例の立場とクリースの立場との折衷的な結論を示しているといえよう。ヴェルツェルによれば、この問題の解決は共犯の一般理論からではなく、それぞれの構成要件の実質的意味によって解決さるべきであるとし、その際、限界を超えた場合でもなお不可罰にとどまる場合を次の三つに類型化した。㈠その構成要件が必要的参加者を保護せんとするものであるとき（例えば暴利罪・猥せつ罪。判例学説一致）。㈡その構成要件が必要的参加者の特別の人格的地位、特別の動機状況に特別の意味を与えているとき（例えば拘禁された者の逃走、犯人庇護、従属者に対する猥せつ。フランク、ランゲ、マウラッハ同旨、判例反対）。㈢その構成要件上必要的最低限を越える参加がその構成要件における類型的参加形式であるとき、従って当該構成要件では必要的共犯者がむしろ通常イニシアチブをとるとき（例えば媒合、破産法二四一条の受益債権者。判例、マウラッハ、メッガー反対。これらの例をこういう項目であげているのはヴェルツェルのみ。バウマンによれば、最近判例は媒合につき共犯を否定したという）。

三　わが国の学説として、かつて滝川博士は、クリース＝フロイデンタールの共犯の一般理論によって一切の不可罰を理由づける考え方に強い反駁を加えられ（滝川・必要的共犯、法学論叢一巻六二頁）、各構成要件において必要的共犯の一部が不可罰にされた意味、共犯規定を適用することの結果などを比較較量して個別的にのみ解決さるべき問題であるとされた。例えば、未成年者が自己への準詐欺（刑二四八）を教唆する場合でも（クリースの第一命題に当たる）、未成年者がその「知慮浅薄」によって自ら犯人に対してその行為を促すことは決して少なくないという未成年者の特徴から、これを教唆とすることが法の趣旨に反することになるのだし、また、法令により拘禁された者が他人を教唆して逃走（刑一〇〇）を帮助せしめたとき（クリースの第二命題に当たる）教唆犯を成立せしめることは「人情の自然」に反するから不問に付すべきだし、最後に、猥せつ文書の販売（刑一七五）を教唆した買手につき（クリースの第三の命題に当たる）教唆にしないのは販売が公衆に向かってなされ「公益を害する危険」があるのに対して買手にはかかる危険はない、必要の限度を越えても同じである、こういう理由から不可罰とすべきである、と。つまり、滝川博士は個々の構成要件の具体的吟味が問題を解決する基準となるのであって、「正犯たり得ぬものは共犯たり得ず」という一般理論からその不可罰が出てくるのではないとされる（従って、旧刑法時代の賄賂罪につき、必要の限度をこえた贈賄者の収賄教唆をみとめられる。身分が不可罰の理由で公益侵害は同一だから、と）。

佐伯博士もこういう視角から、ランゲの必要的共犯論、ナチスの共犯論の批判の上に、この問題に大きな業績を示された（必要的共犯、宮本還暦、三九三頁）。博士は、身分によって違法阻却される者の可罰共犯の問題（狩猟免許者が無免許者に狩猟せしめた。昭和14・7・19刑集一八・四一七。選挙運動資格者が無資格者を教唆したとき、昭和12・2・17刑集一六九二、それぞれ共犯成立）、および身分によって責任阻却される者の可罰共犯の問題（被告人が証人に偽証教唆をする、昭和11・11・21刑集一五・一五〇一。親族が他人を教唆して犯人を隠避せしめる、昭和8・10・8刑集一二）と、ここでの問題は、全く同じ性質の問題――身分という一身的要素と行為の違法・有責性との関係の問題――であるとされ、次の結論を主張される。㈠必要的共犯者の加担がその必要性の限度にとどまる限り常に不可罰である、㈡その必要の限度を一歩でもこえれば原則として可罰である（不可罰的身分は量刑に影響するのみ）、㈢当然のことだが身分の他に別に違法・責任を阻却する事由があれば、必要の限度をこえても共犯が成立しない、と。そしてこの㈢の問題を各構成要件について次の結論を示された。

まず、可罰共犯の可能な場合として、(1)破産法三七五条三号の受益債権者（提供してきた利益を拒絶せよとまでは期待出来ないが利益を要求・教唆するなどは期待出来る。しかし、ヴェルツェルの類型三参照）、(2)賃金据置き違反を教唆した被傭者（「提供された賃金増額を受取るな」とは期待できないが、それは「不法な増額要求」に及ばない）、(3)警察犯処罰令一条二号（密売淫）、刑法一七五条（わいせつ物頒布）を教唆した遊客・買手（風俗紊乱・公衆健康をおかす行為に、偶発的参加を超え、積極的造意行為をした者にまで違法・責任の阻却の力は及ばない）、(4)盗犯の親族が犯人のため他人を教唆して贓物の運搬・寄蔵・牙保などを教唆したとき（必要的共犯の例ではないが期待可能性がないといえない）、(5)富力にまかせて公定価格以上の対価を払うことで誘惑し応ぜしめた消費者（保護さるべき被害者、正犯行為の客体たる地位には最早たたない）。

次に、可罰共犯の成立が不可能な場合として、(1)刑法二〇二条（嘱託殺人）の未遂における被殺者の教唆（構成事件の構造上、程度をこえることが問題にならないから）、(2)刑法一八二条（淫行勧誘）の婦女の側からする淫行斡旋の依頼（婦女を「勧誘して」の要件に当たらぬから不可罰。もしそうなら正犯が不可罰であって共犯の問題は生じないのではないか）、(3)刑法二五三条（贓物罪）の各相手方（超える場合をもともと含んで一切不可罰とするのが法の趣旨）、(4)刑法一四八・一四九条の各二項の偽貨交付の教唆（刑法一五〇条の収得罪にならぬ限りは不可罰）、(5)ドイツ刑法三〇二条a以下（暴利）の借金者（自己の窮境から限界をこえた行為をするのがむしろ必要的参加の当然の通例の構成部分だから——ここに既にヴェルツェル類型三が見事にとらえられている）、(6)地代家賃統制令違反を教唆した借地借家人（期待可能性なきものとして、限度以上を法が予想するものとして不可罰）、(7)業者を教唆して煙草・酒を買った未成年者（その知慮浅薄を刑でのぞむは逆効果、一種の責任能力的性質に基づく不可罰）、(8)親の意にそむいて犯人と駆落ちする未成年者（必要的共犯ではないが理由は(8)と同じ）、(9)他人を教唆して親族の財物を窃盗せしめた者（親族という身分が違法阻却力をもつ）。

四　以上のような問題の解決の仕方は、「必要的共犯」について犯罪論体系上どういう地位で論ぜられているのかが最後に問題とされねばならない。学説・判例とも、必要的不可罰共犯がその必要の限度を越えない限り、あるいは保護規定の適用がないと一致して主張する。正犯の行為に加担した教唆行為が一応問題になるが、その時、教唆犯の構造（客観的要件——教唆行為・第一の結果（正犯の決意）・第二の結果（正犯の実行行為）・その間の因果関係、主観的要件──故意（第一・第二の結果の意欲）と錯誤）の中でどこですべりおちるのだろうか。この問題を最初に提起したのはベーリングであった（佐伯・前掲）。彼はこの問題を教唆犯の人的刑罰阻却事由として位置づけた（そこから彼は「それ故単純な寛恕と衡平の考慮に基く狭い範囲でみとめられる」として、必要の限度内を強調した──しかしそういう論理性には疑いがある）。メツガーは「人的諸関係による刑罰阻却」の中に、共犯と身分の問題にならべて必要的共犯を論ずる。ランゲは犯罪の本質が法益侵害ではなく義務違反であるとして、犯罪は行為類型該当性（法益侵害性──構成要件該当の有責違法の行為）と行為者類型該当性（義務違反）という二つの要素を以て犯罪論を構成し、人格的要素を後者の中で論ずる（H・マイヤーは犯罪主体形態の中で論ずるのはランゲに通ずるものがあろうとする）。わが佐伯博士は人的関係を違法要素と責任要素とに還元されるのはさきにみた通りである（必要的共犯の消極的身分の問題はそれが必要の限度をこえるとき裸の違法評価、責任評価の中に解消されることに注意）。ヴェルツェルは違法阻却事由とならべて論ずるし、マウラッハは共犯論の冒頭で共犯の概念・現象形態としてそこで任意的共犯とならべて必要的共犯をとく（わが国の教科書も殆ど同じ位置で論ずる。彼は共犯性なき共同形式として、①必要的共犯、②関与・関聯犯（犯人庇護隠匿、重罪不申告）、③犯罪組織・犯罪協定（殺人共謀・反憲法結社・重罪勧誘）、④真正・任意的共犯の特別形式（ドイツ刑法三五七条上官の黙過）をあげる。バウマンも共犯論の最後に狭義の共犯でない共犯の特別形式として論ずる。しかし、この問題についての意識的な説明は見当たらない）。この問題は解釈論上当然問われざるを得ない問題である。古典的意義をもつクリース＝フロイデンタールの「正犯たり得ないものは共犯たり得ず」という第三命題（法理）も、この命題が一体教唆犯なり幇助犯の構造のどの部分に位置して解釈（教唆犯の成立要素）論の中に反射されるのかを明らかにする必要がある。私は、やはり教唆犯の人的刑罰阻却事由の一つとして、必要的共犯という身分が考えられるように思う（滝川・序説二四〇頁は第三命題を承認する。団藤・綱要三三四頁同旨。福田・行政刑法九二頁は疑問をのこして同旨。レス ZStrW 68, 50 は深層心理学における暗示の理論に学びつつ、コールラウシ、H・マイヤーの第一の結果（正犯の決意）に教唆犯の不法内容をみとめて「責任共犯論」を継承せんとする。その立場から、必要限度を超えた場合の可罰性を基礎づけている。教唆の第一の結果は、従属性の理論からは、第二の結果との因果関係によって教唆の違法性を根拠づけるものと考うべきであろう。二つを切離して、第一の結果――遵法心への攻撃――を独立的地位にあげることは最早独立性の理論であろう）。この問題を違法論や責任論に還元するとき、理論的には具体的事情をもっとも豊富にとり入れて評価されるという利点があるが、その反面、評価の不安定性と恣意の危険がないとは保証されない（必要の限度を問題にしようとすればそれも同じ結果になろう。荘子・演習講座四〇二頁は同一構成要件について事情がことなれば結果がことなることに強い同意をしめされている）。もともと立法者が必要的共犯の一方を不可罰としたとき、既にその共同行為者間の社会的不平等、優越と劣弱が前提であったればこそ、それを類型的に判定して可罰の世界から落としたのである。いかに必要性をふみこえようと、立法の基礎になった両者の人的関係に根本的変化が現われない以上は、偶然的な個別的な変化にそれ程の危険をおかしてまで意味づけをする必要があるのであろうか（正犯と共犯との区別、刑罰拡張としての共犯、従属性、これら共犯の根本概念は私的自治を原理とする市民社会を前提とする限り貫くべきである）。

参考文献
滝川幸辰・必要的共犯（法学論叢一巻六二頁以下）
佐伯千仭・必然的共犯（宮本博士還暦祝賀、現代刑事法学の諸問題（昭一八年）所収）

（別冊ジュリスト　法学教室（第一期）八号）

第七　自救行為

（最高裁昭和三〇年一一月一一日第二小法廷判決　刑集九巻一二号二四三八頁）

一　事実をあげれば次の通りである。

被告人が店舗増築の必要上その借地内につきでていた甲の家屋の玄関軒先を間口八尺奥行一尺にわたり承諾なしに切取った。

判旨は次の通りである。

「自救行為に関する原判決の判断は正当である。原判決の要旨は次の通りである。(イ)その侵害を排除するため法の救済によらずして自ら実力を用いることは、法秩序を破り社会の平和を乱しその弊害たるや甚しく、現在の国家形態の下では到底認容さるべき権利保護の方法ではない。正当防衛緊急避難の要件を具備する場合は格別、濫りに明文のない自救行為の如きは許さるべきでない。被告人の行為は正当防衛、緊急避難の要件を具備していない。(ロ)その増築は倒産の危機を突破するため已むなくしたものであり、甲の損害は僅少で、増築による被告人の受ける利益が多大であるというが如きは、未だ法の保護を求めるに遑がなく且つ即時にこれをなすに非れば請求権の実現を不可能若くは著しく困難にする恐れがある場合に該当するとは認めえない。」

二　まず先例を列挙しよう。(1)権限なくして他人の土地に建築された土蔵を土地所有者たる被告人が取毀し土地明渡を強制した建造物損壊附帯私訴事件（明治36・5・15刑録九・七五九）「法定の手続による強制執行によらず擅に取毀し明渡を強制するのは法の禁ずるところ」と判示（本判例について明石教授は、被告人には契約上の自力収去権があるのだから毀棄罪にならぬ、判例が自救につき本来的に否定的な先入観によって動かされているのは遺憾、と。関法三・二・九四頁以下。契約によるのなら被害者の同意若くは毀棄の客体を欠くとは言えないか）。(2)甲寺に占有権があり被告人に通行権のある乙寺のある地域に乙寺が設置した板塀を被告人が自ら撤去した器物損壊事件（大正7・11・5刑録二四・一三三五）「被告は不法行為の救済として自ら撤去する権利を有せず。何となれば我国法は特定の場合を除くの外所謂自救行為を認めず」と判示（明石教授は、本件では占有権通行権がないから自救は成立しない、判例がこれらの権利があっても自救は違法とするのは問題、もし権利があれば緊急性・妨害直後か否か・手段・毀棄の程度・必要性などを審理し、公序良俗に反しない限り一般自救・占有自救が成立する、明文の規定がないというのは理由にならぬ、と。関法三・二・九四頁以下。牧野博士は、この判決は恩給証書の所有者による窃取を無罪とする判決と調和がとれていない、また、自救は特定の場合に限る必要なく事物の合理性の上から考えて公序良俗に反しない限り許してよい、もし不法行為なら適当な手段で撤去するのは権利である、と。刑法研究（三）一六〇頁）。(3)金銭貸付業を営む甲女の居住する家屋を買取った被告人がその明渡を強制するため修繕に名を藉り家屋の前面に板、莚で二階に達し幅全線にわたる囲をなした業務妨害事件（大正9・2・26刑録・八二）「所有者の修繕なら適法で犯罪にならぬが、訴による適法手段によらず名を修繕にかりその実営業妨害により立退を早める目的で板囲をなすのは修繕でなく営業妨害の手段である。被害者にも営業の自由はあるのだから不法占拠に対する救済は他に方法があり侵害排除のため暴力を用うるのは許されない」と判示（明石教授は一般的に自救を否定せんとするもので不可、本件は緊急性がないから一般自救とならぬ、と。関法三巻二号九四以下。牧野博士は本件は自救の要件を欠くから権利濫用の典型として自救にならぬ、と。刑法研究（三）、一四六頁。草野判事は判決が一般に自救を否認するのは権利行使と詐欺恐喝の判決対抗力なき占有と窃盗の判決と正反対である、事が軽微で公序良俗に反しない限り自救は許されるべし、と。判例研究（一）三六六頁）。(4)電灯料不払のため引込線切断送電停止処分をうけた被告人がそれを勝手に接続した電気事業法違反事件（昭和9・12・13刑集一三・一七二五）「かりに引込線切断が会社の不法なりとするも規定に違反して需要者が濫りに送電方法を講ずるのは正当な自救行為として許さるべきでない」と判示（明石教授は電力契約が一種の継続的供給契約であるから次期の送電は今期の料金支払と同時履行の抗弁権をもって対抗しうること及び電気供給は正当の事由なくして拒み得ないことになっているが、判例が料金不払を正当事由にあたるとしている（昭和8・7・7、昭和9・6・16）こと、この両点から、会社の行為は正当とされる。かりに料金完済後に切断したとすれば緊急性と相当性がある限り自救となる、と。前掲）。(5)慣行及約旨により蛇籠堰のみ許され又台風期には取払うことになっているのにコンクリート製堰を築造した者があったので、台風期ではないのに、被告人らが之を損壊した暴力行為等処罰に関する法律違反事件（昭和10・7・25刑集一四・八二九）「緊急避難の場合を除いて擅に損壊するようなことは法の許容しないところだから権利行使と謂えないのは勿論罰条にふれれば罪責を問われる」と判示（明石教授は本件では緊急性を欠くから自救にならない、判決が一般的に自救を否認する口吻を示すのは不可とされる。前掲。ここでの緊急性が洪水の危険なら緊急避難で解決できよう）。(6)詐欺賭博の準備として二千円を仲間に預けたところ拐帯逃亡されたので本人の居住を尋ねたが不在として拒否されたのに裏口から濫りに立入った住居侵入被告事件（昭和16・5・12刑集二〇・二四六）「自救の如きは現時の国家形態で到底許容さるべき権利保護の方法でない。固より法は正当防衛緊急避難等之を認める場合もあるがこれは緊急已むなき特殊例外の場合であって要件を厳格に規定している。濫りに明文のない自救行為の如きに迨《およぼ》すべきではない」と判示（高田義文・刑評四・八四は、自救は現在の危難に対応する正当防衛などと異なり過去の侵害に対応するものである、あるべき状態の回復が事実上不可能となるような場合には自救を認めるべし、判決が一般的に自救を否定し去るのは不可、本件は不法原因給付だから返還請求権なく自救の要件を欠く、と。植松・日法七・十一・六一頁も同趣旨。坂本・法律論叢二〇・三・一二四頁は緊急性と相当性の点で本件につき自救を否定される。更に、高田氏は本件では官憲の救済を求める時間的余裕があったと解すべきだからこの点でも要件を欠く、と。しかし、明石教授は、有泉・不法原因給付について、法協五三・六八七頁および我妻・不当利得（新法学全集八二）における所有利益の給付と占有利益の給付の区別に拠りつつ、本件寄託は単に占有利益の給付にすぎず所有利益の給付はなかったのだから金員の返還請求権はある。緊急性の点で自救とならぬ、と。前掲）。(7)被告人の借家の不法占拠者となった甲に対し明渡を求めるためその営業看板をはずしたり店内に物を持ち込んだりして威力を用いて業務を妨害した事件（昭和27・3・4刑集六・三四五）「甲の占拠は賃借権侵害だが之が排除のためには国家機関の保護を求むべきで自ら判示の如く威力を用いて同女の営業を妨害するが如きは法の認容しないところ」と判示（伊達判事は、本判決が行為の具体的態様に着眼した点で従来の態度を緩和し事情によっては自救を認めるのではないかが推測される、ただ本件では切迫した事情がないから自救に当らぬ、と。しかし判事は更に本件でも絶対に自救は成立しないかを反問され、昭和9・8・2判決の思想からすれば、本件も違法でない、自救というか正当行為というかは別として、と。警研二五・一二・五七頁）。

以上が自救行為に関する主な判例である（このほかにも、大正15・3・23評論一五・一〇〇、昭和8・3・2評論二二・二〇二、昭和9・9・28集一三、一二四〇、昭17・10・12新聞四八〇七、昭24・5・18判例体系三〇、七九九、昭和25・3・28刑集四・四二五がある）。これらの判例の流れについて、かつては判例は自救行為を一般的に否認した（小野・総論講義一三一）が最近では具体的事情次第でその成立の可能性を認めるものだ（高橋・自救行為、木村還暦（上）四八四。伊達・前掲は将来の展望としてであることに注意）とか、或は、従来の判例といえども一般論として否定する趣旨とは解し難い（大塚・警研、二九・三・九九。判例の受とめ方に一定の立場が示されている。自救の要件が当該事件に具体的に存在しているのになお否定したとき初めて一般論としても否定したとされる意か）とか論ぜられている。しかし一般論としても認めないのが一貫した判例の立場と解すべきではないか（なぜなら、第一に、国家機関に救済を求めるべきで「法は」自救を認めないとして一般論を立論していること。第二に、判例(4)は「正当なる」自救として許されないと言うが、判例(2)のように正当防衛・緊急避難も判例は自救行為を法定したものと観念していると見るべきだから。この点からだけ一般論の根拠とみるのは危険である。第三に、昭和30・11・11の原判決（ロ）は、確かに仮案二〇条一項の自救の要件に当らぬことを明確に判断している。しかし、この判断は、それと全く理論的に両立しない（イ）の理由、つまり、「法は」自救を認めぬという一般的否認論と併置されている。だから、判旨（イ）が本旨であって、（ロ）は「仮りに所論のごとく自救をみとめたとしても」という控訴趣意へ仮定的に譲歩した上で親切に判示したものととるのが自然である。ちなみに、本判決が原判決の対立する判決理由（イ）（ロ）について、簡単に「正当である」とのみのべているのは不親切である。第四に、制定法国においては、ある程度具体的事案の解決を離れて理由をとりあげてよいのではないか。前注参照）。

三　次に学説をみよう。ドイツでは一般的自救（ドイツ民法二二九―二三一）及び特殊的自救として占有自救（ドイツ民法八五九、八六〇）、賃貸人の差押権（ドイツ民法五六一）などをあげる。一般自救とは、官憲の救済が適時に期待されず即時の攻撃なしには請求権の実現が不能になるか著しく困難になる恐れのあるときは、物の奪取や損壊（狩猟権者が引渡請求権に基き密猟者から兎を奪うとか、窃盗犯の自転車を破壊するとか）逃亡のおそれある債務者の逮捕（支払わずに逐電せんとする食逃げを逮捕する）、債務者において受忍すべき義務ある行為に対する彼の抵抗を排除すること（許されざる運行阻止をうちやぶるとか、逐電せんとする賃借人の物の強制的留置とか）が、必要の限度内において許されるものである。占有自救としては禁ぜられた私力（占有妨害・占有侵奪）に対して暴力による占有保全（現場で盗賍を暴力をもって取返すとか、耕地の侵奪に対して即時に行為者を排除して再びわが物とするとか）が許される（Hippel, Deutsches Strafrecht, 1930, Bd. II, S. 241-243; Mezger, Strafrecht, Ein Lehrbuch, 2 Aufl., 1933, S. 239; Maurach, Allg. T., 1958, S. 275; Schönke=Schröder, Kommentar, 8 Aufl. S. 266, 300）。占有自救は一般自救の特殊の場合であり、それが官憲の救済の可能性を考慮することなしに許される点で一般自救よりも広く、反対に、それが現行犯として取押えられまたは追跡されている行為者に対してのみ許されるという点で一般自救よりも狭い（Welzel, Das deutsche Strafrecht, 6 Aufl., 1958, S. 82 明石・占有権と自力救済、民商法雑誌三五・五・一〇頁）。わが法には自救権についての規定を欠くが、学説として民法の領域では一般自救を否定疑問視する学説も占有自救は認めるべしとされる（明石・占有権と自力救済、民商法雑誌三六・五・一三頁。なおそれによれば平野・占有における自力救済、志林二七・五・五五六頁は、占有自救についても緊急性を要件とされる）。刑法の領域では一般自救と占有自救とを区別せず自救行為一般として緊急性と相当性との要件のもとに違法阻却事由として承認する。そして多くの学説が、自救に関して、「現場での盗賍取還」と、「住居からの退去強制」と、「権利行使と詐欺恐喝」をとりあげる。またある論者は「対抗力なき占有者からの自己の物の窃取」や「権利実行防衛又は正当な利益のための名誉毀損（ドイツ刑法一九三条の場合）」をも自救行為に数える（明石・我国の判例に現われた自救行為（一）関法二・一・八八頁。「現場盗賍取還」を正当防衛と解するのは、泉二・日本刑法論、総論四三版、三七一頁、草野・刑法改正上の重要問題、一二三頁。盗犯後即座であっても既に過去の侵害となっている場合があろう。にもかかわらず「急迫」とするのは不当な概念の拡大であると高橋・木村還暦（上）四九一頁は正当にも批判される。過去の侵害となった以後の現場盗賍取還についてはなお違法状態は継続中でも自救による以外に阻却の途はない、団藤・刑法総論綱要、一六四頁註一二。しかし、木村総論二八〇頁は自救の例として現場以外での取還をあげる。「過去強制」に関しては正当防衛と解する学説が殆どである。斉藤・緊急行為、刑事法講座（一）二四七頁、草野・前掲重要問題一二三参照。なお高橋・前掲、四九一頁は草野判事を自救否認論と規定されている。草野・前掲は立法論として自救の規定を否定されたものであり、以前の論文、家屋明渡と自力救済、刑事判例研究（一）三六六頁では「事軽微にして公序良俗に反しない限度では当然自救は許される」とされている）。

しかし既に指摘されているようにこれら実例のあるものは、もともと犯罪構成要件のある要素を欠くため犯罪とならぬものであるから（小野・各論講義二五五、二六一頁は客体を欠くから定型性なしとされる）、違法阻却事由として独立の類型たる自救行為の中でそれを理解するのには問題がある（団藤・前掲、一七九頁は対抗力なき占有者からの奪取や権利行使と詐欺恐喝を「正確な意味での」自救とは区別せねばならぬとされる。明石・前掲、関法二一・一・八八頁は、一般自救と特殊自救とを区別され、特殊自救の中に占有自救のほか、これら構成要件要素を欠くため犯罪とならぬ場合を含められる。これらの場面を自救とよぶのは寧ろこれらの場合の無罪を否定して判例・無罪説を攻撃する立場、つまり財産犯の法益を占有と解する立場からの攻撃として、使用されると言えよう。牧野・各論五九八頁参照。もっとも、権利行使が何故詐欺恐喝にならぬか学説は必ずしも一義的でない。行為の違法性を欠くとするもの、宮本・大綱（昭六）六四八、六四八頁、滝川・各論一五八頁、牧野・各論（下）（昭二七）六八八頁。宮内・各論一五七頁は「財産侵害がないから」とし、藤木・権利行使と恐喝罪、警研二九・五は「保護さるべき財産的法益を欠くから」とする。江家・各論二六八頁「違法性（実質的に観察した構成要件該当性）を欠くから」とされる。下村・各論一二二頁は「その理由を自救行為に求める点については検討の要がある」とされる。一般条項としての違法性は具体的には各々の構成要件要素、阻却事由要素で考察する必要がないか）。そこで次にこれら構成要件要素を欠く場合または他の阻却事由で処理される場合（権利行使とか現行犯逮捕は法令による行為、正当防衛・緊急避難など）を除いて、独立の範疇としての自救を問題としよう（明石教授の研究であげられた民事判例も、教授の指摘されるように、不法行為の要素を欠くか、または法定の阻却事由として処理されたものが殆どである。昭和10・5・2全集一七号三の謝罪広告請求事件で、判決は正当防衛または名誉毀損の構成要素としての「行為の背徳性」を判断したと見れるし、昭和12・3・10、一六集三一三、昭和31・6・19、一〇集六七八の両土地侵害事件で、判決は「附合」の理論を媒介として不法行為の成立要素たる「財産上の損害」によってはねているし、昭和26・4・9横地判下級民集二・四八五頁も正当防衛ではねたと見られる。朝高判大正15・10・12評論一五民法一一四七、松江地判昭和26・4・27下級民集二・五五三頁の占有回収の訴を否定した両判決も、直接に占有自救を認めた判例というよりも、訴訟上の条件として理解できないものか。明石・前掲、関法二・一・及び三・二、同・前掲民商法雑誌三六・五参照）。

四　まず権利（木村・総論二八〇頁は自救の対策を請求権に限定するのは狭きに失するとする。高橋・木村還暦（上）四九三頁は請求権概念の多義性から寧ろ権利とする。東京地裁昭和31・5・14判例時報七六・一一頁は原状回復の可能な権利に関してのみとする）の実現が国家機関の救済によるときは不可能になるという自救の要件は、具体的に観察すると、既に侵害されてしまった権利とは別個に、他に何等かの法益の危殆が現在しており、その点で正当防衛緊急避難要件と重なる場合が多いのではないか（Hippel a. a. O., S. 243）（「許された自救の場合に同時に概念的に正当防衛、又はたまには、刑訴二一七条の逮捕が存在することもまれではない」とする）。盗賍取還の場合財産犯にならぬのは「対抗しうる占有」の問題で説明がつくとしても、その際に加えた暴行脅迫についてさえ罪責が生じない（団藤・前掲一七九頁）のは、独立の範疇としての自救をかりねば説明がつかないであろう。だが自救が許されるためには相当性が要求される。これはそこに既に相手の何らかの抵抗を予想せしめる。そのことが、「急迫」を充たすのではなかろうか。

　また、本判例においての自救の対象となっているのは借地権に基く土地の占有回復である。しかし時機を失すると回復できないというのは、この占有回復じたいではない。裁判にかけると降雪期に入り倒産の危機打開のための増築が不可能になるというにある。占有回復じたいは国家機関の手によっても充分に可能且つ容易に実現されうる。ただそれでは回復が被告人にとりたまたま無意味であるにすぎない。しかも倒産の危機はつき出た隣家の軒先の所為でない（大塚・警研二九・三・九九頁）。従ってここには土地占有回復にとっての緊急の必要性がない。かりに倒産の危機がありそのため軒先切除による増築が有効だとしても（余程の事情がない限りこの仮定をうけいれることは無理と思う）、そこにある対抗は正対正として建物所有権と営業の自由との対抗である（軒先の張出しと倒産との間に因果関係はないから占有妨害も営業の自由との関係では「正」である）。正に緊急避難の問題として考えることができる（高橋・法学雑誌四・七七頁は「広い自救」を観念されて本件を違法でないとされる。「過去の侵害」にこだわっておられるのでないか）。

参考文献

引用以外のものをあげれば、花井・自救権論、小野村・刑法における自力救済の研究、武藤・法律学辞典、二巻一〇八二頁、植田・刑法学辞典、三五三頁、高橋・木村編演習刑法九九頁、荘子・木村編ハンドブック、一七六頁、明石・自救行為に関する比較法的概観、関西大学人文科学論集四号一頁、同・フランス法における自救行為、関法、四巻四号四九頁、同・英法における自救行為、民商法雑誌二四巻二号一頁及び六号一頁、同・古代ローマにおける自力救済、関法七〇周年記念号二一九頁。

（続判例百選（第二版））

第八　安楽死の要件

（昭和三七年一二月二二日名古屋高等裁判所判決　高刑集一五巻九号六七四頁）

一　事実は次の通りである。

被告人は父甲、母乙間の長男として生れ、昭和三二年三月稲沢高校を卒業するとすぐ家の農業に従事し、父母によく仕え、弟妹を慈しみ、部落の青年団長を務めたこともある真面目な青年であるが、父甲は昭和三一年一〇月頃脳溢血でたおれ、一時小康を得たこともあったけれども、昭和三四年一〇月再発してからは全身不随となり、それ以来臥褥のままとなっていたところ、昭和三六年七月初め頃から食慾著しく減退し、ために衰弱はなはだしく、上下肢は曲げたまま、少しでも動かすと激痛を訴えるようになり、その上しばしば「しゃっくり」の発作におそわれ、息も絶えんばかりに悶え苦しみ、「早く死にたい」「殺してくれ」などと叫ぶ父の声を耳にし、またその言語に絶した苦悶の有様を見るにつけ、子として堪えられない気持になり、また医師丙からももはや施す術もない旨を告げられたので、ついに同月一〇日頃むしろ父甲の願いを容れ父を病苦から免れさせることこそ、父親に対する最後の孝養であると考え、その依頼に応じて同人を殺害しようと決意するにいたり、同月二六日午前五時頃居宅水小屋において、当日早朝配達されていた牛乳一八〇立方糎入一本に自家用のつかいの残りの有機燐殺虫剤E・P・N少量を混入した上、もとどおり栓をして右小屋にさしおき、同日午前七時三〇分頃情を知らない母乙が父甲の求めにより同人に右牛乳を飲ませたため、同日午後零時三〇分頃同人を有機燐中毒により死亡させるに至り、以て父甲の嘱託により同人を殺害したものである。

二 判旨は次の通りである。

……行為の違法性を阻却すべき場合の一として、いわゆる安楽死を認めるべきか否かについては、……人為的に至尊なるべき人命を絶つのであるから、つぎのような厳しい要件のもとにのみ、これを是認しうるにとどまるであろう。

(1) 病者が現代医学の知識と技術からみて不治の病に冒され、しかもその死が目前に迫っていること。

(2) 病者の苦痛が甚しく、何人も真にこれを見るに忍びない程度のものなること。

(3) もっぱら病者の死苦の緩和の目的でなされたこと。

(4) 病者の意識がなお明瞭であって意思を表明できる場合には、本人の真摯な嘱託又は承諾のあること。

(5) 医師の手によることを本則とし、これにより得ない場合には医師によりえない首肯するに足る特別な事情があること。

(6) その方法が倫理的にも妥当なものとして認容しうるものなること。

これらの要件がすべて充されるのでなければ、安楽死としてその行為の違法性までも否定しうるものではないと解すべきであろう。

本件についてこれをみるに……安楽死の右(1)ないし(3)の要件を充足していることは疑いないが、(4)の点はしばらくおくとしても、……右の(5)、(6)の要件を欠如し、被告人の本件所為が安楽死として違法性を阻却するに足るものではないことは多言を要しない。

三　直接本件を対象とした判例評釈もすでに出ており（植松正・ジュリスト二六九号、大塚仁・ひろば一六巻三号、板倉宏・綜合法学六巻四号など）、また同じく安楽死にふれた唯一の先例東京地裁の判例（昭和25・4・14裁判所時報五八・四頁）に関しても諸家の見解が公表されている（加藤隆久・日弁連会誌（一巻二七号）、滝川政次郎・法律タイムズ四巻三号、岡垣学・法学時報五七巻三号、四号、五号、石川芳雄・ひろば三巻五号、木村亀二・法律タイムズ四巻五号。小野清一郎・判例タイムズ一巻五号、安平政吉・法学教室八号）。安楽死を論じた論稿としても、小野博士の法思想の根源に溯って論じた研究（法律時報二三巻一〇号二五頁以下）や、金沢教授の緻密な理論的追究をなされた論文（東北大学法学二五巻一号一二二頁）及びアメリカのヘレン・シルビングの論文を全訳された西村教授の業績（岡山大学法経学会雑誌二三号、二四号）、そのほか木村教授らの研究（木村・刑政六二巻一一号、同・法律時報二四巻六号、富田・金丸・犯罪一八巻一号など）をもっている。今ここで判例評釈という形で議論に参加するのは時期的にも発表の形式としてもやや問題があるが、最近目にすることができたイギリスのウィリアムズ教授の見解（G. Williams, The Sanctity of Life and the Criminal Law. 1957, pp. 311-350）を紹介しつつ、若干の私見をのべたいと思う。

四　安楽死の問題は生命を人為的に短縮するのであるから、小野博士の論じられたように、法思想（意思主義・巧利主義・人道主義）、世界観（キリスト教、仏教など。カソリックの安楽死反対には神の与え給うた生命を人為的に終了することへの異議が基本にあるが、また、自殺禁止・堕胎禁止などの場合と同様に、麻酔による無意識のままの死亡では「宗教上の儀式を実施できない」ことへの配慮もある、とウィリアムズはいう）の根源にかかわるものであること、もちろんである。現在のこの議論の中心は、苦痛の除去が必然的に生命の短縮を伴うときに絞られているといってよい。短縮を伴うことのない場合には、刑法的には殺人の実行行為がそもそも存しないから問題とならないし、また、苦痛のない、しかし、生存に値しない生命の毀滅を適法化しようとする議論（K. Binding/A. Hoch; Die Freigabe der Vernichtung lebensunwerter Leben. 1920. 中野峰夫訳・ビンディング『殺人の許容』法学論叢二一巻五号参照）も今日では問題とならない（ポーランド刑法学者ザヴィッキー教授は今日でもこういう問題が実際は決してなくなっていないことを指摘する。Sawicki, Über die Verantwortlichkeit für fehlerhafte ärzliche Eingriff, Rechtswissenschaftlicher Informationsdienst. 1955, Sp. 203ff.）。この絞られた問題に対して、刑法的にどう処理するかについての次の三つの立場がある。(イ)生命の短縮を伴う以上、いかなる善動機を以てしても正当化されないとする立場(結果無価値から行為の意味を規定する伝統的立場である。木村教授ら。下村康正・各論、七頁は医学による死期の判定の不確実性をも理由として減刑のみを主張される)と、(ロ)この場合を更に動機に基づいて二つに分ち、苦痛を除くために殺す、つまり、生命の短縮を直接目的とすることによって苦しみの時間を早く終結する場合と、あくまで苦痛の除去の治療行為を行うのであるが、その条件下では治療行為が同時に生命の短縮を伴う場合とに分け、後者のみを、主観的な目的や手段の相当を根拠に正当な安楽死とみとめる立場(違法の本質を行為動機のみならず、その実現の態様にまで関連さす。安平、金沢教授ら)と、(ハ)苦痛の除去という目的、動機の価値が結果の招来を正当化するとする立場(主観的正当化要素の立場にたつ。これが通説といってよいであろう。小野、団藤、植松教授ら)がある。

五　小野博士らの通説が主観的正当化事由を強調されるのは、違法論のなかにおける主観的要素の強調と符合するものとして、通説からは別段の異論はないであろう。しかし、この点について、次のウィリアムズのカソリックの『二重の結果』の理論(the principle of double effect)に対する批判は、通説にたいしても一つの正当な反論となるのではなかろうか。

「……多量の麻酔薬を与えるある医師がその心の最前部に患者の生存を終了さすことを目的としていたら罪につき有罪であり、他方、同一の状況のなかで同じ量の麻酔薬を苦痛を除去することを目的として投与する医師は、彼の職業上の訓練が彼に不可避的に教示しているところの結果、つまり、患者の死が彼をしっかりと心に近づけないようにしておけば、罪につき有罪でないというのは、あまりにも、技巧にすぎる主張である。その行為が二つの結果、一つはそれじたい善であり、他はそれじたい悪である結果をもつことが解ったとき、実践的行為者としての人は、価値判断をすることによって、即ち、望ましい善がさらけるべき悪よりも多いかどうかを決定して行為するか行為しないかの選択を強制されるのである。もしこのことが二重の結果の理論の意味するところであるならば、それはそれでよかろうし、うまいものであろう。しかし、単に二つの結果の一つを心に近づけないようにすることだけで、価値の選択をする必要性がさけうるのだという意味を主張する積りなら、そういう主張は、実践の問題に対して偽善的態度を奨励すること位がおちである」(pp. 321-322)。

金沢教授もこの点を充分に意識され、苦痛の除去という目的の善だけでは必ずしも手段の悪（生命の短縮）は正当化されないとされ、行為が第一義的に生命の短縮を目的とする以上はもはや正当な治療行為とはいえず、苦痛の除去を第一義的に目的としてのみ正当行為たりうるとされたのであった。しかし、その金沢教授の巧妙な使い分けは一体何によって区別されるのであろうか。苦痛を除去する方法は生命を断つ以外にないという場合とは、結局は苦痛の「除去」ではなく、苦痛の時間的な短縮にすぎないということであろうか。それをも長い苦痛が部分的には除去されたといえなくもない。しかし、それは苦痛の除去を直接目標とするのではなく、単に苦痛多きわずかの余命の否定・抹殺にほかならない。金沢教授はこういう事案については、いくら苦痛の短縮というよい動機があっても、その行為の正当性は認め得ないとされるのであろう。

苦痛の除去という契機は単に行為者の純粋の精神作用のなかに希望として存していればよいものではなく、苦痛の除去が同時に外部的行為＝手段のなかに実現していることを求められる趣旨であろう。つまり安楽死が正当化されるためには、結果的事実関係として、当然生じたであろう悪しき事態が避けられたという結果価値のみでは判定されるものではなく、かかる結果価値が同時に所為価値の実現であってこそ、行為が正当化されるとされるのであろう。しかもこの所為価値は裸の動機の善では足りず、所為じたいの善であることを要求される。安楽死として認められる行為は、主観的に苦痛除去を動機とするばかりでなく、客観的に苦痛除去手段としての体裁を備えるものでなければならない。明らかに「社会的行為概念」の立場にほかならない。

六　この金沢教授の思想は、ウィリアムズの思想と共通する面があるのは興味深いが、ここで私は安楽死の問題についての日本の通常の学説のとりあげ方と、金沢教授、ウィリアムズ教授のとりあげ方との間に、実は大きな断層があるような気がする。われわれはむしろ金沢教授が違法とされた「殺害を手段として苦痛を除去する」場面をこそ、何とか正当化の途を見出せないかと議論してきたのではなかったろうか。そのために、一方では、医師や特別の審査委員会に限る必要はないという要求が出てきたり、被害者の同意すら軽視され、また手段の相当性の問題が「倫理的」に判断され、「医学的」な科学の立場から離れているし、他方では、安楽死の要件として、特に死期の切迫を要求し、論者によっては「数時間」（小野博士）とさえ例示されている。

ウィリアムズの議論では、安楽死を他人の手を借りた自殺としてとらえ、この借用が医師の治療行為として干渉されるものとし、緊急行為の法理（the doctrine of necessity）に従って正当化している。苦痛と不治とは要件になっているが、「死期の切迫」は問題になっていない。彼は、現行法のもとで医師は生命へのある程度のリスクをおかすことが許されている（外科手術のための麻酔や困難な心臓手術の実行など）ことから、次のように安楽死の正当性を論ずる。

「同じように、患者が苦しい疾病で悩んでいるとき、医師は、その麻酔薬の使用量がおそかれ早かれ、その病気によって早められることがなくても、致死量に至る（抗薬力が高まるため施用量も漸増していかねばならないので――井上）ことを知りつつ、苦痛除去のため麻酔薬を用いても適法であろう。

苦痛を即座に除去することが、死のリスクの加速されていることを埋合わせているのである。もしこのことが容認されてしまうとそれだけで、薬の施用量を累積的に増大してゆく過程でどの時点に安楽死という違法行為が存するかを確定することが極めて困難になることは明白である。除去さるべき苦痛が激しければ激しい程、持続的であればある程、施用のために要する薬の量は多くなり、従ってまた、この薬が直接、間接生命の短縮を齎らすであろうリスクを冒すことを医師はそれだけ多く正当化される。不治の病気が終末に近づき、患者に残された余命が少なくになるにつれてリスクは増大する、従って、生命の短縮が未来への見通しとしてではなく、差し迫った決断の問題となる。つまり今日、明日の死か、次週の死かの選択をせまられることになろう。かくて、ある時点に達する。それは彼がそれまでやってきたと同一の原理（苦痛を即座に除去することが死のリスクの加速されていることを埋合わせているとの原理──井上）に基いて、しかも適法に行われてきた手続ではあるが、その手続が即座に致死の結果を伴うに違いないところの施用量だと解っている量の、施用となる手続である。以前のすべての手続と同一の原理でおこなわれてきたこの最後の投薬を、それだけ切り離して違法というのも余りに技巧的ということになろう。

いわゆる生命の短縮と死期の加速との間には理論的にも実践的にも裂け目はないというのが真実である。医師は充分の理由があるときは患者の生命への期待を意識的に短縮することが許されるという原理を一たん容認する以上、──そしてそれは否定され得ない原理なのだが──、同時に人は、充分の理由があるときは患者の生命を意識的に即座に終結させることが医師に許されるということをいや応なしに認めざるをえない」（pp. 323-324）。

金沢教授やウィリアムズ教授が適法な安楽死として把握される事案と、我々がその適法化を目ざしている安楽死事案とは、質的な区別があるのではないか。この両者をかりに治療型安楽死と殺害型安楽死と名づけておこう。

七　小野博士の論調はこの問題についての強い情緒的態度がみえる。他人のむだな苦痛に対する人間的同情にその正当化の根源をおき、意思や合理的計算や科学的予測の世界への接近を極端に排除される。肉親のまたは関係者の、人としてのやむにやまれぬ同情の心から出た行動として、受け取られる。もちろんウィリアムズも、イギリスでの安楽死合法化の立法運動の推進者が、反対者にそなえて濫用防止に厳しい規制を用意した草案に対して強い批判を加え、この点では反対者がこういう凝った担保（一九三六年案によれば、①患者は法定の様式文書に署名する、②厚生大臣の指名した公の安楽死審判員に対して二名の医師の診断書を附して提出する、③審判員が患者に会ってその真意を確かめる、④安楽死術は公の証人——治安判事、弁護士、医師、司祭、登録看護婦——の面前でなされる。わが国で安楽死の要件の有無の決定を医師・法律家などの組織する機関に行わせることを提唱されるのは、滝川春雄・竹内正、各論一六頁）は余りにも事大な形式主義を病室にもちこむもので、医者と患者との関係を破壊するものであるとしたことに賛成し、自らも、安楽死は医師の自由な裁量事項として信頼にまかすべきで、細かな要件化に反対している位である。しかも、正当化の基礎に緊急行為の法理を借用し、また、安楽死術の肯定論が単純明快な人道主義に基づくことも認めている。しかし、やはりその基礎には、合理的精神が作用している。

「人が人の生命を奪うことに恐怖をもつことは善である。しかし、合理的判断においては生命の質が問題である。自殺と安楽死の絶対的禁止はどんな生命でもその質や四囲がどうあれ生きるに値するし、生かしめられるべく義務づけられているという不可能な主張を内含している。生きることを意味あらしめる、あらゆる活動がなくなっているのに、単なる生それじたいの存在の価値を説く主張は、まともに議論できる代物ではない。合理的に受け入れうる哲学はいずれも、生の質如何をとわずに生きることに倫理的価値はみとめない。ただ善き生こそが生きるに値する生命である」（pp. 316-317）。

確かに右の思想は、個人主義倫理否定の条件が更に加わると、ビンディングの『より高き国家倫理の立場からの精神的死者の存在の否定』という極端へと向かう因子が認められる。小野博士の合理主義への反感はそこに一つの理由をみている。だが、被害者の承諾や個人的功利主義（生命の質を区別すること、本人にとって生が生きるに値しないものとなっていること、苦痛のみで、苦痛を払う代償は何もないこと、社会的義務をつくせないことじたいを問題としないで、当人が社会的義務をつくすことを善としている限りで社会的契機が問題となる。ここでの功利主義は、個人の合理的計算を中心とするのであるから、社会の富を無駄に費消するばかりで、社会に貢献が出来ないとか、周囲の生産活動にとって物質的精神的にマイナス要因として作用するということとかは考えられていない）ならば、優越利益の法則、法益較量の法則で、違法阻却として論じ得よう。しかし人間的同情という動機に正当化を認めたとき、果たしてこれを違法阻却として論じうるか問題ではないであろうか。むしろ責任阻却としてとらえるべきではないか。

八　わが国では小野博士の論稿以来、違法阻却としての安楽死のほかに、責任阻却としての安楽死も取りあげられているが、その区別は今のべたような観点に基づくものではない。違法の本質についての目的説は、目的実現という客観的側面の相当性を問題とする点では、利益較量説と共通の基盤にたつが、目的説はむしろ客観的側面に主観的目的契機を含むことにより、人的違法観への橋渡しを演ずる。その点で、目的説ないし人的違法観の立場からは、小野博士のような「人間的同情」という純粋の主観的目的要素にも、違法評価を遠ざける要素を認めてよいであろう（主観的正当化要素としての同胞の苦痛を除去しようとする同情心）。しかも、小野博士の場合、この動機形成過程はこういう異常な事態に出会わした行為者にはすべて「人間として」当然に生まれざるを得ない「人情」の自然として、客観的・普遍的・規範的にとらえられている場合、なおさらである。ただ、いかに普遍的なものにせよ、ことは動機形成過程に関する問題であるから、やはり慎重な検討を必要とする。また他人の肉体的苦痛に対して同情し、何とかその除去のために自分としてできるだけのことをしてあげようとするのが人情の自然であることを疑うものでないが、だからとて、殺害の手段によってでも除去の目的を達することも、「惻隠の心」の当然の内容だと強く主張できるものであろうか。合理性を捨象された人道主義や仏教の慈悲は、そこまで当然に要求できるものであろうか。殺害による除去の達成は、法秩序上、違法ではあるが、責任阻却の問題としてのみ論じられるべきものではないか。

殺害による除去としての殺害型の安楽死の類型は、特に医者の治療行為の延長として行われるところの苦痛緩和の手段がやむを得ず生命の短縮を伴う場合、つまり、治療型の安楽死の類型と次の点でも区別される。殺害型は事がらの性質上ほとんど非医師たる肉親兄弟によって実行されている（東京地裁昭和25・4・14判決は息子による母親殺し、名古屋高裁昭和37・12・22判決は息子による父親殺し。こういう事情はアメリカやイギリスの数少ない判例にも妥当する。Repoulle v. U. S. 165 F. 2d152 (2nd Cir. 1947) は父親による不具の子の殺害。Carol Peight's Case (N. Y. Times, Feb. 8, 1950, p.1, col. 2) は娘によるガンの父親殺し。Eugen Braunsdorf's Case (N. Y. Times, May 23, 1950, p.25 col. 4) は父親による不具の娘の殺害。Harold Mohr's Case (N. Y. Times. Apr. 4, 1950, p.60 col. 4) は兄によるガンの弟の殺害である。何れも近親者間の犯行である。ただ、Sander's Case (N. Y. Times. March. 10, 1950, p.1, col. 6；48 Mich. L. Rev. 1197) だけは医者によるガン婦人患者の空気注射による殺害という奇妙な例である。また通常の苦痛緩和の医的方法（麻酔薬とか睡眠薬など）によっていないという点でも特異である。A acquittal case, 1927. Parliamentary Debates (House of Lords), vol. 103, col. 471 では父親が顔面のえそと肺結核の子供を殺害し、R. v. King. The Times (London) Oct. 16, 1953 は妻が病苦の夫を窒息死させたものであった）。ここの特徴は、まさに小野博士が問題とされるような「人間的同情」を動機にして、その端的な表現としての殺害による除去が行われている。本件判例について植松教授は鋭くも殺意の発生時期を問題とされ「動機の純粋性」に疑惑を投じられている。しかし、殺害型の安楽死には多く被告人側に一種の急迫事情がみとめられる上に（洋の東西をとわず刑事事件となった安楽死事案は貧窮家庭における殺害がほとんどである）、被害者がほとんど被告人と同居していることも特徴としてよい。肉親への負担が患者をして己を殺した殺害の嘱託をなすに至らしめることもあろうし、患者への精神的物理的負担が家族のノーマルな生活を破壊してしまう場合もあろう。そういうなかでは「純粋」の同情とか、人間性を追求することの方がむしろ非人間的な結論になるのではなかろうか。小野博士が、責任阻却事由としての安楽死に被告人側の経済的困窮を数えられるのも、殺害型安楽死のもつ社会的側面を語るものである。患者の治療が社会全体の負担において、適切な設備と優秀な医者の手にまかされるようになれば、殺害型安楽死の問題は大部分姿を消すと考えることは楽観にすぎようか（社会主義では安楽死は殺人とされる。殺害型に関する限りで正当とみとめることができよう）。

九　次に治療型安楽死の問題に移ろう。ここでは、苦痛の除去がそれを第一義的目的として追求されねばならない。苦痛を緩和するためにある量の麻酔薬を注射するが、すでに苦痛を除去するために必要な量が致死量でもあるという場合である（モルヒネの場合多量の施用は呼吸中枢を弱めることにより直接死を齎すか、または気管支炎をひきおこして死亡する）。極限の時点をとり出して考えると前述の殺害型安楽死との区別は全くの主観的な気分の違いに過ぎぬ場面も論理的には想定できる。しかし、その場合でも、ここでは、「死期を早めること」じたいを目的とした手段ではない点に、客観的過程に附着している意味の上からも、典型的な治療型安楽死と同質のものをみることができる。ここでの正当化は、正に、違法阻却にあり、正当な目的と相当な手段にある。治療行為であり、正当な業務行為である。殺すことが目的ではなく、苦痛の除去が目的である。即座に苦痛が緩和される。殺して死苦の時間の長さを縮めるのではない。従って、この類型では医師によること、手段が医学的に（倫理的にではなく）相当であること、被害者の同意が必要となる。「死期の切迫」は事がらの本質上必要ではない。苦痛激しく不治である場合は、典型的な苦痛除去の治療が行われる。除去の手段の故にのみ五年の余命が一年に短縮されたとしても、殺人の実行行為性がないといってもよいだろう。しかし、いつかは苦痛除去の注射が同時に致死量の注射に至る時点に至る（一グレインのモルヒネは通常人には致死量だが、モルヒネの注射をつづけている患者は僅か一ヵ月後には、苦痛から除かれるためには一日十八グレインをとる必要があるところまで急速に抗薬力を発展させることになる。ウィリアムズ、pp. 322-323）。その時この時点の注射は殺人の実行行為を形式的には備えている。被害者の同意、目的の正当性（苦痛の除去）、手段の相当性（治療としての苦痛の除去に不可避に随伴する結果、手段と結果との合理的判断）により、違法性が阻却されることになる。

一〇　殺害型安楽死と治療型安楽死を区別し、それぞれ責任阻却、違法阻却として要件を具体化することを述べてきた。わが国の論議の中で、小野博士や植松教授や板倉教授（率直に絞縊などの手段による殺害行為を念頭におかれる）の見解は、むしろ殺害型安楽死を適法化しようと努力されているものであるのに反し、安平教授や金沢教授の見解は、外国法の見解とともに、治療型安楽死を問題の中心におかれているといえよう（大塚教授はこちらの側にたたれるものと言えよう。ひろば一六巻三号二〇頁。滝川博士の死因転換の理論は実質的には治療型安楽死を論ずる。各論三二頁以下参照。熊倉武・刑法における生命の保護、刑法講座五巻二一七頁同旨）。殺害型を違法論でとらえるためには動機形成過程を客観化して、期待可能性を違法阻却の中で論ずる必要があろうし、治療型については心情価値（主観的目的の正当化力）や態度価値（手段の相当性）に独自の違法論上の地位を認めることになろう。

私見としては、殺害型安楽死を責任阻却として認め、治療型安楽死を違法阻却として認めるべきであるとしたい（革命前のロシヤ堕胎法に関するピゴロフ医師大会の反対決議に関し、レーニンは堕胎は有害な社会現象でそれと闘うことは必要だが、刑圧を以てすることには断固として反対した。レーニン全集一九巻二〇六頁以下。労働者階級と新マルサス主義参照。これは殺害型安楽死についてもいえる)。前者の事案には強く社会的要因が作用していることを斟酌することが必要であるし、しかもわが国における安楽死の問題の今日性は殺害型にあると思うし、治療型のみを論じては、問題の大半を残したままにすることである(井上正治、各論一八頁参照)。安平教授や金沢教授らが、違法論で安楽死を論ずる限り治療型にその限度をとどめて、殺害型を違法とされた点は示唆的である。また、小野博士や植松教授(殺害型を正当化するため、不作為による安楽死が現実に許容されている点を引合いに出される。滝川幸辰、各論三四頁も同説。しかし、ウィリアムズが指摘するように、不治の苦痛多き患者の生命が死期に切迫したとき、生命を延長する作為義務を医者は負わないという。p. 326)らが、殺害型を正面に据えて論じられた問題提起には学ばねばならない。殺害型は違法であるが責任が阻却されるのは、期待可能性の思想にその支柱を認めることができることは当然であるけれども、被告人じしんのためにする緊急避難の法理(もちろん肉親の情や人間的同情を含めて)にその責任阻却を求めることができるように思う。本件事案についても殺害型安楽死の場合であるから、もっと詳細な事実の確定を必要としよう。判例に明らかになった限りの事情では未だ緊急事態は認定できないように思う。

(法律のひろば　一九巻六号)

第九　リーガル・マインド

一　リーガル・マインドとは、法律的なものの考え方にそうと気付かぬまに生まれやすい一種のひずみを強く警告した言葉だと思います。法学教育の目的は法律的なものの考え方の養成にあります。右の警告は、それがリーガル・マインドをもそなえた考え方として育つようにと要請しているのです。文学や経済学では何々教育とか何々マインドとか余り耳にしないのに法律の分野でだけことさらに問題となるのは、法律的なものの考え方のなかに本来そういうひずみとなってゆくものが内含されているからにちがいありません。

二　そこで、ある事態について法律的に考えるというのは一体どういうことでしょうか。それは、まずその事態に関係している規則を探し、次にその規則をさらに大きな秩序（横と縦とに一定の有機的な連なりをもった諸規則の体系）のなかでながめ、そしてその事態の全秩序のなかでの意味を確定するということです。一言でいえば、規則によって事態を秩序づけるということにこの考え方の本質があります。

こういう考え方には、したがって、規則とか秩序とかの形で初めから既成の枠がはめられているわけです。事態を事態として眺めるのではなく、ある眼鏡を通してみていることになります。もちろん法律以外の考え方にもそれぞれ概念や法則などが認識のための道具として用いられます。しかし、法律的な見方においてはその道具が事態を規律する絶対の権威ある道具として現われるところに他と異なったところがあります。しかも、事態は現実の社会の動きにつれて日々変化し複雑となり新しい様相をもってくるのに、これを規律する規則や秩序はそれ程敏感には変化しません。動くものを動かないもので規制しなければならないところに法律的な見方のむつかしさが生まれます。事態を秩序づけるというこの見方本来のあり方は、ややもすると事態のなかに起きている新しい変化を見出そうとする精神の働きをにぶらせ、事態の中の古い側面にのみ着眼して伝来の処理に安住しようとします。時としては意識的に新しい芽をつみとって事態の進展をおしとどめようとさえします。ここに法律的な見方のおちいりやすいひずみが生れています。

事態を事態として見るということはそれ程容易なことではありません。意識的に十分に準備されているときにのみ事態の新しい側面が見えてくることもありましょう。法律以外の分野の知識を謙虚に学ぶことが必要です。こういう用意された目で事態の変化を的確にとらえ、新しい規則の適用の工夫と努力をかさねてゆくこと、これがリーガル・マインドの実相であろうと思います。法律の知識が豊かになってくればくる程、いつの間にか世の中のすべてが規則の中で動いているように見えてきます。判断の基準となる規則や秩序があたかも現実世界にそのままの形で実在しているかのようにそれらを絶対化し、変化してゆく事態から何も学ばず、社会の動きにブレーキをかけることしかできなくなったとき、つまり、法律的思惟が法実証主義に堕ちたとき、それは生彩を失った形式主義となりましょう。リーガル・マインドはそれを警告しているのです。

三　このように、かつてある事態を規律した規則がもはやその事態を拘束せず、別の規則が妥当するようになると、全体として、規則と事態の間に一定の距離が生まれ、融通性がでてきます。もちろんその距離こそリーガル・

マインドのもたらした功績でした。しかし、そこにもまた別の方向でのゆがみの危険がひそんでいます。いろいろの規則はある特定の好ましい結論を引き出すためのどうとでも使える道具と化す危険があるからです。ある規則が融通無碍にどういう結論をもみちびくことのできるものとなるなら、もはやその規則は固有の実体を失い、その際に用いられた前後の文脈の中でのみ初めて自分の内容をうけとるものとなります。それは法律的思惟が機能主義に堕した証拠です。規則によると言ってみてもその実、規則によらない状態、恣意と同じです。そこでは規則は無規則を隠ぺいする道具にすぎません。さきにみたように規則がそのまま無媒介に現実の実在であるとするのは誤っています。しかし、規則も一定の実体と結びついてのみ存在しています。法律的思惟はあくまでも「規則」による事態の秩序づけにとどまらねばなりません。マインドが「リーガル」であることが改めて強調さるべきです。その意味で「ネオ・リーガル・マインドを！」と叫ぶときです。

四　法律的思惟がその進路をあやまたないためには常に形式主義と機能主義とから自分を守ってゆかねばなりません。秩序を通じて秩序の変革を。これがリーガル・マインドの真髄です。このことはひとつの法律的思惟の成長・存在の姿でありますが、より基本的には社会の変化に照応しながらたどってきた法律学全体の発展の反映にほかなりません。市民社会が産業資本主義段階に移行したとき、法実証主義としての概念法学は既に法律学の進歩をおしとどめるものとなっていました。目的法学がリーガル・マインドを叫んでそれにとって代りました。さらに、社会が国家独占資本主義段階に移行したとき、「具体的妥当性」「特殊の優位」「事実＝具体的秩序の優位」を主張して機能主義＝目的法学が独占の恣意に奉仕する侍女となるならば、ネオ・リーガル・マインドが力強く叫ばれなければなりません。

（ジュリスト増刊・新法学案内）

第一〇　地方公務員法三七条、六一条四号の合憲性および同条により禁止される争議行為の範囲――福教組・佐教組事件の各控訴審判決――

（福岡高判昭和四二年一二月一八日　判例時報五〇五号二二頁）
（福岡高判昭和四二年一二月一八日　判例時報五〇五号二六頁）

〔判旨〕

一　公務員は全体の奉仕者であるという憲法一五条の規定によって公務員の労働基本権をすべて否定することは許されないことは勿論であるが、私企業の勤労者も含めて、勤労者の労働基本権も絶対的なものではなく、基本的人権間の矛盾衝突の実質的公平な調整ないし基本的人権の内在的制約の見地から、制限を受けることのあるのはやむをえないところである。

そして、(1)地方公務員は国民全体の利益の維持増進をその職務とし、その職務の停廃は国民生活全体の利益を害し、国民生活に重大な障害を招来するものであること、(2)使用者である地方公共団体に公務員側の争議行為に対する対抗手段としての作業所閉鎖等の争議行為が認められていないこと、(3)地方公務員の勤務条件は議会の定める法律または条例等により定められていること、(4)地方公務員の争議行為等の禁止の代償措置として地公法は人事委員会又は公平委員会を設けて原判示の通りの機能を営ましめていること、もっとも人事委員会または公平委員会の意見、勧告は地方公共団体や議会を拘束しないので、右代償措置は完全な代償措置とはいい難いが、一応の代償機能を果していること等を考量すると、地方公務員の争議行為を禁止する地公法三七条一項が憲法二八条に違反しているとはいえない。

二　(1)労働運動の歴史はまず刑罰からの解放に始まったのであって、争議行為に刑罰を科すことは必要最少限に止むべきこと、(2)地方公務員の職種は種々雑多であって、現業職員と大差のない職務もある、(3)争議行為じたいを処罰するのは憲法一八条三一条に違反するので現行法は争議行為じたいの参加者を処罰の外においた、(5)集団活動はいわゆる煽動なしにはありえないのであるから、争議行為の煽動行為者等を処罰するには特に違法性の強い争議行為の煽動行為等をした場合に限るべきである、(6)煽動行為等は表現活動の段階にある行為を処罰しようとするものであるから、明白な危険を伴う違法性の強い争議行為の煽動等をしたときに限る。

以上の諸点を綜合して考慮すると、地公法六一条四号の処罰の対象となる煽動行為等は、煽動行為等がなされた争議行為が特に違法性の強い場合に限ると解すべきである。違法性の強い争議行為とは何であるかについては、立法による解決が望ましいが、その限界は、(1)争議行為の目的が公務員の勤務条件の改善の目的ではなく、例えばいわゆる政治目的のためになされる場合、(2)その公務員の職種からみて国民生活に対し明白かつ重大な障害をもたらす虞がある場合、(3)争議行為の手段方法が暴力を伴いまたは不当に長期間にわたるなど相当でない場合に、違法性の強いものであると解するのが相当である。そして具体的には社会通念に照し良識ある判断によって決すべきものと解する。結局争議行為の実行行為者にも煽動行為者等にも、民事責任又は行政上の責任を問うことはともかく、煽動行為者等に刑事責任を問うには、右のように解されない限り憲法一八条二一条三一条に違反するものと解する。……右被告人らの煽動した争議行為は違法性の強い争議行為とはいえないので本件行為は地公法六一条四号に該当しない。」（佐教組事件控訴審判決も右と本質的に同一の判旨であるので省略する）。

〔評釈〕

一　地公法三七条、六一条四号（国公法九八条五項、一一〇条一項一七号も同じ内容である）の合憲性とその法意、適用範囲については、学説・判例ともに区々に分れて対立している。違憲無効無罪説、[1]「争議行為」限定解釈無罪説、[2]「あおり」限定解釈無罪説、[3]無限定合憲全面有罪説[4]に分れる。本件両高裁判決は一応「争議行為」限定解釈無罪説にたつといえよう。この立場は基本的には佐教組事件第一審判決（佐賀地裁昭和37・8・27下刑集四・七＝八・七一三）によって基礎づけられたものであるが、本件福岡高裁両判決は全逓中郵事件最高裁大法廷判決（最判昭和41・10・26判例時報四六〇・一〇）以後、初めて公務員関係の事件について判決したものであったので、右の大法廷判決がどのように地公法違反の争議事件にとりいれられるかという点で、新しい課題を課せられていたものである。この新しい課題への本判決の解答の評価については、労働法や公法の専門の研究者の検討をまちたい。[5]ここでは刑法の立場から本判決のふくむ問題点について検討することになる。

刑法の立場からこの判決をみたとき、まず問題になるのは「可罰的違法性の理論」との関連である。都教組事件東京地裁判決（東京地判昭和37・4・18下刑集四三＝四・三〇三）が「一段と違法性の強い」あおり行為を問題とし、本件福岡高裁もまた「特に違法性の強い」争議行為をとりあげている。それは結局可罰的程度に「強い違法性」を問題とするとされているようである。また、全逓中郵事件最高裁判決が公労法一七条違反の争議行為についても、刑罰法規との関係では改めて労組法一条二項の刑事免責の適用があるとしたが、それも一部からは可罰的違法性の理論を支柱とするとされている。

可罰的違法性の理論が右にのべられた限度で主張されている限りわれわれはそれを充分支持することができる。しかし、最近とくに藤木英雄教授によって主張された可罰的違法性の理論は全く新しい内容のものであって、いくつかの問題を孕んでおり、折にふれて指摘してきた。[6]しかも福岡高裁のこの両判決は、右の一般的な意味での可罰的違法性の思想を越えて藤木理論の影響をかなり明確にうけているといってよい。かつて戦後の判例違法論を分析した際に、そこに「市民的」違法論の流れと「権威主義的」違法論の流れの対立があることを指摘した。(7) 官公労関係の争議事件の判例の流れの中にも、この二つの対立した流れが存在しており、佐教組事件をめぐる佐賀地裁判決と福岡地裁判決とはそれぞれ「市民的」違法論と「権威主義的」違法論との思想によって裏うちされているように思われる。そこでまず、両裁判所の判決を比較しながらこの問題を検討しよう。

次に、東京地裁判決の立場、即ち「あおり」限定解釈無罪説の立場について、本判決とは直接関係はないが、この際刑罰法規における構成要件の明確性という観点から検討してみたい。

(1) 違憲無効無罪説をとるのは、大教組事件第一審判決（大阪地判昭和39・3・30判例時報三八五・三二）だけである。労働法学者の通説はこの立場である。横井芳弘・労働法一四号（一九五九）一三〇、中山和久・季刊労働法四四（一二・二）九八、同・労働法律旬報五二八・一三、内藤巧・労働法一三（一九五九）七〇、磯田進・季刊労働法四五（一二・三）一七、野村平爾・季刊労働法四六（一二・四）六五、同・労働法律旬報四七五・一二、浅井清信・判例評論五三・一、兼子仁・季刊労働法五〇（一三・四）一三五、宮島尚史・季刊労働法五一（一四・一）七四、峯村光郎・季刊労働法五三（一四・三）六二、同・公労法の理論と実際二四三、佐藤昭夫・法律のひろば一九・二・四、籾井常喜・季刊労働法六〇（一六・二）七六、同・労働法律旬報五九八・六、沼田稲次郎・労働法律旬報六七七・五、佐伯静治・労働法律旬報六七七・一二、橋本敦・労働法律旬報六七七・一六。なお、労働法律旬報特集の「公務員法における争議行為禁止・刑事罰・代償措置をめぐる諸家の見解」（六七八・三）によれば、浅井清信（憲法一八条）、荒木誠之（憲法二八条）、有泉亨（憲法一八条二八条）、磯田進（憲法一八条二八条）、片岡昇（憲法二八条一八条）、兼子仁（憲法二八条）、窪田隼人（憲法三一条）、島田信義（憲法一八条）、正田彬（憲法一八条）、角田豊（憲法二八条）、外尾健一（憲法二八条）、本田淳亮（憲法三一条）、室井力（憲法二八条）、籾井常喜（憲法二八条）の各教授が違憲無効論を表明されている。

(2) 「争議行為」限定解釈無罪説の立場をとるのは、佐教組事件第一審判決（佐賀地判昭和37・8・27判例時報三一〇・六）。この立場をかつて強く支持されたのは中山和久・労働法律旬報四六七・二であった。その後、北川村教組事件第一審判決（高知地判昭和39・11・28下刑集六・一一＝一二・一三三二）にひきつがれ、そして、本件福岡高裁両判決にもうけつがれる。なお、群教組事件第一審判決（前橋地判昭和43・7・26別冊労働法律旬報六四五）、長崎全農林事件控訴審判決（福岡高判昭和43・4・18別冊労働法律旬報六六一）は、いずれもこの立場と次の「あおり」限定解釈無罪説の立場を混合して採用している。

(3) 「あおり」限定解釈無罪説の立場を基礎づけたのは、都教組事件第一審判決（東地判昭和37・4・18判例時報三〇四・四）である。この立場を支持するのは、宮内裕・判例評論六二・四である。その後、東京全農林事件第一審判決（東地判昭和38・4・19判例時報三三八・八）、京教組事件第一審判決（京都地判昭和43・2・22判例時報五二〇・一八）、和歌山教組事件控訴審判決（大阪高判昭和43・3・29判例時報五二一・一二）にひきつがれてゆく。福教組第一審判決（福岡地判昭和37・12・21判例時報三三四・二）はこの立場をとったが一部有罪となっており、仙台全司法事件控訴審判決（仙台高判昭和41・3・29下刑集八・三・三八八）は「あおり」を限定しても被告人らの行為は該当するとして有罪とする。

(4) 無限定合憲全面有罪説にたつのは仙台司法事件一審判決（福島地判昭和38・3・27下刑集五・三=四・三六九）、和歌山教組事件第一審判決（和歌山地判昭和38・10・25下刑集五・九―一〇・九一〇）、都教組事件控訴審判決（東高判昭和40・11・16判例時報四三七・六）、長崎全農林事件第一審判決（長崎地判昭和41・7・1下刑集八・七・九七五）、岩手教組事件第一審判決（盛岡地判昭和41・7・22判例時報四六二・四）である。この立場を支持するのは、S・H・E、時の法令四三五・三一、警察庁警備二課警視大波多三宜・警察学論集一七・一・一、法務省刑事局付検事香城敏磨・法律のひろば一九・二・一七、同・法律のひろば二一・五・一六、藤木英雄・法律のひろば一九・二・一二、慶谷淑夫・法律のひろば一九・二・八、文部省初中局地方課課長補佐斉藤尚夫・法律のひろば一九・一〇、法務省刑事局付検事村山尚文・法律のひろば二〇・一・三三。

(5) 全逓中郵事件最高裁大法廷が公労法違反の争議行為の問題をとりあげたとき、可罰的違法論か違法一元論かの争いにとらわれないで、公労法関係の職員の問題を解決したように、地公法三七条の争議禁止違反行為の問題を考える場合にも、官公労の組員のおかれている勤労の現情を充分に認識して、公務員の労働基本権の今日のあり方を判定せねばならない。公共性の程度、予算との関係、勤務条件の法的規制、行政本来の目的からの制約、国民や住民の利益との調和など考慮さるべき技術的な諸問題も多いが、その中にある基本的に重要な問題としての争議権法認の歴史の重みを充分に自覚する必要がある。

(6) 拙稿・刑事違法論の帰趨、判例タイムズ一九九・一一、同・可罰違法性の問題、法律のひろば二〇・八・一八、同・書評・キーナッペル『刑法における許された危険』法政研究三四・二・七九、一一〇以下、同・判例評釈・窃盗罪の成立しない事例、判例タイムズ二一八・四六。なお、大野平吉教授も藤木理論に対して消極的である（犯罪と刑罰（上）佐伯博士還暦、二七四、同・判例タイムズ二二八・四参照）。

(7) 拙稿・前掲判例タイムズ二一八・四六、同・判例評釈・ビラ貼りと屋外広告物条例・軽犯罪法違反、判例タイムズ二三〇（近刊）。

二　佐賀地裁判決と福岡高裁判決を比較する前に、藤木教授による可罰的違法性の理論の特徴をふりかえっておこう。

かつて宮本英脩博士や佐伯千仭博士によって可罰的違法性の理論が説かれたとき、それは主として、次第に膨張しつつあった行政刑法と刑事刑法との関連をめぐって、違法の相対性の理論が主張されたこと、および、刑法の謙抑主義から軽微な被害を刑法の外におくために機能したものであった。しかし、戦後、社会的相当性の理論や超法規的違法阻却事由の問題と交錯しつつ、藤木教授によって集大成されたとき、可罰的違法性の理論は、かなりの内容の変容をとげたのであった。それはある行為について実質的違法性が可罰的な程度に至らぬ程微弱であることを理由として行為の構成要件該当性を否定する理論と定義されている。そしてその判断基準は、(1)結果の面における実害ないし脅威の軽微性、(2)行為の態様がその目的、手段、行為者の意思状態等諸般の事情にてらし社会通念上容認される相当性のあるものということである。この要請をみたすための要件として、(イ)行為の目的の正当性、(ロ)手段の相当性が考えられる。ここで重要なことは、手段の相当性の判断内容である。「行為無価値の程度が違法性の段階に重要な影響を及ぼすということからすれば、おなじ被害を生ぜしめる行為についても、被害惹起の態様いかんによって、行為に対する違法評価は同一ではなくなる。実害を惹起する方法が、残虐、苛酷、粗暴、悪らつ、その他、通常の人間の情緒的感覚、廉直の感覚をいちじるしく刺激するものと、さような度合いの低いものとでは、社会一般の、当該行為に対する処罰感情を喚起する度合いにおいて、したがって処罰の必要性の程度において、大きく異なるものがあるからである(8)」とされている。可罰的違法性の理論が真実、実質的違法性の大いさを量定しようとするのなら、当然、衝突する二つの法益の比較較量を行い、更に、ある法益を維持追求する目的のために手段とされた法益侵害が法秩序の精神にてらして相当かどうかが真剣に配慮されねばならないであろう。しかし、右の判断基準の中で一番中核と思われる「手段の相当性」の判断の中には、ただ構成要件的な被害惹起に伴われた、二次的な結果無価値が問われているにすぎない。法益較量も目的＝手段の相当性の判断もそこにはない。ただ、「目的の正当性」として「優越する利益の保持、実現を意図するものであるということが考慮されなければならない[9]」として、行為者の動機ないし主観的事情の中に、行為の法秩序に対してもつ積極的な、客観的、現実的意義がとぢこめられてしまっている。いわゆる目的説は法益較量説に比して本来的に「権威主義的」傾向をもつことは否定できないが、それにしても、目的説にいうところの目的＝手段の相当性は右の藤木理論の基準とは別のものであろう。

また、従来の可罰的違法性の理論では、公労法や公務員法の禁止の意義をそれぞれ解雇その他の行政処分の制裁に限定し、その禁止の意義を刑法の世界にもちこまないのを意図した筈なのに、むしろ藤木理論では、「構成要件に該当する行為について、積極的にその正当性を根拠づける事由が存する旨を論証しなければならないことになるが、実質的違法性を有し、民事上の責任を根拠づけるには足る程度の違法性を有しながら、刑法上はあえて処罰に及ぼすとして放置され看過される行為について、これを積極的に正当な行為であるとして構成要件に該当するが違法性を阻却されるものとすることにはいささか躊躇を覚える面があるであろう[10]」として、刑法以外の領域での違法性にこだわりながら刑法上の違法論を考えられる。従来の可罰的違法論によれば、地公法三七条の禁止の意味は地公法上の禁止であるから、その禁止の効果は同法三七条二項の「任命・雇傭上の権利を以て対抗する権利の喪失」というものにとどまり、地公法六一条四号の構成要件には、労組法一条二項の刑事免責が憲法二八条の関係からたてられ、地公法上の禁止が直ちに刑法の領域にもちこまれる筈はない（公労法一七条についてこの論理をたてたのが全逓中郵事件最高裁大法廷判決である）。しかし藤木理論では、既に地公法三七条違反の違法性のある行為について、刑法上だけだからといって争議権の正当な行使というのは適当ではなく、従って、違法だがその程度が可罰的でないので刑罰は免れると考えようというのである[12]。藤木理論の問題のたて方の特徴は、次の佐教組事件についての佐賀地裁判決と福岡高裁判決を比較すると[13]、さらにはっきりする。

(8) 藤木英雄・可罰的違法性の理論、二〇、三八以下、とくに四〇参照。
(9) 藤木英雄・前掲、三九。
(10) 藤木英雄・前掲一二九、四〇。
(11) 全逓中郵事件最高裁判決は刑事免責を認めたが、このことは、「刑事免責さえ念頭においておけば、公務員、公労法上は全面禁止であって、どんな争議に対しても解雇や行政処分の自由の天地がある」ということではない。そこで解決されたのは、労組法一条二項を適用しないでは全面禁止は違憲になるという点だけである。職種・態様・目的と無関係に解雇や行政処分を自由に行うことができるということではない。実定法を形式的に解すればそうなるが、それだけに、全面禁止の規定は刑罰以外の制裁の場合でも違憲の問題が生じる。
(12) 藤木英雄・超法規的違法阻却事由、警察学論集一六・六・二四、同・可罰的違法性の理論、一二九、四〇。しかし、このような見解は次第にふえている。例えば、植松正教授は「大威張りで正当な行為」ではなく「他の法律に違反していてあまり大きな顔のできない行為」も刑法上は正当行為であるから、そこには消極的な意味のものも含まれるとされ、「被告人の行為は違法だが、刑罰をもって臨む程の強い違法性がないという意味で刑法上の正当行為に属する」と（同・違法で正当な争議行為、時の法令五八八・一一）。前野育三助教授も可罰的違法性の理論を支持され、違法性が完全に阻却されない場合とされる（静岡大学法経研究一六・二・一〇一）。伊達秋雄教授も「大岡裁判式」、「陪審風」としながらこれを支持される（法学志林六五・二・九三）。
しかし、伊達教授は近くこの可罰的違法性の理論の中に、心理的契機＝動機を問題とする責任評価がふくまれており、「可罰的責任性」の理論を提唱されている（犯罪と刑罰・佐伯博士還暦（上）二八九、とくに二九七以下）。また、西村克彦教授は、違法性がフルに存在せず、減弱した状態にあるもので、また違法性が全くなくなった訳でない中間領域があることを主張され、この領域は有罪だが刑の免除として扱うべしと提唱される（ジュリスト三九〇・七八）。可罰的違法性の理論が、伊達教授や西村教授のような方向に展開してゆくことのなかに、可罰的違法性に関する藤木理論が、違法論の嫡出子でなかったことの証左があると言えないであろうか。全逓中郵事件最高裁大法廷判決は占領下の管理法体制の残滓が官公労法体系から排除されたことに基本的重要性があるのであるが、その大法廷判決の法理論は「市民的」違法論に連なるものであってそれとは異質の可罰的違法性の理論におしこめられてはならない。
(13) 一般には冒頭にも指摘したように佐教組事件第一審判決と福岡高裁の両判決とは「基本的発想法を同じくし『争議行為』概念の限定的解釈によって右規定の合憲性を理由づけた」とする（判例時報五〇五・二一判例特報③コメント氏二二）。香城敏磨・法律ひろば二一・五・一六、一七も同旨。しかし、私はこの両裁判所の判決の間に本質的な差異をおこうとするのである。

三　佐賀地裁の論理は次のようになっている。[14]「憲法の保障する争議権が地公法三七条によって制約されたその法意は、人間相互間の矛盾衝突の実質的に公平な調整、すなはち人権相互の統合的な調和の原理＝公共の福祉のために制約されたものであると解し、地方公務員の争議行為を一切禁止することは、住民の利益を不当に重視し、地方公務員の勤労者としての利益を軽視することになって公共の福祉に反するから憲法二八条に違反する。地公法三七条の禁止は具体的に公共の福祉に反するおそれのないことが明らかな争議行為までも禁止する法意ではない。そこで地公法三七条六一条四号を適用するには、地方公務員の勤務条件の劣悪の程度、代償措置の機能発揮の程度、争議行為を決意するに至った事情、過去の手段の効果、他の手段の余地、争議の主張内容、争議行為の方法、住民の不利益の性質、程度等を綜合勘案して、地方公務員の権利と住民の権利とをひとしく尊重しながら、その実質的に公平な調整点、すなはち『公共の福祉』を発見しなければならない」。このような立場から各項目を具体的に検討した結果、「本件同盟罷業当時佐教組の組合員である教職員が争議行為を禁止されることによって受ける不利益は、被告人が提案等をした同盟罷業によって住民が蒙るべき不利益に比し、はるかに深刻かつ重大であったというほかはない。したがって、両者の権利の実質的に公平な調整という公共の福祉の基準に照らせば、被告人らが提案等をした同盟罷業は、公共の福祉に反するおそれのないことが明らかである」としている。

このような問題のたて方がかつて中山和久教授が指摘されたように、[15]ブランダイズ判事の論理――事実をして法を語らしめるような認定態度――を規定したものであったと思う。そこには拮抗する二つの権利が問題の出発点にきちんと据えられている。実に豊かな項目が認定資料として列挙されたが、そのすべての資料の役割は、全体のなかではっきりとした構造として示されている。

これに対して福岡高裁の判決はどうであろうか。判旨としてあげた通りである。[16]勿論、そこには争議の目的と住民への影響と争議の態様が認定資料にあがっている。そして、この三つの資料は、「刑罰をもって取締らなければならない対象となる煽動行為」として「特に違法性の強い場合」であるかどうかを決めるために役立てられる。目的と態様と結果とがそれぞれバラバラに独立して「可罰的程度の違法の有無」にかかわっているようである。目的実現のためにとられた手段（法益侵害）が相当であったのかどうか、衝突している筈の二つの権利（生活利益）の較量もそこにはみられない。ここには前項で可罰的違法性に関する藤木理論について述べたことがそのまま当嵌まる。

以上を要するに、福岡高裁の判決には佐賀地裁にみられるところの、憲法二八条による教育公務員の争議権と住民の利益との衝突という問題の視角はない。佐賀地裁判決は、大教組事件大阪地裁判決＝違憲無効無罪説および公労法に関する全逓中郵事件最高裁判決と共に、官公労関係の労働刑法における市民的違法論の立場を示すものである。それが市民的であって権威主義的でないのは、実質的には労組法一条二項の刑事免責を正面から論じ（その点で地公法五八条の労組法適用排除は改められている）、争議行為禁止の違憲性をその限りで承認しているからである。[17]

(14) 中山和久・地方公務員法にみる全逓中郵判決の影響、法律時報四〇・三・四二は、「争議行為」限定解釈無罪説の判例として直接この福岡高裁の両判決をあげ、佐賀地裁判決を「これに近いか」とする。また、西原春夫＝中山和久・公務員法と「あおり」罪、法律時報四〇・八・二五においてもやはり佐賀地裁判決の位置があいまいである。即ち、まず、刑罰に値する程度に規範違反性の重くないものに二つの種類が区別され、(イ)被害軽微な場合、(ロ)被害は軽微でないが法益侵害の方法が相当な場合があげられ、次に(イ)の被害軽微な場合――我々は一厘事件をその典型と考えているが――の例として佐教組事件佐賀地裁判決をあげているのである（法律時報四〇・八・二八の二段目、四段目参照）。確かに佐賀地裁の判決には住民の被害が軽微だという個所があるが、その意味は教職員の勤労者としての利益の蒙る被害にくらべると、ということであって一厘事件との同一性はそこにない。このような場合の「軽微」又は「比較的軽微」という表現は衝突している二つの権利（法益）の一方が「優越した」という一義的判定を示していることが多い。

かつて中山教授は佐教組事件佐賀地裁判決について「都教組、全逓中郵の各東京地裁判決を更に発展させた、理論的に最高水準をゆくもの」とされ、ブランダイズ判事の論理を実践した「最高の例」とされ、「これまでの裁判例の最高水準をゆく」と激賞されたことがあった（労働法律旬報四六七・二、八、一二）。しかし今や中山教授は違憲無効論を除けば、東京地裁の「あおり」限定解釈無罪説が一番傷の少ない立場だとされる（法律時報四〇・八・二三）。次の註にふれるように、この福岡高裁の両判決は「立法論」だという強い批判を中山教授はもたれるようになった。そのことが、中山理論の中での佐賀地裁判決の位置をあいまいにしている原因であると思われる。

(15)　中山和久・前掲（労働法律旬報四六七・二）。なお中山教授はその論文の中でこの佐賀地裁の論理構造は既に林迪広教授の論文（順法闘争の法構造、労働法と経済法の理論、所収三二一、とくに三三九参照）に現れていたとされる。

(16)　この福岡高裁の両判決を「立法論」を展開するものだと批判するのは、西原春夫＝中山和久、前掲（法律時報四〇・八・二五、三三―三四）、中山和夫・前掲（法律時報四〇・三・四二、四八）、松林和夫＝平野毅・労働基本判例年表（法律時報四〇・八・三五、三七参照）。地公法は争議行為じたいの処罰規定をもたないのに、「処罰に値する争議行為」という形で勝手に立法論で想像の中に「可罰的争議行為類型」を画いて、それに「あおり」をかからしめるからというのである。しかし、立法論という非難は当っていないと思う。香城敏磨検事（法律のひろば二一・五・一六、一九註(4)、二三註(7)）もそう主張する。争議行為じたいの処罰規定がなくとも、争議行為について違法の程度の判断は可能である。

(17)　なお、福教組事件第一審判決（福岡地判昭和37・12・21下刑集四・一一＝一二・一〇九四）は弁護人の超法規的違法阻却事由の主張に対して、その事由の個々の要件事実の有無にたちいって判断している。尤も、結局は事由の存在を否定するのであるが（判例時報三三四・二・二四以下）、これは、また植松教授が労働組合法上の違法阻却事由（労組法一条二項）と、違法の一般原理に基く違法阻却事由とを区別され、公労法等によって前者（労組法一条二項）が否定されても後者にはその否定は及ばないとされる（一橋論叢五〇・四・六七）のと一脈通じるものがある。地公法三七条六一条四号事件について超法規的違法阻却事由を論ずることは、実質的には憲法二八条、労組法一条二項を論ずることに帰する。

四　最後に、「あおり」限定解釈無罪説の立場について、構成要件の明確性という点から検討しよう。東京地裁によって案出されたこの理論はその後の指導判例となるのであるが、それにもかかわらず、無限定合憲全面有罪説からのみならず[18]、違憲無効説の立場からも[19]、かなりの批判をうけている。法規の文言から余りにも離れた技巧的解釈におちたというのである。違憲無効説の大教組事件大阪地裁判決は、「これらの見解（「あおり」限定解釈無罪説）は地公法六一条四号及び国公法一一〇条一七号の規定の構成要件の内容を複雑かつ漠然たらしめて、憲法三一条の要請の一つである構成要件の明確性に背反し、結局憲法三一条に忠実であろうとしてかえってそれに背馳するに至ったとの譏をまぬかれることができない」と非難している。

通常は構成要件の文言それじたいが禁止の素材を的確に示していないとき、構成要件が明確でないという。かつて地公法六一条四号についても、その「あおり」概念が不明確であるとして争われたことがあったが、それなら正に通常の不明確性の問題がとりあげられていたといえる。ところが、さきのような東京地裁の解釈方法が構成要件の内容を不明確にするという言い方は、必ずしも、従来の問題の平面とすぐ連なる訳ではない。ここでは、まず、(甲)「争議行為をあおる」という元の構成要件も不明確ではないし、解釈によって確定された構成要件であるところの、(乙)「一段と違法性の強い煽動行為、たとえば、(イ)組合の構成員以外の第三者が煽動した場合、(ロ)組合の共同意思に基かないで煽動した場合、(ハ)争議行為に通常随伴する以上に激越な煽動行為を行った場合、などである」という命題も、それだけをみれば一応不明確ではないといえよう。問題は、(甲)から(乙)がひきだされる過程には、文言や立法趣旨など通常の法解釈として用いられる方法がとられるのは勿論のこととして、実は憲法の諸規定、二八条、一八条、三一条との調和とか、刑法における共犯理論の原則との調和とかが考慮され、適用上違憲になる部分は次々に落としていって、合憲的に適用しうる範囲にとどめるように推論を重ねた末、(乙)の命題に達するのである。こうした推論の過程の一つ一つに無理がないとしても、その結末の(乙)を(甲)から眺めるとき、やはり解決として不自然で技巧にすぎるということになるのである。

元来、公務員法上のこれら争議行為禁止規定は、占領時代の管理法たる政令二〇一号の国内法化の役割を担っていた訳であって、これを憲法を頂点とする民主主義法体系のなかに合理的にくみこむことに無理があるものであろう。憲法二八条、一八条、三一条と抵触する部分はみな切り捨て、残った部分で運用すれば合憲的実定法である――いわゆる「適用上の違憲論」[20]――というのは、司法による違憲審査を形骸化してしまうことであって、正にこの点をついた大教組事件大阪地裁判決のさきの批判は当っているといわねばならない。

しかし、かりに、(甲)から(乙)への推論の遠さ、複雑さを一応別として、(乙)が構成要件として与えられたと仮定して、そこには問題はないであろうか。「一段と違法性の強い」という裸の違法判断が構成要件要素となっていること、更に、三つの個別的な可罰煽動行為類型が例示となっている点、不明確性の問題がある。本多淳亮教授もこの点を指摘される。(21) 確かに、一般論としては裸の違法性が構成要件要素に加わると、明確性を欠ぎ、罪刑法定主義に反する。(22) しかし、H・マイヤー教授によれば、この違法判断について明文に一定の評価の基準・よりどころが与えられていたり、「わいせつ」概念や「取引に必要な注意」におけるように、社会倫理的に一定の安定した評価基準が社会に現存している場合、または正当化の反対規範が背後にある場合、明確性を欠くことにはならないという。(23)

東京地裁のいう「一段と違法性の強い煽動行為」とは、広い意味で把握された争議行為(職場放棄とそれに至る準備段階の行為の全体)が全法秩序の精神にてらして正当性の限界を逸脱したところの、企画、立案、討議、決定、指令、指示、説得、激励などをさしていると考えられる。とすると、この「一段と違法性の強い煽動行為」の背後には反対規範として、「正当な争議行為」という評価の基準が与えられていると考えられる。そう考えてくると、可罰煽動行為類型が例示であることも、それ程問題にする必要はなくなる。

結局、構成要件の不明確性の問題の重点は構成要件の現実の文言からの隔離が余りにも迂遠、複雑となっているという点にだけあることになる。

(18) 藤木英雄・「あおり」についての解釈、法律のひろば一九・二一・一二。香城敏磨・公務員の争議行為と刑事罰、法律のひろば二一・五・一六。

(19) 中山和久・季刊労働法四四・九八、磯田進・季刊労働法四五・一七(「曲芸をみるような感じがする」)、片岡昇・労働法律旬報

五〇九・一二、同、民商法雑誌四八・二＝四、五八・二・二四一など。窪田隼人、本田淳亮（労働法律旬報六七八号）など。

(20) いわれるように、実定法はできるだけ合憲的に解釈するという態度を基本としてとらねばならないであろうが、「適用上の違憲」において、そこへの適用が実定法の文言上原則的で通常のことであれば、素直に「実定法じたいの違憲」にふみきるべきであろう。大阪地裁のさきの違憲判決もそれを憲法三一条との関係で指摘する（「もとよりある法律が合憲であるとしても、それを具体的事実に適用した場合、違憲であるとの判断を受ける場合のあることは否定できないけれども、かかる事例は極めて例外の事態であるべきであって、…」判例時報三八五・四六・四段目）。なお、さきの松林＝天野論文（法律時報四〇・八・三七）は、言葉として「適用上合憲論」と「適用上違憲論」とを区別され、後者の例としては唯一つ、全逓猿払事件（旭川地判昭和43・3・25判例時報五一四・二〇）のみを指摘される。香城検事は憲法による制限解釈を「適用上の違憲」とされる（法律のひろば二一・五・一六、一八註(3)、二三註(2)）。

(21) 本田淳亮・労働法律旬報六七八号。

(22) 佐伯千仭編・ドイツにおける刑法改正論――刑法学者の意見集、二〇九以下、ハンス・ヴェルツェル・目的行為論序説、福田＝大塚訳、二九―三〇。

(23) もっとも、H・マイヤー教授やヴェルツェル教授が不明確性の典型としているドイツ刑法二四〇条強要罪の規定も、連邦裁判所によれば、裁判所がその都度認定してゆくことも罪刑法定主義違反でないとする（BGH St. Bd. 2, S. 196; BGH St. Bd. 2,S. 159ff.）。H・マイヤー教授はアメリカではこの種の法規は無効とされるというが具体的な判例は明らかでない。

例えば、United States v. Wiltberger, 5 Wheat 76, 96 (1820); Champlin Ref. Co. v. Corporation Comission, 286 U. S. 210, 76 L. ed. 1062, 52 S. Ct. 559, 86 ALR 403; Connally v. General Construction Co., 269 U. S. 385, 391 Annotation 70 L. ed. 322, 46 S. Ct.126 (1926); People v Ashworth, 220 App. Div. 498, 222 N. Y. Supp. 24 (1927); Lanzetta v. New Jersey. 306 U. S. 451, 59 Sup. Ct. 618, 83 L. ed. 888 (1939) などの判例を通じて、刑罰法規の厳格解釈、裁判官立法＝類推が禁止されている。制定法の一般的政策 ratio legis によってではなく、法文の言葉の確立した意味 ratio verborum に従うべきこと、言葉の現実的、客観的意味によるべきこと、ある新しい犯罪を創造した刑罰法規の文言はその適用をうける人達にいかなる行為が刑罰の対象となるのかを知らせるのに充分な程度に明確であることはフェア・プレイの日常観念や法の世界で確立された諸原理とも一致した要求であるから、ある行為の実行を禁止したり又は命令したりする法規がその意味を推測しその適用について必然的に意見を異にする程、あいまいな vague 言葉で規定されるときは、その法規はデュー・プロセスの第一要件を侵すものとされている。

第一一　共犯と身分――営利の目的と身分――

（最判昭和四二年三月七日　刑集二一巻二号四一七頁）

〔事実の概要〕

韓国人Xは、営利の目的で、韓国船員を通じ、日本に麻薬を密輸入しようと企て、韓国船多島号の船員Yに麻薬を日本に運び、日本在住のZに手渡すよう依頼したところ、Yは、これを承諾し、同船が神戸港に入港した後、岸壁に停泊中の同船から、塩酸ジアセチルモルヒネを含有する麻薬二袋を携帯、陸揚げした。

〔判旨〕

麻薬取締法六四条一項は、同法一二条一項の規定に違反して麻薬を輸入した者は一年以上の有期懲役に処する旨規定し、同法六四条二項は、営利の目的で前項の違反行為をした者は無期若しくは三年以上の懲役に処し、又は情状により無期若しくは三年以上の懲役及び五百万円以下の罰金に処する旨規定している。これによってみると、同条は、同じように同法一二条一項の規定に違反して麻薬を輸入した者に対しても、犯人が営利の目的をもっていたか否かという犯人の特殊な状態の差異によって、各犯人に科すべき刑に軽重の区別をしているものであって、刑法六五条二項にいう『身分ニ因リ特ニ刑ノ軽重アルトキ』に当るものと解するのが相当である。そうすると、営利の目的をもつ者ともたない者とが、共同して麻薬取締法一二条一項の規定に違反して麻薬を輸入した場合には、刑法六五条二項により、営利の目的をもつ者に対しては麻薬取締法六四条二項の刑を、営利の目的をもたない者に対しては同条一項の刑を科すべきものといわなければならない。

しかるに原判決およびその是認する第一審判決は、共犯であるYが営利の目的をもっているものであることを知っていただけで、みずからは営利の目的をもっていなかった被告人に対して、同条二項の罪の成立を認め、同条項の刑を科しているのであるから、右判決には同条および刑法六五条二項の解釈適用を誤った違法があり、右違法は判決に影響を及ぼすものであって、これを破棄しなければ著しく正義に反するものと認められる。

一　問題点

本件は営利の目的を身分と解し刑法六五条二項を適用した最初の判例である。従来、学説・判例ともに、身分とは多少とも継続的性質を有するものであることを必要とし、したがって、目的のように一時的な心理状態は身分とは解してこなかったのである。これが本判例の中心問題となる。

さらに、営利目的の有無についての事実の解釈、共謀における営利目的の位置についても触れねばならない。本件では右の中心問題と密接に関連してできた論点であるから。

二　学説・判例との関係

身分とは「行為者の一身に具はる資格・地位・性質・他人との関係、つまり、一身上の特殊の関係または状態」をいう（滝川（幸）・犯罪論序説二五三頁）。判例はかつて横領罪における他人の物の占有者に関し、身分をつぎのように規定した。「刑法第六十五条ニ所謂身分トハ必スシモ男女ノ性、内外国人ノ別、親族ノ関係又ハ公務員タル資格ノ如キ関係ノミニ限ラス、汎ク一定ノ犯罪行為ニ於ケル犯人ノ人的関係タル特殊ノ地位又ハ状態ヲ指称セルモノトス」と（大判明治44・3・16刑録一七・四〇五、最判昭和27・9・19刑集六・八・一〇八三、吉川・刑評一四・一六九参照）。学説もこの定義を援用することが多い（小野（慶）「共犯と身分」刑事法講座三・四九二、西原・刑法総論二八一、竹内「共犯と身分」刑法の判例一三六）。しかも、「身分は多少とも継続的性質を有するものでなければならないとする」（小野・前掲四九三）とするところから、「行使ノ目的」「不法領得ノ意思」と共に、「営利ノ目的」も身分に当たらないとする（小野・前掲四九三、佐伯「共犯と身分」法学論叢三三・二・二四〇）。また、かつて判例も営利拐取罪における営利の目的について、これを身分に当たらないとした（大判大正14・1・28刑集四・一四）。これら学説・判例の立場からすると本件判例の立場は認められないことになる。

しかし、ある学説は刑法六五条一項の真正身分と同条二項の不真正身分とにおいて、身分の観念は異なって然るべきだとする（木村・犯罪論の新構造（下）三八〇以下）。真正身分は社会的・法律的などの人的関係において特定の義務を負担するところの地位または資格を意味し、したがって、常習性や目的を含まない。しかし、不真正身分は刑の加重・軽減をもたらすところのものであるから、犯人の人格と結びついた一身的なものであれば足りる、したがって、一時的な情操・目的・動機も含まれるとする（木村・犯罪論の新構造（下）三八〇、大野「共犯と身分」刑法講座四・一六六も同趣旨か）。この立場からは本判決の立場は支持される。この判例のある解説者は、身分を一般的に考えてみたばあい、そこに継続性を要求して目的などを除くことに果して合理的根拠があるかと疑い、さらに、不真正身分においては、その有無が可罰的評価の高低を伴うので、公平の観点から、それを刑に反映させる趣旨であるので、継続的性質をもつものでなくても、犯人の一身的な特殊な状態が可罰的評価の高低をうむときは、それを身分として扱う実質的理由があるという（坂本・法曹時報一九・六・一七七）。

しかし、このような立場にたいして、他の学説は、一項・二項にある同じ身分という言葉を二様に解釈するのは文理上無理であると批判する（臼井「麻薬輸入犯における『営利ノ目的』と刑法六五条二項」研修二二七・五四、福田・警研三九・八・一三〇）。

双方の立場それぞれに充分の理由があるが、いずれにせよ、本件のように、不純正目的犯に「目的なき故意ある」単純犯が加功したとき、刑法六五条二項の趣旨にそった解決が実際上妥当であることは右の批判者も認められている（臼井・前掲五六、福田・前掲一三二）。しかし、その解決は刑法六五条二項を適用することによって始めて得られる結論であろうか。学説もまたその角度から解決を提案する。「麻薬取締法六四条一項の罪と二項の罪とは構成要件的に重なっているから、その重なり合う限度において、共同実行の意思と共同実行の事実とを認めることができ、ここからA（本件設例ではX）とB（同じくY）とは一項の罪の共同正犯ということになり、Aは営利の目的をもっていたので、その行為は同時に二項の罪に該当し、Aにおいては一項の罪の共同正犯と二項の罪の単独正犯とが法条競合し、Aは結局二項の罪責を問われることになるし、Bは一項の罪の罪責を問われることになる」（福田・前掲一三二）。確かに巧妙な解決である。しかし、この法条競合が吸収・補充・択一のいずれの場合であるにせよ、A（X）については密輸入行為が二重に評価されていることにならないだろうか。犯罪共同説からは、A（X）についても一項の単純密輸入罪の共同正犯の成立にとどめ、目的は情状とするのが自然ではないだろうか。さきの解説者はXにもYにも通常の刑の罪（麻薬取締法六四条一項〔単純密輸入罪〕）が成立し、刑法六五条二項によってXには重い刑の規定（同法六四条二項〔営利密輸入罪〕）、Yには通常の刑の規定（同法六四条一項）をそれぞれ適用して処断するのが従来の判例の立場であり（例えば、大判大正12・2・22刑集二・一〇七、最判昭和31・5・24刑集一〇・五・七三四）、本判決もそれを踏襲したとされる（坂本・前掲一七七）。もちろん目的を身分と解する前提にたっての構成である。その前提を承認する限り、その構成は首尾一貫したものであろう（本判決文には、判決がXとYとに単純密輸入罪の共同正犯を認めたといえる文言はない。植田重正教授は、判例はどちらかといえば犯罪共同説的説示の傾向が強いとされ、大判大正9・6・3刑録二六・三八四〔堕胎罪において非身分者も加重堕胎罪・刑法二一四条の教唆を認めた〕、大判大正7・7・2新聞一四六〇・二四〔尊属殺において、非身分者も尊属殺・刑法二〇〇条の共同正犯とする〕を例示される——植田・共犯と身分〔総合判例研究叢書・刑法(2)〕四五以下。不真正身分犯ではあれ、非身分者が共同正犯になることに異論があるが〔拙稿「共犯と身分」刑法基本問題三七講二三二〕、その点を別とすれば、理論的には重い罪についての共犯が成立するからこそ二項は「身分ナキ者ニハ通常ノ刑ヲ科ス」という表現になったと思う。理論的に軽い刑の共犯が成立するのなら別の表現を用いた方が自然である）。

ただ、右の構成は目的を身分と解し、刑法六五条二項の適用を予定したものであるが、行為共同説の立場からも右の解決を直接的に、つまり六五条二項の規定を適用しないで導くことができよう。しかし、目的を身分と解さず、犯罪共同説の立場から、しかも行為の二重評価をさけて問題を解決する途はないであろうか。そのためには、本件の事実関係にもう一度たち戻って関連問題に触れる必要がある。

三 関連問題

本件は共謀共同正犯の事案でもある。しかし、背後者にのみ目的があって肝心の実行行為者には目的がないのである。こういう型の共謀共同正犯の事案は麻薬事犯としては刑事学的実体をもつものであろうが、学説上は余り問題とされることがなかったと思う（間接正犯の事例でもないし共犯の錯誤の問題でもない）。さらに、もしこれを従来の共謀共同正犯の論理構造にのせてみると、営利密輸入罪についての共謀があったのにそれが実現される段階では、単純密輸入罪の実行行為となっているので、共謀が実行行為を超過するという奇妙な現象になる。そこでこの疑問を解くためには、営利の目的の解釈について簡単にふれつつ、共謀における営利目的の位置を検討しなければならない。

営利の目的とは「自己又は第三者のために財産上の利益を得又は得させる目的」をいう（本判例第一審神戸地裁判決、最高裁刑集二一・二・四二一。同旨、大判大正14・1・28刑集四・一四、仙台高秋田支判昭和29・9・7判決特報一・一・二三一、香川「営利拐取罪」団藤編・注釈刑法(5)二八二）。Xに営利の目的のあることを了知しながらこれに協力加担したYには、「第三者のために財産上の利益を得させる目的」があったとする論法もなり立とう（前掲神戸地裁判決もその立場をとった。前掲最高裁刑集二一・二・四二一。福田・前掲一二八も同旨）。しかし、Xが財産上の利益をうるであろうことを知っていたことが直ちに、Xに利益を得させることをYが目的としたものとはいえないであろう。認識の程度で直ちに目的があったとなすべきではない。それが他人の利益であって自己の利益でないときは一層厳格に考えておく必要がある（融通していた金員の回収を図る動機をもって営利の目的とした最判昭和42・3・3刑集二一・二・三八三も原審のゆるやかな「第三者に得させる目的」を否定したものである。仲地哲哉助教授の当判例評釈における事実の解釈は別として、厳格な立場をとろうとされる方法には賛成できる。仲地・警研三九・六・一三一参照）。したがって、本件Yには営利の目的がないとするのが正当であろう。

そこで、つぎに共謀との関係が問題である。営利密輸入罪についての共謀とは、例えば、麻薬売得金による利益の折半とか、利益の一部分を密輸入実行者が報酬として受け取ることの約束とかというような形で現れるものであろう。しかし本件事実関係からはそのような形の共謀は成立していなかったとみねばならない。共謀はあったけれどもそれは法的には単純密輸入罪の共謀であった。したがって、本件事実関係のもとでは（論理的に営利の目的というような主観的事情について共謀が成り立ちえないというのではないが）、共謀が実行行為を超過していたと考える必要はない。しかし、それならば共謀者の中で営利目的をもっていたXの行為はいかに評価されるか。麻薬事犯においてむしろ元兇というべきXは実行を分担せず、しかも、共謀は単純密輸入の範囲にとどまっている。この種事犯は刑事現象学的にみればかなり普通なことかもしれない。しかし、共謀共同正犯の理論だけではXを営利密輸入罪と構成するのは無理であるし、単独正犯とするには密輸入の実行行為がないので無理がある。間接正犯の一例である「目的なき故意ある道具」としたいが（大塚・間接正犯の研究二二一、中・間接正犯一六四）、Yは単純密輸入罪の正犯であって「道具」ではない。この八方ふさがりの状況は「営利の目的」を身分として把握することによって初めて切り開かれる。そのときにのみ一身的に目的をもって共謀したXに営利密輸入罪を成立せしめることができる。従来の判例・学説を破って目的を身分と規定した背景はこのようなものであったと思われる。しかし、それは明らかな判例の変更であるから小法廷では不適当であったことになる（前掲大判大正14・1・28の判例の事実は、共謀ではあるが、実行行為者に営利の目的（報酬の約束）があった場合であって、本件の共謀事案と同じではない。しかし、はっきりと営利目的は身分でないとしているのであるから本件の判決とは矛盾する。解説者は、営利拐取罪は純正目的犯であるから、本件不純正目的犯とは矛盾しないとする。坂本・前掲一七七、一七八注七。しかし、木村・刑法総論四二六、木村・犯罪論の新構造（下）三八一は営利拐取罪も未成年者を客体とする限度で不純正目的犯とする）。

四　結び

営利の目的を身分と解し、共謀共同正犯を承認するならば、本件判決の論理はまことに一貫したものである。しかしその前提の二つともが既に賛成しがたい。目的のような一時的な心理状態をも身分と解することは「一身的」という言葉の不当な拡大である。また、可罰的評価の高低を反映させるという機能的な見地の強調も、右の言葉の不当な拡大を伴う以上にわかに賛同しがたい。また、共謀共同正犯の論理は近代的な市民的共犯論の構造を破壊するものであるから（拙稿・前掲二三四参照）、これもとりえない。Ｙは単純密輸入罪、Ｘはその教唆犯となり、Ｘの営利目的は主観的情状の一つにとどまる。

もし、本件が実行共同正犯の事案であったとすると、ＸとＹとの間に「営利の目的」についてさきにのべたような共同意思が成立したときに限り営利密輸入罪の共同正犯が成立する。そしてもしそのような共同意思が成立せず、本件のように一方のＸにのみ営利目的があったときは、Ｘについて営利密輸入罪が成立し、Ｙには単純密輸入罪ではなく、営利密輸入罪の従犯が成立する。

（判例演習　刑法総論（増補版））

第一二　強盗傷人罪——財物を奪取しなかった場合と既遂の成否——

（最判昭和二三年六月一二日　刑集二巻七号六七六頁）

一　事実の概要

八戸市にあった進駐軍キャンプで雑役夫として働いていたX、Y、Zは、小遣銭に困ったので、Zが勝手を知っていた青森県三戸郡平良崎大字諏訪平のA方に押し入って金品を盗ろうと相談し、某日午後一〇時頃、A方にいたり、Xは、電報配達夫をよそおって、家人を呼び出し、Aが出てきたところ、やにわに表土間から屋内に侵入して、Aに襲いかかり、同人の首を絞めつけて格闘中、ついで侵入してきたYは、持ってきた杉丸太でAの腰部およびAの妻Bの頭部を殴打した。しかし、A、Bが大声で救いをもとめたので、X、Y、Zは、驚いて何も取らずに逃走した。なお、右の暴行によって、Aは、全治約一週間の左前額部擦過傷、Bは、全治三週間の頭部X字型挫創を受けた。

二　判　旨

「強盗に着手した者がその実行行為中被害者に暴行を加えて傷害の結果を生ぜしめた以上、財物の奪取未遂の場合でも強盗傷人罪の既遂をもつて論ずべきである。」

三　問題点

強盗犯人が人を傷害したとき財物奪取に失敗しても強盗傷人罪の既遂（刑法二四〇条前段）となるのか、或いは財物奪取の失敗を基準として、よし傷害の結果は発生していても強盗傷人未遂罪（刑法二四三条・二四〇条前段）とすべきか。この考え方の分れ目は、当犯罪を殺傷犯的にとらえるか財産犯的にとらえるかにかかる。

四　学説・判例との関連

強盗傷人罪について財物奪取との関係を正面から論じたものは本判決について小野博士の評釈（刑事判例評釈集九巻五四頁以下）を除けば寡聞のため見出せなかったが、本条後段の未遂をめぐっては極めて多く論ぜられているので、それらの議論をしばらくふりかえりながら、そこから本問題への示唆をくみとることにしよう。

問題は強盗殺人の適条をめぐってであった。本条後段には「死ニ致シタル」とある。これは殺意を含まぬ表現である。しかし、「殺して奪う」というのもまた強盗の一つの典型である。ところで殺意の有無はその行為の道義的意味を大いに異にせしめるし（小野・各論二四四頁、同・刑事判例評釈集六巻四七頁）、刑法上本質的にちがうから（瀧川・各論一三三頁）、或いはまた、強盗致死は利欲犯であるが強盗殺人は攻撃犯であり行為者定型を異にするから（井上・各論一三三頁）、本条後段がこの両者を同一視して規定したと解することはできない。そこで殺意のあるときは強盗致死罪と殺人罪との観念競合と解することになる（ただし井上教授によれば、これでは死の結果が二重に評価されることになるから妥当でないとし、強盗と殺人との併合罪とされる（各論一三三頁）。しかし、それでも行為が二重に評価されることになろうが、やむを得ないのではなかろうか）。同時に、二四三条における本条後段の未遂は強盗そのものが未遂に終ったときと解することにもなる（小野・前掲二四四頁、瀧川・前掲一三三頁、井上・前掲一三三頁。しかし、二四〇条後段に強盗殺人はふくまれぬとする立場をとりつつ、その未遂については財物奪取の未遂と解されないのは、尾後貫「窃盗罪及び強盗罪」刑事法講座四巻八一六頁。したがって、この未遂の規定を無意味とされる。しかし、草野「刑法二四〇条の解釈」警研二一巻一号一五頁以下は、刑法一二八条にみられる立法者の用意周到さから推して、本未遂規定を簡単にナンセンスと割り切ることに反対されている。なお、通説・判例は準強盗の未遂を財物奪取にかからしめる。小野・刑事判例評釈集六巻五六頁は、両場合を統一することが論理的だとされ、尾後貫・前掲も、準強盗の未遂をも暴力行為にかからしめ、財物奪取と無関係とする準強盗は強盗だから強盗殺傷と罪質が異なるので統一しなくとも矛盾でないとする（宮内・各論(上)一三九頁、福田・各論二三七頁））。ここには「死ニ致シタル」という表現に示された行為定型と「人ヲ殺ス」

という行為定型との道義的意味の区別から本条を結果加重犯と規定し、しかも財産犯としての加重強盗という観念が貫かれている。結果加重犯説とよばれている。

ところがこれに対して「殺して奪う」という強盗の一典型に着眼し（団藤・刑法三五一頁、福田・各論二三七頁）、本条の重点を寧ろ殺傷の側面でとらえんとする立場がある。判例もまた本条の趣旨を「強盗ノ機会ニ於テハ致傷致死等ノ如キ惨虐ナル行為ノ伴フコト少カラズ、ソノ害悪タル洵ニ怖ルベキモノアルガ故ニ」（大判昭和6・10・27刑集一〇・五一五）という点にみとめている。寧ろこう理解するのが現在の判例（大判大正11・12・22刑集一・八一五、同昭和8・11・30刑集一二・二一七七、最判昭和32・8・1刑集一一・八・二〇六五）であり通説である（牧野・各論六五八頁、木村・各論一二三頁、植松・各論二五三頁、江家・各論二八五頁、宮内・各論(上)一三七頁、下村・各論一〇二頁、一〇四頁、森下「強盗殺傷」刑法（各論）一〇四頁）。そこで殺意があるときでも二四〇条後段のみを適用すれば足る。本条は強盗罪と殺人罪または傷害致死罪との統合犯を含むとする（強盗殺人が一つの刑事学的類型であるという事実から直ちに二四〇条後段が強盗殺人をふくむ法条だとはいえない。本条の立法の沿革から、殺意のある場合をも立法者がふくましめようとした事実がうかがえるから（草野・刑事判例研究第三冊三五四頁以下）、この方がむしろ結合犯説にとって大きな支えになるのではなかろうか）。そこで二四三条の未遂とは、殺そうとしてそれを遂げなかった場合であって、財物奪取の有無とは無関係だということになる（大判昭和4・5・16刑集八・二五、同大正15・2・23刑集五・四六（準強盗犯人の殺人）、同昭和9・3・15刑集一三・二八六（同強盗傷人）。この点ではかえって法条の自然の解釈にも合致する。「強盗」とは強盗犯人の謂であるから）。これを結合犯説という。

以上の議論は「殺意」という人の生命に対する攻撃が財産犯たる強盗の構造にくみいれうるか否かにかかわっていた。判例・通説は二四〇条後段を殺傷犯の加重類型としてとらえようとすることによりこの問題を解決した（井上「財産犯の諸問題（五）」警研三二巻七号参照。この通説の立場は、強盗の体系の中に財産犯と殺傷犯をふくむ点で、統一的な強盗概念がやぶれていることに問題をのこす。ソヴェト刑法の判例・通説は強盗をも殺傷犯的に構成し、財産奪取は「目的」たるに止まる。もっとも、強盗の財産犯的性格から既遂時期をくりあげることに反対する学者（イサーエフ）もある（Б.С.Никифоров, Уголовно-правовая охрана личной собственности в СССР, 1954, с. 92）。ソヴェト現行刑法は単純強盗と加重強盗との二類型をもつが、これは暴力の程度による区別であって、結果加重犯ではない）。そこで、本条前段の傷人罪について以上の議論とパラレルに問題になるのは「傷害の故意」という問題である。この点を次に考えよう。

二四〇条前段もこれを結果加重犯だと理解するとしても（小野、瀧川、井上）、結果加重犯の概念を重い結果につき故意を必要としないと観念すれば（木村「結果加重犯の未遂」刑法雑誌七巻一号一二頁）、傷害の故意を以てする傷害の結果をこの前段の規定から当然に排除することはできなくなる。もともと殺意のある場合を後段から排除したところの結果加重犯説の真意は、殺意（殺意の故意性が問題でなく、故意の内容が殺人であることが重要である）の点にもはや財産犯たる強盗罪の系列からはみ出す契機を見出したところにあった。そこで傷害の故意も殺意の後段に対する関係と同じような意味をもつかどうかも、実質的に判断する必要がある。つまり、傷害の故意を前段に含ましめることもまた財産犯たる強盗の構造を破壊することになるであろうか。

強盗が本来ふくむ暴力的性格、その程度の高度性と傷害の結果の牽連性を考え合せると、傷害の故意をふくめても未だ財産犯たる構造を否定するものでないともいえる。とすれば前段に関する限り強盗致傷（結果加重犯）と強盗傷人（傷害の故意犯）とがふくまれることになる（強盗殺人については殺人罪と強盗罪との牽連犯としながら、前段につき本文の立場をとるのは、大場・各論(上)六二八頁、六一六頁である）。しかし、この際でもなお二四三条が傷害未遂をいう（大場・前掲はそう主張する。草野・森下も同趣旨。しかし、傷害未遂をみとめると単純強盗が不当に加重強盗にすべりこむ危険はないか）べきかどうかはまた別問題である（小野・刑事判例評釈集六巻五七頁）。未遂罪も財産犯として構成する限り財物奪取の有無にかからしめることができる（小野・刑事判例評釈集六巻五七頁は、二四三条による二四〇条前段の未遂とは財物奪取に失敗したときだとされる）。

だがここで注意すべきは、暴行といい傷害といっても具体的事件ではその態様程度は千差万別であるということである。不具・四肢切断から治療の必要さえない軽度の傷害もあろう。こういう程度の差は当該犯罪の殺傷犯的構造と財産犯的構造との区別にとって本質的に重要な意味をもつと考えねばならない。殺人の故意と同様に重身体傷害（通常治療日数一月以上を一応の基準とすれば本判例の事案も軽傷の部に属する）の故意はもはや財産犯の構造とは異質である。過失致死、過失重身体傷害、故意・過失の軽身体傷害のみが、財産犯との結合の限界だとすべきであろう。傷害という結果が、すべて強盗というもともと暴力的性格をもつこの犯罪の財産犯的性格を否定するものだと考えることは出来ない（団藤・刑法三五一頁参照）。このことは、準強盗から本条の加重強盗に転化することを認めている建前（大判明治43・4・14刑録一六・六一〇）を考え合せると、一層きびしく考えておく必要がある（横川・刑事裁判の実際（事後強盗の項参照））。したがって重要なことは、強盗の機会に死傷の結果が発生したからといって、その一切を殺傷犯的構造に一般化することなく、具体的状況の綜合判断によって、殺傷犯としての強盗殺傷罪と財産犯としての強盗致死傷罪との二つの類型を区別することであろう。判例が本条の立法趣旨としてのべた「惨虐ナ行為」という意味も、その真意はこういう区別を認めた上でその殺傷犯的構造につき指摘したと解することもできよう。

とすると、この二つの類型についてそれぞれの類型の本質に合致するように擬律及び既遂・未遂の問題を解決することが要求される。殺傷犯的強盗については、殺人罪・傷害罪と強盗罪との併合罪とする方が寧ろその殺傷犯的性格を如実に表現することになろう。そして純粋に財産犯的な加重強盗だけを二四〇条が把握することになるし（こういう結論は強盗の財産犯的性格を中心にしたものである。この結論にとって一番大きな疑点となるのは、二四〇条の峻厳な法定刑の高さである。このことは立法者が本条に殺傷犯をふくめた一つの証左でもあろうが、理論的には問題である）、既遂時期も財物奪取が基準となる（小野・刑事判例評釈集六巻五七頁は、かりに本条を結合犯とする通説の立場を認めたとしても、そこから直ちに、未遂が財物奪取と無縁だという結論にはならないとしておられる。判例の立場では傷害未遂は暴行だから単純強盗になるとされる）。

五　関連問題

死傷の結果が強盗の手段たる暴行脅迫から生ずることを要する（瀧川・各論一三一頁、宮本・学粋六三二頁）かまたは強盗の機会に生ずれば足るか。通説（小野、木村、井上、団藤、江家、植松、宮内、下村、森下。牧野博士は強盗の余勢において行われたことを必要とされ（各論六五四頁）中野判事は「強盗を犯すに際して誘発されることの通常予想されるような致死傷行為に限定」（前掲一三四頁）され、井上教授も賛成される（前掲三一巻七号七六頁））、判例（大判昭和6・10・29刑集一〇・五一一、最判昭和24・3・24刑集三・三・三七六、同昭和24・5・28刑集三・六・八七三（強盗殺人）、同昭和28・2・19刑集七・二・二八〇、同昭和33・4・17刑集一二・六・九七七、同昭和34・5・22刑集一三・五・八〇一、吉丸・警研三二巻一号一四四頁参照）は後説にたつ。本条の立法趣旨及び本条の文言にその根拠をおく。この対立関係をも井上教授は、財産犯的構造と殺傷犯的構造との対立に関連させて理解される（井上・警研三一巻七号八五頁。殺傷犯的構造を典型的に示す強盗殺人において、殺人が強盗の手段であることを考えると、この「手段」か「機会」かという対立を「財産犯」と「殺人犯」との対立と関係させない方がよいのではなかろうか。強盗の手段であっても、前述のように、殺人や重身体傷害の故意を伴うときはやはり殺傷犯の加重類型と考えうるから）。また、死傷の結果が脅迫によるときは本罪の成立がないとする議論があるが（小野博士（最判昭和28・2・19刑集七・二・二八〇の判例に示された上告趣意））、脅迫が相手の畏怖という心理作用を介して傷害を生ずる限り本罪の成立は認められようし（吉川・刑事判例評釈集一五巻三一頁）、機会で足ると解しても成立することになる（吉川・前掲、中野・刑事判例評釈集一一巻一三〇頁）。次に、本罪の共犯例として、本条が結果責任（死傷の結果につき認識を必要としない）であることから、強盗の共謀があれば、他の共犯者の殺傷に対しても責任を生ずるとするのが判例であるが（大判明治42・5・11刑録一五・五八一、同明治42・6・8刑録一五輯七二八頁、最判昭和23・11・4刑集二・一二・一四五二）、かかる理解は判例が本罪を結合犯とする立場と一貫しないという批判がある（北本・刑事判例評釈集一〇巻九八頁。井上教授は、判例が結合犯につき科刑上一罪とは異なり実体的に分離できぬとする観念をとっているから、一貫しているとされる（前掲七号六五頁註四参照）。平場・判例体系（各論）二八六頁参照）。本罪の罪数として判例は被害者一人毎に一罪が成立するとする（大判明治42・6・8刑録一五・七二八、同大正7・4・18刑録二四・四八一）が、財産犯的構造に重点がある場合は接続犯として加重強盗一罪とし、被害者の数を基準にしない方がよい（牧野・各論六五五頁、草野・刑事判例研究第一冊一四〇頁、森下・前掲一〇五頁）。尊属殺強盗につき判例は尊属殺人罪と本条との観念競合とする（尊属という事情は強盗に際して通常生ずべき事情でないからとして判示を肯定するのは、井上・前掲七号六五頁註三、七六頁、及び森下・前掲一〇五頁。小野・刑事判例評釈集六巻四七頁は、尊属にかぎらず一般に殺意のある場合として判示に賛成される。しかし、草野・警研二一巻一号二五頁は、結合犯としての構造及び本条の「人」から尊属を除くべき根拠なしとして判示に反対される）。

六　総　括

強盗傷人罪（または強盗殺人罪）にとって財物奪取はどういう意味をもつか。財産犯たる強盗の要素としての暴力的契機が、生命・身体に対する攻撃・侵害のうちどの程度までを財産犯としての構造をこわさないでつつみうるか。裸の死傷という結果無価値だけではなく、主観的な要素や行為の態様と程度をも勘案して、殺傷犯としての強盗殺傷と、財産犯としての強盗致死傷との二つの類型を厳格に区別して、それぞれについて擬律の問題、既遂・未遂の問題、罪数の問題、共犯の問題を処置すべきであろう。

（判例演習　刑法各論（増補版））

第一三　名誉毀損罪における事実の証明

（高松高判昭和二八年三月九日　刑集六巻五号六三五頁）

一　事実の概要

Xは、Mという旬刊新聞の編集兼発行人であったが、同紙上に、Aが喫茶店の茶代を二重に請求したという記事、および町会議員であるBが、会社の決算、収支報告もしないででたらめをしているという記事を執筆、掲載し、右新聞数百部を購読者に配布した。これらの事実は、Cが他人から聞いてXに話したもので、いずれも真実ではなかったが、Xは、その事実を十分確かめることをしないで漫然真実であると信じていた。

二　判　旨

「刑法第二三〇条の二は同条所定の要件を充たす名誉毀損行為については真実なることの証明があったときはこれを罰しない旨規定しているから、当該摘示事実が真実であることの証明がなされたときは行為の違法性を阻却するものと謂わなければならない。従って行為者が摘示事実を真実なりと信じた場合は行為の違法性阻却事由を認識していた場合であり犯罪の成立を阻却するものと一応謂うことができる。しかし本条の場合は所論の如く行為者が単に事実を真実と信じたのみで犯意が阻却されると解するのは相当でなく、刑法第二三〇条の二が真実なることの証明があったときのみこれを罰しない旨規定していることとにらみ合せて考えるときは、行為者において摘示事実が真実であると信ずることが健全な常識に照し相当と認められる程度の客観的状況の存在が立証されたとき初めて犯意の成立を阻却するものと解しなければならない。」

三　問題点

他人の不名誉になるような事実を真実と誤信して発表した場合どう処理すべきかが、中心問題である。そして、この処理は、同時に、名誉毀損罪における「事実の真実性（またはその証明）」という客観的要件を犯罪論体系上どう位置づけるべきかという形で解決される。

四　学説・判例との関係

まず、「事実の真実性」という要素は客観的処罰条件・刑罰阻却事由だとする説（ドイツの通説。西ドイツ Schönke＝Schröder, SK. 1957, 8 Aufl. S. 710 東ドイツ Dressler＝Noundorf. Verbrechen gegen die Person, 1955, S. 100. わが国では立法当時の政府見解（中野・改正刑法の研究一九〇註四五参照）及び、植松・各論二二四、平場「挙証責任」法律学演習講座刑事訴訟法二八八、平野「刑事訴訟における推定」法協四・三・二五一、最判昭和34・5・7刑集一三・五・六四一、井上・刑法の論点（下）一五七）は、たとえ行為者が真実と誤信するにつき相当の理由があるような場合でも、この客観的要件がそもそも構成要件要素ではないのだから、当然故意の内容をなさず、問題とはならないのであり、客観的に真実でない以上処罰は免れないことになるとし、真実であっても不名誉な事実を公表することじたいに禁止の実体があるのであって、ただその事実が真実であることにより、行為又は行為者の可罰性が排除されるにすぎないという（この要素は「不法構成要件」の外側にある要件であって、刑法的非難（違法・有責）と関連のない刑法外的事情により可罰性の要件にまで高められたにすぎぬ）。しかもこの見解は、最近、訴訟法理論の立場からも一つの理論的支柱を得ている。刑事裁判の一つの根本的な証拠法則として有罪の推定は許されない。現行法は真実性の挙証責任を被告人に課していると解される（わが国及びドイツの通説）。事実の真実性を処罰条件にすぎぬと解するこの立場のみが、さきの根本規則と矛盾することなく成立しうるからである（平場、平野、井上各前掲書参照）。

しかし、この見解は、現実の社会生活において行動する一国民の事実真否の調査能力（国家機関のような能力の担保がない）を考え合せるとき、疑問を生まずにはおかない。一応の調査で真実と信じて発表しても客観的に真実でなかったとき常に処罰を免れないことになるから、行為者は徹底的に調査して真否の実体をつかむか、或いは、始めから発表を思いとどまらざるを得ないかの何れかにおいこまれる。前者の途は、国民に不可能を強いることになるし、後者の途は、もしその発表が自己の正当な利益保護と関係するときに沈黙を要求することになり、その点で酷にすぎることになろう。したがって、この立場によれば、事実証明の制度の趣旨は大きく失われる危険がある。

そこで表現の自由を十分に保証すべき民主社会では、事実の真実性は不名誉な事実発表じたいの違法評価をなくすと考えることが妥当となる（もっとも、表現の自由もプライバシイの権利との調和が要求されるのは当然のことである。真実証明の許容条件もこれに関する）。ここに事実の真実性を違法阻却事由と解する見解がでてくる（わが国の多数説。ドイツでは Welzel, Das Deutsche Strafrecht, 6 Aufl., 1958, S. 257, 258, 260）。ところが、今度は逆にこの見解にも欠陥が現われる。違法阻却事由の錯誤（ヴェルツェルはこの錯誤を三つの類型に分ける。要件事実の錯誤（誤想防衛）、権利の限界についての錯誤（逮捕に当っては身体傷害が許される）、法的に承認されない正当化事由の誤信（侮辱者に対しては体刑が許される））。後二者が法律の錯誤であることについては争いがない。第一類型について通説は事実の錯誤とするが、ヴェルツェルは全部法律の錯誤とする）は事実の錯誤として常に故意を阻却するのが通説である（牧野、瀧川、団藤ほか）。とすれば、単なる風聞や噂や信頼できない人の言葉を軽率にも真実と即断したような場合、つまり真実と判断したことに過失のある場合でも、当然に故意が阻却されざるを得ない（牧野「名誉毀損と事実証明」警研二〇・一一・一四、中野「名誉に対する罪」刑事法講座四・八三二）。ただし、牧野博士は本条の規定をもって「不真実」との法律上の推定規定が真実の証明により覆されることを規定したものとされるが、この点については批判が示されている。小野「名誉と法律」刑罰の本質についてその他所収、平場・前掲書参照）が、それではむしろ被害者の名誉の保護につき薄きにすぎる。そこまで表現の自由を拡げる必要もない。そこで真実の誤信に相当の理由のある場合にのみ故意を阻却する（福田・各論一九三、宮内・各論(上)八二及び本判決。同趣旨の地裁高裁の判例あり）とすれば、その誤信につき過失のある場合を有罪にくみいれることができる。しかし、この理論構成の中には故意犯たる本罪の中に過失犯が混入するという矛盾をふくむことになる（牧野・警研前掲一〇・一一、団藤「名誉毀損と事実の真実性」刑法と刑事訴訟法との交錯九七）。

もっとも、違法阻却事由の錯誤を法律の錯誤と解する見解によれば（草野、ヴェルツェル、木村。福田・違法性の錯誤二四五以下）、真実と誤信したことにつき過失のある者は違法の認識（自己の行為が許されないとの意識）を欠くにつき過失あるものとして構成されうるから、故意犯を違法性の認識可能でたりると考える立場（団藤、井上）、又は責任説（ヴェルツェル、福田、木村）によれば、故意犯として処罰することが可能となる（この立場が一番穏当な公正を示すことは認めねばならぬ。しかし、構成要件と違法阻却事由との関連につき消極的構成要件要素という理論にたつて違法宣言説をとる立場からは問題がある。また、違法性の過失を故意そのものと解する構成につき、「規範の問題に直面している」とか「許されるか否かについて反省の手がかりが与えられている」とかいう理由は、道義責任の原理をある程度あきらめ、性格責任の原理を一部かりてくることなしには承認し得ないものではないかという問題がある。小野博士が責任の心理的構成にふみとどまられることに注意）。ただ小野博士は、違法阻却事由の錯誤を法律の錯誤とされながらも（小野「名誉と法律」前掲書一八八－一八九）、故意に現実の違法の認識を要求される。そこで事実証明における真実性を「証明可能な真実性」（„erweislich wahr“）と構成され（したがって、客観的には主張事実が真実でなくとも「証明可能な真実性」ということが立証されただけで「真実ノ証明アリタルトキ」となり、違法性が阻却されると考えることになるのではないか）、故意の内容としても「証明可能性の認識」を要求される。かくて何らかの客観的根拠によってその真実性を証明することができると誤信したことが、ひいて違法の認識を欠くに至った場合にのみ、故意犯の成立が否定されることになる（小野「名誉と法律」前掲書一八九。しかし、この構成に対しては、中野「実体法と手続法との混淆」講座八三二という批判がむけられている。客観的根拠によって証明可能を誤信しようが軽率に証明可能を信じようが、現実の違法の認識を欠くに至ったという時点では両者に区別のあるべきはずはない。何故前者のみ故意を阻却するか。客観的根拠なく誤信したときは現実の訴訟の場では実体形成が困難だという証明の問題はあるが、それは実体法上の要件としては無関係であるべき筈だということであろう。しかし、博士のように、「証明可能」——真実じたいでなく——を問題にすることによって、「軽率に真実と思った」場合が幾分規制されることになる点を見落してはならない)。

こういう理論状況の中に登場するのが団藤教授の独特の構成である（団藤・前掲書七七以下）。教授は「事実が重要な点で証明可能な程度に真実であること」（同上八六）が構成要件該当性阻却事由であり（したがって、ここでもたとえ客観的に真実でなくとも「証明可能程度に真実」であることが立証されただけで「事実ノ証明アリタルトキ」になるであろう。ところが、教授は「証明可能の程度の真実」は「現実の訴訟の過程では『証明された』という形に転換して現れる」（同上八八注(12)、九九注(1)）とされる。これでは実体法上「真実性じたい」を要件とすることに逆もどりしてしまうことではなかろうか）、また「健全な常識によって真実と判断するに足りるだけの客観的資料を認識していること」（同上九一）が故意を阻却するとされる。団藤教授の構成の要点は、「真実と思った」という被告人の現実の心理過程を二つの範疇に分割して論ぜられるところにある。一つは、真実か否かを吟味するための資料蒐集の努力が不十分であったため、反対資料（真実でないことを示す事実）を看過して真実と過信したり、又は資料蒐集には欠けるところがなかったがその資料を誤認したために真実と誤信したというように、「真実と思った」という判断過程において専らその判断の前提事実につき「事実判断」を誤ったことによる場合である。次には、単なる風説や信頼に値しない人を信頼しうると誤信して事実を真実と誤信するというように、判断過程において専らその判断資料の「価値判断」を誤ったことによる場合である。そして、前者は事実の錯誤であるから、たとえその判断がいかに軽率であっても故意犯たる本罪の成立の余地はないが、後者は法律の錯誤であるから故意を阻却しないことになる。蓋し「自己の認識した客観的資料の評価を誤って事実と信じ、その結果自己の行為を許されたものと信じてもそれは過失により違法性がないと信じたものに外ならないから」（同上九三）である。

この構成の苦心は、たんに国民に過度の調査義務を課すことによって表現の自由を圧殺する危険（刑罰阻却事由説、客観的処罰条件説）を防ぐことにだけでなく、また軽率な行為者の処罰からの全面解放（違法阻却事由説）を防ぐことにだけあったのではない。それだけのことなら、前述のいくつかの構成が試みたところであった。真の苦心は「故意犯への過失の混入」をも右二つの要請と同時に行わねばならなかったところにある。この構成のねらいの厳しさを十分に理解することが必要であろう。しかし、それだけに理論的な無理がでていないであろうか。誤信を二つの範疇に分割され（こういう分割じたいが極めて困難であり、殆んどの場合は事実判断の瑕疵に還元されるのではないか）、それを事実の錯誤と法律の錯誤とに分属されることには十分の理論的展開が示されているであろうか。特に前提資料の証拠価値の評価がなぜ法律の錯誤になるのか（法律の錯誤における評価は行為が法秩序により許されるか否かについての倫理的価値判断の問題であり、証拠価値の評価の問題とは別のことである（小野「名誉と法律」前掲書一六三―四）。井上教授は、一般の違法阻却事由の錯誤を事実の錯誤とされる団藤教授が、真実性の誤信のある場面を法律の錯誤とされるところに、理論の矛盾があるとされる（論点（下）一五五）。この団藤教授の構成をみとめるためには、消極的構成要件の客観的側面を、たんに「裸の真実性」から「証明可能程度の真実性」へと変えるにとどまらず、更にこの「健全な常識により真実と認めうるだけの客観的資料により担保された真実」という客観的要素を規範的要素とし、この規範的構成要件要素への包摂の錯誤を法律の錯誤と解するしかないであろう）。

以上、真実証明をめぐる学説をあげてきたが、理論構成じたいの明確さだけを問題とするなら、処罰条件説（最高裁、植松、平場、平野、井上）・違法阻却事由説（牧野、中野）の両極端の学説になろう。その何れをとるかは解釈者の犯罪の実体についての評価に帰する（この問題は、沿革・比較法的研究という事実の世界から一義的には推論できない（小野「名誉の保護」緒言七―八参照)。ソヴェト刑法では事実の有無にかかわらず、犯罪とする名誉毀損罪Дифамацияは、社会主義デモクラシーの原理と矛盾するという理由で刑法典から削除したПионтковский＝Меньшагин, Курс Советского Уголовного Права, Особенность, том I, С. 664)。

五　関連問題

名誉毀損につき真実の証明が成立しても侮辱罪の罪責は免れないか。侮辱罪の成立を認めるのが通説である(小野「名誉と法律」前掲、瀧川・各論、中野・講座、団藤・前掲。但し、大判大正5・11・1刑録二二・一六四四は反対)。ヴェルツェルは、侮辱に示された否定的価値判断じたいの真実性の証明も許されていると解する(Welzel, a. a. O., S. 257, 260)。ただ、その侮辱の表現形式の不当性(同性愛という非行について「男色者」という表現形式で非難したとき)や表現状況の不当性(結婚式場で新婦の由々しい前歴を公表するとき)に基づく侮辱(ドイツ刑法一九二条)は処罰される(Welzel, a. a. O., S. 263)。真実の証明は、その主張事実の内容、評価じたいの違法性を阻却するが、表現形式や表現状況の違法阻却にまではおよばないとするからであろう(Welzel, a. a. O., S. 260, 261 参照)。また、被害者の承諾は名誉毀損につき違法性を阻却するとするのが通説である(小野「名誉の保護」前掲書三四〇、瀧川「名誉権の拋棄と違法阻却」批評一・二九六、中野・講座八三三。但し、木村・各論九一は反対)。名誉じたい(尊重される権利)は放棄不能であるが、個々の名誉侵害に対する法的保護については放棄することができると解すべきであるからである(Welzel, a. a. O., S. 275)。

六　総括

真実と誤信したときいかに処理するかは、第一には本罪の実体をどう理解するかにかかる。本当のことでも不名誉な事実を主張することは禁止されているといえるかどうか。次に、後から真実でないことが判明したときに、一国民の現実の調査能力を、表現の自由と個人の名誉保護という対立する法益衝突の場で、どこまで真剣に考慮するかにかかる。解釈論理の問題につきるものではないことを忘れるべきでない。その上で、更に、消極的構成要件要素の理論、違法阻却事由の錯誤の問題、違法性の過失の問題、規範的要素の錯誤の問題等、これらの刑法総論の基本問題についてどう解釈者が態度決定をするかが問題になる。

（判例演習　刑法各論（増補版））

第一四　兇器準備集合罪

――防衛庁襲撃事件　東京高裁昭和四四年九月二九日刑事部判決――

一　判　旨

㈠　刑法二〇八条の二第一項前段所定の兇器準備集合罪にいわゆる「集合」した場合というのは、共同加害の目的で予め自ら兇器を手にして集合した場合ばかりでなく、共同加害の目的で兇器の準備のある集合体に加わった場合にその後暫くして初めて自ら兇器を準備した場合をも含むと解するのが相当であって、この後者の場合には、その準備した時点において、兇器を準備して「集合」した者として前記兇器準備集合罪が成立するというべく、右のように集合体に加わった時点以降自らが兇器を準備した時点までの間において、たとえ集合体中の一部の者により加害行為が開始されたとしても、なお全体として加害目的を伴う兇器準備の集合状態が存続している限り、同罪の成立が妨げられるものではない。

もっとも、右のように集合体に加わった後兇器を準備した者については、すでにその参加の時点において刑法二〇八条の二第一項後段所定の兇器の準備あることを知って集合した罪が成立しているものと解されるが、このような場合には両者は包括して前同条一項の一罪が成立するものと解すべきである。

(二) 長さ約二メートルの角材は、刑法二〇八条の二第一項にいわゆる兇器（用法上の兇器）にあたる。

(三) 被告人は、防衛庁襲撃を目的とした学生集団に、当初から同目的遂行の意図をもって参加したばかりでなく、丸太、角材、コンクリートの塊等の兇器を携帯した同集団が防衛庁正門前等に集結したのち、学生らと警察官らとの衝突中、被告人はゲバ隊ないし投石隊に合流し、警察官を殴打したりする目的をもって角材を携帯し、身構えたりしていたものであるから、被告人は右角材を所持するに至った時点において共同加害の目的をもって兇器たる角材を準備して集合した者として、本罪をもって問擬されることは当然である（判タ二四六号一一二頁）。

二 評 釈

本件判旨にはいくつか問題があるように思う。

一 本件第一審東京地裁は兇器準備集合罪の成立を否定して次のようにいう。「兇器準備集合罪は、共同加害の目的で集合することが必要であるから、すでに共同加害の行為が開始されたのち、これに加担する場合には、集合以前に共同加害の目的実現の結果が生じているので、兇器準備集合罪の前提である構成要件的状況は失われていると解すべきである」（昭和44・3・14東京地裁刑一八ノ二、判タ二四二・二五一）。このように共同加害開始により構成要件的状況が消失するとする立場（以下消失説という）は、清水谷公園乱闘事件（昭和四一・九・二二ベトナム反戦・小選挙区反対・全国学生統一行動における三派と革マル派の衝突事件）についての三派系学生に対する判決（昭和43・4・13東京地裁寺内冬樹無罪判決、判タ二一九・二四〇）、革マル派系学生に対する判決（昭和43・8・9東京地裁中久喜俊世無罪判決、判時五三八・九二）の両無罪判決で既に採用されたところであった。この消失説は、兇器準備集合罪が公共危険罪的性格を一面にもつものであるが、それは「本来予備罪的性格の特別規定である」という点の強調を前提にするものといえよう。さきの清水谷公園乱闘事件の寺内無罪判決はこの点を次のように説いている。

「集合という行為は、その性質上、分散するまで人の集団として継続するものではあるが、刑法二〇八条の二の適用に関して考える場合、目的とした共同加害行為の実行段階に至ってもなおその目的をもった集合の状態が継続しているとすることは、目的の実行が同時にその実行のための準備であるという矛盾したこととなって、正当な解釈とは思われない。」

右のような考え方には勿論次のような実体的な理由があったのである。寺内無罪判決はさらに続ける。

「元来刑法二〇八条の二の規定は、やくざ暴力団体の勢力争い等を原因とする殴り込み等、集団的な殺傷事件が続発し社会不安を招いたことを契機として、現実に集団による殺傷その他加害行為が実行に移される以前、その目的をもって集合した段階において、その目的に供するため兇器を準備した者につき独立の罪の成立を認めて規制し、集団的殺傷、暴行事件等の発生を未然に防止しようとするものであることは疑いなく、目的とした共同の加害行為が実行の段階に至ったときは、その加害行為の内容に応じて該当法条の適用による規制に俟つべきであると解せられる。

そして同法条はその立法の動機理由が前記のとおりであっても、法条として制定された以上法規として客観的存在を有し、特に限定のない限り、その適用範囲をやくざ、暴力団の行為のみに限定することは法規の解釈として困難であるが、それだけに同条の規定する構成要件は厳格に解釈し不当に拡張されてはならない。」

本罪が「集団による殺傷その他加害行為が実行される以前の段階」をおさえるためにわざわざ設けられたという立法の経過から「本来予備罪的性格」をもつものとするのである。広く予備的段階にも可罰性を広げたところに公共の平穏を保護しようという意図があった。

清水谷公園乱闘事件において当日参集した学生の数は五〇〇名から六〇〇名であったが両派の接触点で小ぜり合

いが始まり、最初三派系学生の側の一〇名位が角棒をもって集団を形成しそれに他の学生が加わって五〇名位となって乱闘となり、革マル派の学生を公園から追い出したものである。被告人七名（三派系学生）は、この乱闘の中にあって角棒をふるい、殴打し、投げつける等の行動をしたことは明白であった。そこで、寺内無罪判決はさきにのべた理論的立場から、この乱闘の中の被告人らの各行動を傷害、暴行、或いは暴力行為等処罰に関する法律違反その他該当の罪名に触れるものとしてその刑責を問えば足りるのであって、「乱闘状態の中で角棒を携えたことは即ち刑法二〇八条の二に該当するものとして同条所定の刑責を問うことは同法条の適用範囲を相当の度を越えて拡大するものというべきである」とする。

当日の集合に際し革マル派との抗争を予想し何人かが会場に角棒をもちこんで乱闘の準備をした（これが正に兇器準備集合罪の構成要件に該当する事実である）ことは容易に推測できるが、これら被告人がそのことに関係していた何らの証拠も明らかにされなかった。ある被告人はこう供述する。「従来革マル派と三派連合の間に紛争のあったことも聞いていたので、本件当日の集会においても或は紛争を生ずるかもしれないことは集会に参加する前から認識していたし、当日会場の雰囲気から殴り合い位は起るのではないかという気がした。集会中両派の接触する位置にいた学生が互に対峙する形勢となったとき、隣りに居た知らない学生から角棒を渡されたので、相手方の学生がかかってきたときの防禦用に持っていた方がよいと思ってそのまま手にもっており、周囲の者が前進したので自分もこれについて前進した」と。寺内無罪判決は、この点についても、共同加害の目的という以上、他人と共同して加害行為を達しようと自ら意欲していることが必要であるから、乱闘以前の集合した状態において他の学生から渡されて角棒を携行するに至り、そのまま集合体の中に止っていたのであるから、その時以後乱闘に至るまでの間、兇器を準備して集合した客観的事実は認められるが、共同加害の目的がないので、その点で、やはり本罪は成立しないとした。

また、当事件革マル派側の中久喜無罪判決も右と同様の理論的立場から、被告人二名の行為を本罪にあたらないとする。革マル派側でも少なくとも先頭集団に関する限りは遅くとも応戦開始時までに、三派との乱闘を予期し、棒等を用意していたものであり、余りにも手回しよく応戦している点から考えると、むしろ待機していたとも考えられるから、これら先頭集団の者には共同加害の目的をもって兇器を準備し集会したといえるが、本件被告人二人は、いずれも、乱闘の経過の中で角棒を所持した事実は認められるが、その一人は、先頭母胎集団の乱闘開始後、この乱闘にまきこまれたため棒を構えて奮戦したにすぎず、母胎集団の一員とは認められないし、また、他の一名が角棒を入手所持したのは乱闘開始後、警官の第一回規制前後であって、その時期には母胎集団が既に四散、敗走していたことが明らかであるとして、兇器準備集合罪の前提たる構成要件的状況が消失した後に乱闘にまきこまれて角棒を所持したとする。

清水谷公園乱闘事件の二つの東京地裁無罪判決の理論構成をやや詳細にとりあげたが、それは、「乱闘開始以後は兇器準備集会罪の成立の余地がない」とする考え方の出てくる全体像を示したかったのである。後述するが、ここで集会やデモに参集した集団全体と区別されて、先頭集団とか、母体集団とか、最初に角棒をもった集団とか、乱闘にそなえて会場に角棒をもちこんだ者とかいった、特定の明確な集団がとりだされ、それぞれの段階での集団と被告人との関係が論じられている点は極めて重要な点である。消失説の立場は、その法律構成において本罪の予備罪的性格の強調、構成要件の厳格な解釈、とくに、共同加害の目的の認定の厳格さなどにその特徴が現れるが、消失説の事実認定の過程における「集団」のとらえ方の厳格さにとくに強く注意をひいておきたかったのである。

二　この共同加害開始即構成要件的状況消失に対して、その後、対立する見解が現れてきた。

まず、藤木英雄教授は、直接これらの状況を想定されて、ある見解を示されることになった。この見解は消失説に対立したものと言える。

「……一応は平静にデモ行進をしていた一隊が、何らかのきっかけによって所掲のプラカード、旗竿、指揮棒の類を武器に転用して、警察官や施設の管理・看守者などに攻撃をしかける場合……には、率先して攻撃に出た者に他の者が呼応しておなじく武器を用いて協力する態勢となったときに、武器を構えた者についてまず兇器準備集合罪が成立することになるが、これに追従するデモ参加者については、最初に兇器準備集合罪の成立が認められた一団と呼応して加害行為をみずから行うか、その一団に加わって補助的活動をする意思が確定したと認められる段階に達したときに、順次兇器準備集合罪が成立することになる。……共同加害の目的をもった集合体がしだいにふくれあがってゆくものと考うべきであろう」（藤木英雄「兇器準備集合罪の問題点」警察学論集二一巻四号（昭四三・四・二五）一頁以下、傍点井上）。

この藤木教授の見解は、本件昭和四三年一〇・二一国際反戦デー防衛庁襲撃事件の第一審東京地裁無罪判決に対する高橋正八検察官の控訴趣意にもられた見解と基本的な立場を同じくしているといってよいであろう。

本件は、一〇・二一国際反戦デーに際し反戦の意思を表明するため、防衛庁に侵入する計画のもとに、反帝学評主催の中央大学における集会と防衛庁抗議の集団示威運動が行なわれたことに関するものである。集合した学生集団の数は約八〇〇名に達し、ゲバ隊約二〇〇名（丸太、角材を携帯）、投石隊約二〇〇名（途中でコンクリートの塊を携帯）、ピケ隊約二〇〇名、その他二〇〇名に編成され、中央大学を出発して防衛庁正門前に集結し、直ちに先頭一部学生は右正門の扉を破壊すべく丸太をもって激突させるなどすると共に、正門内において警備態勢にあった警官隊、警備車等に対し投石を開始するなどの行動にでた。その後学生らの破壊行為、投石行為等がますます激しさを加えたため、警官隊もやがて放水車から放水するなどして学生らの規制にあたり、両者衝突するに至り、二、三〇分後警官隊は最初の検挙態勢に入った。被告人は最初はピケ隊に所属していて、先頭集団が正門に到着して集結したときには正門から一二〇メートル余離れた路上でピケを張っていたが、放水などによる学生の規制が始まった後に正門前附近に近づき、ゲバ隊ないし投石隊に合流し、しかも乱闘現場において長さ約二メートルの角材一本を拾い、これを十数分間携帯し、身構えたりして、さらに、こぶし大のコンクリート塊、石を八回位正門附近で警備していた警察官、警備車にむかって投げたというのであった。

東京地裁は冒頭にもあげたように、消失説の立場から、被告人の角材所持による乱闘参加が既に先頭集団の突入後の時点であったことを理由に、兇器準備集合罪不成立、公務執行妨害罪として有罪とするにとどまった。高橋検察官は、この消失説の立場は、刑法二〇八条の二の解釈を誤ったものであるとして次のように主張する。

「現実の多数者の集合体にあっては、時々刻々集団の一部は、あるいは離脱し、あるいは新たに加わりながら集合し、次第に共同加害行為の実行に移行するという実態」をとるが、いわゆる消失説はこのような「実態に適合しない見解」であるという。もし原判決のように「その集団の一部においてであっても、共同加害の行為が開始されたのちは、兇器準備集合罪の成立を一切認めないとの見解をとれば、いかに兇器を準備して集合するものが増加しても、共同加害の行為と集合の状況によっては、これを必ずしも共同加害の行為の共犯者として検挙、処罰し得ない場合も考えられるわけであるが、これでは一切兇器準備集合罪によって、検挙、処罰することができないという不合理な結果を生ずることとなり、折角、兇器準備集合罪の規定の設けられた趣旨は失われてしまうことになる。…集団による共同加害の行為が開始されても、なお多数の者が共同加害の目的をもって兇器を準備し、集合しているという状態が続く限り、その公共危険罪的性格の可罰性にかんがみ、兇器準備集合罪の前提である構成要件的状況は決して失われておらず、これに加担する者には兇器準備集合罪が成立すると解するのが相当である。」

この高橋検察官の見解は、乱闘（共同加害）の実行が開始された後でも、一定の場所に多人数が角材をふるっている集合状態が存続している限り、そこに既に個々には暴行、傷害、公務執行妨害などの各犯罪が成立していようとも、それとは別箇独立に、常に兇器準備集合罪が成立するというのである（以下この立場を簡単に存続説という）。この存続説には、消失説が予備罪的性格に力点があったのに比較して、公共危険罪的性格の強調があるといってよい。藤木教授も「元来兇器準備集合罪は集団暴力事犯の事前検挙を目的とした規定であり、事前検挙が是認されるのは、集団暴力行動に発展すべき多数人の集合が兇器の準備という事実が加わることによって、それだけで一般住民に脅威を及ぼすものと認められるからである」（藤木・前掲論文）とされる。この存続説の立場は、さらに、清水谷公園乱闘事件の寺内無罪判決について、これを破棄して有罪を認めた控訴審判決の採用するところとなった（昭和44・5・29東京高裁（関谷六郎・中島卓児裁判官）、判時五六四・八二）。

右の控訴審判決は消失説を次のように批判する。

「本罪（兇器準備集合罪）と加害行為の罪とは別箇独立の犯罪であり、両者は併合罪の関係にあると解するのが相当である。そしてこれは最高裁判所の決定（最決昭和38・10・31最高裁裁判集一四八・一〇六五、最決昭和43・7・16刑集二二・七・八〇三）においてすでに明らかにされた……。他方、兇器準備集合罪が成立した場合、本罪はいわゆる継続犯であるから、行為者が兇器を準備して集合しているかぎり、犯罪は継続するものと解すべきである。原判決は……そこに存在するのは先に目的とされた共同加害行為の実力そのものであって、集合体による行動はあっても、兇器準備集合罪としてはすでに終了しているというのであるが、これは右罪が継続犯であることを看過したものである」という。

この控訴審有罪判決の立場である存続説について、ある判例紹介者は、消失説が予備と実行行為の関係と同じようにみる考え方であって、本罪の性格からみて不自然であるとし、有罪判決を支持している（時の法令六九二号、昭四四・一〇・一三、S・H・E）。判例時報誌判例コメント氏は、この有罪判決の立場を「おおむね通説的見解に従ったもの」と評定している（判例時報五六四・八二）。また、本件防衛庁襲撃事件控訴審判決の判例タイムズ誌コメント氏も「消失説の立場は集団行動の現実面から離反する結果を招来すると思われるから、矢張り高裁の見方が自然である」（判例タイムズ二四二・二四五）と評定している。

以上のべてきたように、消失説と存続説の相対立する見解があるが、その対立は帰するところは、本罪の複合的な保護法益――個人的法益と公共的な社会生活の平穏――のどちらに重点をおいて本罪を理論構成するかにあるといえるかもしれない（警察大学校特別捜査幹部研修所教授志賀定一郎「兇器準備集合罪の解釈をめぐる二、三の問題点」警察学論集二二巻二号（昭四四・二・二五）一三四頁参照）。しかし、ここでは、相対峙している二つの理論構成じたいを直接問題としないで、このような鋭い対立を生みだしているこの特殊の集団暴力事件についてむしろその事実関係の中に敢て立ち入ることによってこの理論の対立に何らかの解答をひき出す用意をしたい。それは、さきに指摘したように、消失説、存続説それぞれの立場において重要機能をもっている「集団」の内容について両説の間に大きな断層というか、把握の仕方の根本的な差異というものがあるのではないか、という点である。

三　本件高橋検察官の控訴趣意は、共同加害の目的について、「自分が一員として加わる集団が全体として、すなわちその構成員が相より相助けて加害行為を行なうものであることを認識し、認容しているということであり、その限度のもので足る」として、「自らが加害行動に直接出るという意思は必要でない」としたうえ（控訴趣意は昭和39・8・11大阪高裁判決、下刑集七・七＝八・八一六をその根拠とするが、襲撃されたときはこれを迎撃する意図で待機する場合であるから適切なる引用とはいえまい。）、次のようにいう。

「あくまでも共同加害の目的がないならば、はじめから集団に加わらないかまたは速やかに集団から離脱しなければならないのであり、共同加害の目的を有する集団であることを知り、敢てその一員として集団に加わっている以上、兇器準備集合罪の刑責を免れない」と（広島高裁松江支部昭39・1・20判決、高刑集一七・一・四七は「集合体から離脱しない限り不真正不作為犯とし本罪が成立する」とするが本件とは集団の内容が本質的に異なることに注意）。また、「集団の中にあっては集団の統制と現実の経過が支配するのであり、各自の主観的な恣意的な役割分担の意思のいかんによって、刑責が左右されるいわれはない」。

さらに、本件控訴審の東京高裁も、「被告人は……防衛庁襲撃を目的とした学生集団に、当初から同目的遂行の意図をもって参加した」とし、従って、「被告人は、丸太、角材等を携帯した学生集団が防衛庁正門前附近等に集結した時点において、すでに前述のような意図をもってこれに参加していたものであるから、被告人にとってはすでに右参加の時点において刑法二〇八条の二の一項後段所定の兇器の準備あることを知って集合した者として同罪が成立している」という。

控訴趣意がその一員にとどまっている以上当然に共同加害の目的ありと認定するその「集団」とは何をさしているのであろうか。これは当日中央大学での集会に参加し、その後防衛庁正門までデモ行進していったその学生集団全体（約八〇〇名）をさしているように思われる。この点は、東京高裁判決の方ではなおいっそう明白である。八〇〇名の一員であり続けたことを以て共同加害を目的とする集団の一員であり続けたのだとするのである。

一体数百名以上に及ぶ大集団の場合に右のような立論は果して「自然に」受け取れるであろうか。やくざ・暴力団のように比較的まとまりのある凝集力の強い集団とは異なり（遠藤辰雄「人間集合体の心理について」警察学論集一四巻二号四九頁参照）、反戦などの政治目的の集会やデモ等に参集した集団においては、その参加者の間の意識も各種各様であると考える方がむしろ自然ではないか。勿論、角材等の武器が用意されたり、防衛庁の占拠などという不法性が附着した要素をそこに含んではいても、それが集会やデモという形態の中につつみこまれている間は、参加者の意識の中に不法性は顕在化しないこともありうる。現実の法益侵害との間に一定の隔離があり、それだけに用法上の兇器からくるところのその段階での兇器性の稀薄さ、禁圧できない大衆行動の自由のわくといった諸契機のために、そこに参集して集団を形成している個々の構成員の意識も濃淡強弱様々の態様のものであって、これをすべて一様な目的意識に統制された軍隊や警官隊の一隊と同視することはできない。

控訴趣意は被告人が乱闘のなかで角材を構えた時点で、東京高裁判決は、さらに早期に、被告人がピケ隊の一員として配置につき、先頭武装集団が突入のため正門前に集結した時点で、それぞれ兇器準備集合罪の成立を認めている。いま述べたように、もし共同加害の目的が既に当日の集会に参加していることじたいに認められるなら、大学構内ないし構内から出発する時点で当日の参集者八〇〇名全員について兇器の準備してあることを知って集まったものといえることになるであろう。防衛庁正門前の「集結」（ここでことさら「集結」という言葉があるのも奇妙である）まで待つ必要があるのであろうか。

正門前にせよ、構内にせよ参集者全員が兇器準備集合罪に該当するならば、なぜ被告人だけが起訴されるのか。公訴権の濫用の問題が当然に起こるであろう。

この点、本件第一審東京地裁は、共同加害の目的とは自らもその目的を遂行する意思が必要であり、「目的の認識はあったが、自らは単に気勢をそえる目的で集会した場合、単にこれを帮助するという目的で集会した場合」はこれに含まれないとし、被告人の行為は「たかだかピケを張ることによって正門前の学生集団の行動を帮助する意思があったにすぎない」ものと認定している。勿論、乱闘中に角材を構えてコンクリート塊等を投げたことは共同加害行為の実行そのものであるが、公務執行妨害罪として把握され、それじたいが兇器準備集合罪となるものではない。

この東京地裁の立場にたつ時、乱闘開始以前の段階では当然に兇器準備集合罪の成立があるのであるから、それはいつどの範囲のものに成立するであろうか。判決はこの点について何も触れないが、おそらく、丸太・角材・コンクリート塊などを用意して正門前に集結しまさに突入の態勢をとり投石の構えをとった集団について本罪の成立が問題となろう。しかし、それはゲバ隊二〇〇名、投石隊二〇〇名のすべてが正式的にこのなかにはいることではない。この中にも角材や石をもっていない者もあろうし、持っていても突入や投石を行う気のない者も多数あろう。その認定は事前には極めて困難であろう。兇器準備集合罪が何らかの現実的な法益侵害から遠いこと、性質上の兇器と異なり、用法上の兇器のため、その用法の不法性が顕在化するためのある程度の事態の進展を必要とすること（藤木英雄・前掲論文参照、「携帯」では足らず身構えねばならない」）、集会・デモという大衆行動の自由のわくがある程度存在していること、これらさきに述べた要因は、解釈論としていえば、本罪の重要な要素である「共同加害の目的」の認定が困難であるということでもある。これを深刻に考えてゆけば用法上の兇器を本罪から完全にはずすという主張に至る（井上正治「最近の警察権行使の実態」法時四〇・五・三一（昭四三・四・一））。

本罪は暴力団等の集団暴力事件を未然に防止することを目的として立法されたが、本条の判例の中には、暴力団等の関係の事件でも共同加害が実行されてしまった例が目につく。殺人または殺人未遂（大阪地判昭和36・2・4判時二六三・三三、福岡地判飯塚支判昭和38・1・29下刑集五・一＝二・四七、甲府地判昭和38・3・28下刑集五・三＝四・三三四、岡山地判昭和39・7・31下刑集六・七＝八・九一四）、放火未遂・傷害（東京地判昭和45・1・31、刑一二部）、暴力行為等処罰に関する法律違反（最決昭和38・10・31最高裁判集一四八号一〇六五、最決昭和43・7・16最高裁判集一六八号）が実現され、集合罪と併合罪ないし牽連犯とされている。ここでは兇器は日本刀、ピストル、小銃、猟銃などであるが情報の蒐集が困難であるためであろうか、学生の一部集団によりこれら事件では比較的容易に事前に情報は入手できよう。公然と行なわれることが多い。従って事前に既に警察隊が警備しているのであるが、「規制」が始まるのは、清水谷公園乱闘事件でも防衛庁衝撃事件でも何れも乱闘（共同加害行為の実行）が始まって以後の段階である。ここでは、さきにのべた諸理由がそのことの一半の原因であろう。とすると、事前予防としての集合罪の本来の目的の貫徹も必ずしも容易でないことが解るし本罪にあまり多くを期待できないことになる（平野竜一「暴力立法についての一つの感想」法時三〇巻六号九頁、前田宏「『兇器準備集合』事件の実態と問題点」警察学論集一四巻六号一三四頁以下参照）。折角、角材を用法上の兇器として構成してみても（この点についての判例・学説の詳細は吉川経夫「兇器準備集合罪」法セ一五四号二六頁以下参照）、乱闘の事前の予防という点からだけ考えると全く有効でないことになる。

四　最後に、法解釈論について考えると、乱闘状態そのものを「共同加害の目的をもった兇器準備集合」と構成することは、構成要件の言葉の通常の意味を超えた政策的な類推解釈であると思う。乱闘状態の瞬間の断面をとらえると、一定の場所にある数の人間が兇器を携帯して構えている状態はあるが、そのような事実のとらえ方は流動的に動いている行為を、人工的、技巧的、政策的に、無理に停止させ、もともと停止しているものと同じものがそこにあるではないかというようなわざとらしさがある。「準備する」とか「集合する」とかの言葉は、やはり静態的な余裕のある、状態であって、乱闘そのものをこれらの言葉で捕捉するのは本来無理な注文ではないであろうか。また、乱闘そのものが社会不安を与えることは事実であるが、それは数人の者の手に兇器が準備されている事態の社会不安、公共危険とは異質のものである。本来すべての犯罪は大なり小なり社会不安をよびよせる。乱闘に個々の犯罪類型で捕捉して、社会不安は犯情の一つとして考えれば充分である。

また、兇器準備集合罪を治安上の必要とか政策的観点から、あたかも社会生活の平穏を害する犯罪であるかのように解釈運用することに反対する学説がある（滝川春雄＝竹内正・刑法各論講義三二頁、熊倉武・刑法各論参照）。さきにあげた東京高裁判決の立場や控訴趣意のように乱闘じたいを兇器準備集合と構成したり、共同加害の目的を集団全体としての目的のあることを認容しているだけで足りるというような解釈が出てきているところ、まさに学説によって危虞された事態が生じている。公共危険罪的に運用するならばもっと構成要件の形を社会法益に対する集団犯罪らしくするために立法的に工夫すべきである。集合罪が行為者を類型化して心情刑法におちいることを心配せざるをえない（日沖憲郎「暴力犯罪取締立法について」ジュリスト一一五号五頁、吉川＝奥平＝大野「警察権の濫用」法時四〇巻五号三九頁）。

兇器準備集合罪の解釈の仕方は、こうみてくると、消失説の方がすぐれていることになる。勿論消失説といえども、本罪が他面において公共危険罪的性格をもつことを否定するものでもないし、また、実行段階の各犯罪がそれ以前の段階での集合罪と併合罪の関係にたつ（辻辰三郎「いわゆる暴力取締立法について」法時三〇巻六号一一頁、大久保太郎「判例解説」法曹時報二〇巻一〇号一九八頁）ことと矛盾するものでもないであろう。

（判例タイムズ　二四六号）

第一五　刑法における因果関係

一　問題の所在

いわゆる結果犯においては結果と行為との間に因果関係の存在することが必要である。そこでまず判例が結果犯のそれぞれの問題領域においてどのような因果理論を形成してきたかを整理しよう。次に、学説を検討するが、相当因果関係説（以下相当性説という）が通説とされているわりにはその全体構造があきらかでないのでこの点をやや詳しく説明しよう。そのうえで因果関係の問題領域においてどのような課題があるかを最後に列挙したい。

二　判例における因果関係の認定基準——二つの方法

判例において因果関係が問題になる主要な領域として次の二つがある。

第一は、致死を伴う結果加重犯において、基本行為だけでは重い結果が発生してないのにたまたま被害者に特殊の事情（かくれた持病、特異体質など）があったため、それと一緒になって初めて結果が発生するという場合である。

判例は次のような論理を展開して因果関係を肯定する。

「致死の原因たる暴行は必ずしもそれが唯一の死亡の原因または直接の原因であることを要するものではなく、たまたま被害者の身体に高度の病変があったため、これと相俟って死亡の結果を生じた場合であっても、右暴行による致死の罪の成立を妨げない（最判昭和22・11・14刑集一・六、最判昭和25・3・31刑集四巻四六九、最判昭和32・3・1刑集一一・三・一〇七五、最判昭和36・11・21刑集一五・一七三一）。被告人の本件暴行が被害者の重篤な心臓疾患という特殊の事情さえなかったならば致死の結果を生じなかったろうと認められ、しかも被告人が行為当時その特殊事情のあることを知らず、また致死の結果を予見することもできなかったものとしても、その暴行がその特殊事情とあいまって致死の結果を生ぜしめたものと認められた以上、その暴行と死亡との間には因果関係を認める余地があるといわねばならない」（最判昭和46・6・17判例時報六三六・九一）。

この判例の「唯一性・直接性不要」という定式はこの種の因果問題において古くから利用されてきたものである（殴打致死につき大判明治37・5・23刑録一〇・一一一六、尊属病者不保護致死事件につき、大判昭和3・4・6刑集七・二九一など）。この定式はそれじたいでは条件説の当然の内容というのではないが、その適用の現実は正にそうしたものとして用いられてきた。右の不保護致死事件の判決は、この点を明言する。

「苟も基本たる犯罪行為と重き結果との間に若し前者なかりしならんには後者なかりしなるべしとの関係存するにおいては、基本たる犯罪行為がその重き結果に対し、直接の原因をなすといなとを問わず、絶対に加重犯の成立をきたすものと解すべきものとす」（前掲、刑集七・二九一）。

第二は、傷害致死罪、過失犯において、行為と結果との間に第三者などの行為が介入して結果の発生をみた場合である。判例は「実験法上予想可能」という定式を用いる。この定式によっても因果関係が認められるとする場合がほとんどであるが、なかには、この定式によって因果関係を否定した事案もある。

「特定の行為に起因して特定の結果が発生した場合に、これを一般的に観察してその行為によってその結果が発生する虞のあることが実験法上当然予想しえられるにおいては、たとえその間他人の行為が介入してその発生を助長したとしてもこれによって因果関係は中断せられず、先の行為をなした者はその結果につき責任をおうべきものと解するのが相当である」（最判昭和23・3・30刑集二・一一七三）。

この論理は、国電桜木町駅事件においてさらに詳細に定式化された（最判昭和35・4・15刑集一四・五・五九）。また、近くこの理論によって過失事犯について致死との因果関係を否定した判例も現われた（最決昭和42・10・24刑集二一・八・一一一六）。そこには「中断」という表現があるが、その実質は一般化的考察を基準とする点で相当性説の思想にたつものである。この第二の因果理論も古くからみられる（大判大正2・9・22刑録一九・八八四、大判大正3・9・1刑録二〇・一五七九、大判大正14・7・3刑集四・四七〇、大判昭和6・8・6刑集一〇・三六五）。戦前においてこの定式によって因果関係を否定したのは浜口首相暗殺事件である（東京控昭和8・2・28法律新聞三五四五・五）。

これらの判例では、行為後における第三者や被害者の介入行為、予想外の余病の併発が加わって結果が発生したのであったが、これらの因果経過の発展が決して偶然稀有ではなく通常予測しうるものであるとして因果関係が肯定されたのであった。ただ、東京控昭和八年判例と、最決昭和四二年判例の二つだけは、これによって因果関係を否定して、一層明瞭に相当性説の立場をとることを明らかにしたものであった。

以上のように、判例因果理論は、今日の段階では、行為時にすでに存在していた被害者の特殊事情については、それが予見不能のものであっても因果関係を認めるという厳しい態度をとって条件説の立場を墨守しており、他方、行為後の介入事情や余病の併発については、そのような因果経過が一般に経験的に予想しうるかどうかを問題にしたうえで因果関係の存否を判定する態度を示し、相当性説の立場を採用していることになる。こういう二つの因果問題の領域についてそれぞれに基本思想を異にする因果関係の判断基準を用意しているのが判例の現実の姿である。そこで次に学説としての因果理論を検討しよう。

三　学説としての条件説と相当因果関係説

条件説では、結果が同時にすべりおちることなしには引き去って考えることのできない条件のすべては原因である（コンデチオ・シネ・クワ・ノン）という定式によって因果関係が解決される。事件の事実関係が確定されたあとでは、この定式によって原因を確定するのに特別の困難はない。七〇キロで疾走してきた自動車の前に幼児が飛び出してはねられて死亡したとき、われわれは、人体にある硬さをもった物体が特定の速さで衝突したとき、生命が奪われるという経験的知識にもとづいてさきの定式を用いれば、確実に、一義的に、死も同時にすべりおちることなしには七〇キロの自動車の衝突を引き去って考えることはできないと判断することができる。この際、かりに自動車の速度が二五キロであったとしてもそのような形で面前に飛び出したのでは、同様に衝突し死亡したであろうと考えることもできよう。このような仮定判断を加えてさきの条件説の定式を再考すると、七〇キロが二五キロであった場合でも同様に結果がさけられなかったのであるから、七〇キロで疾走したことは原因ではないのではないかというようにも考えられる。このような判断は、七〇キロで疾走したことを過失犯の注意義務の内容とすることができるかという規範的相当性の問題に際して登場してくるものである。しかし、因果関係の判断としては、仮定判断を加えないで、幼児の死と自動車の衝突とを経験的知識を基準として判断すればたりる。そしてそれは確実性をもった一義的判定である。

ただ、不作為犯において、不作為と結果との因果関係が問題となるときは、期待された作為がもし介在したであろうならば、結果は避けられたであろうか、という「加えて考える」という方式がとられる。これは現実的な判断ではなく仮説的判断であるので、一定の不確実さを伴うことになる。

ところで、この条件説の思想をかたく主張すれば、因果経過の通常性、異常性を問うことを断念することになるので、故意論としても最終結果じたいの予見にとどめて、因果経過の予見を不用とすることになるし、また、過失論においても、同様、因果経過の予見可能性を問わないことになる。したがって、因果経過が異常であっても、結果じたいの刑事責任が広く認められることになる。

そこで、このような処理のもつ権威主義的な傾向を避けようとする学説は、具体的な現実の因果経過について、故意論、過失論を展開することになる。この責任論によって、異常な経過をたどって結果が発生した場合には、そのような予想外の経過をとることは被告人に予見されていなかったからという理由で（錯誤論における具体的符合説）その結果についての故意を阻却して未遂とする。過失犯においても、当該異常な経過の予見が被告人には不可能であったという理由で過失を否定する。

このような責任論による修正を予定した条件説は、その体系的位置が責任論であるため因果経過の通常・異常を問う問いかたにそれなりの色あいをもつことはあっても、相当性説の中枢である因果経過の相当性を問題にすることになるので「表玄関で断わった相当因果関係説をあまり恥ずかしそうにでもなく裏口からひきいれるものである」（マウラッハ）と非難されることになる。さきにみたわが国の判例の態度をこの修正された条件説とみることもそれほど無理ではあるまい。ただ、真実の相当性説であれば行為と結果との客観的側面に関する問題として因果経過の通常性をとりあげるので、結果加重犯についても論ずる余地がでてくるし、判定の基準も通常人におかれることになる。そこに修正された条件説とのひらきがあることになる。

次に、相当因果関係説に移ろう。相当性説は大きく二つの判断から成りたつ。危険判断と危険の実現の判断である。危険判断とは、行為時にたって一般的に予見できる事情や行為者の特に知っていた事情を基礎として（これらの事情の総体を判断基底という）、そこに被告人の行為が投入されたとき、一般にどのような結果惹起の傾向性をもつかを判断することである。この際に種々の法則性やその他の経験的知識が参考とされる。次に、危険の実現の判断とは、さきの危険判断によって明らかになった行為の危険性が、正に当該事件の具体的な因果経過を通じて発生した結果に実現したといえるかどうかの判断である。

因果経過が単純である場合には、危険判断とその実現の判断とは重なっているので、二つを分ける必要がない。毒物を投与して人を殺害したとき、毒物のもつ生命剝奪の危険性が被害者の死亡に実現したことに特別の判断は必要でない。幼児をはねて死亡させた時、自動車の人体への衝撃のもつ危険性がその幼児の死に実現したことを疑うものはいない。しかし、行為と結果との間に何かある特別の事情が介在するとき問題はむずかしくなる。たとえば、はねられた幼児の治療に過誤があって死亡したとき、その死に、無謀な運転の危険性が実現したといえるであろうか。この際には、衝突の際の傷害の程度や医療過誤の具体的内容を運転じたいの危険性の程度と関連させながら、このような因果経過が日常生活上の経験にてらして偶然稀有のことか、または一般的に予測しうるものかが問われる。一般に予測しうると判断できればこの因果の経過は通常のもの、相当のものであり、したがって被告人の行為の危険性もまたその結果に実現されたのである。医師の過失を理由に結果に対する責任をさけることはできないことになる。

このように、危険の実現の判断——これは因果経過の相当性の問題といったり、介在事情の予測可能性の問題といったりされるが——は、社会経験上の判断であるから、条件関係の定式と比較するとき、いちじるしく不確定な要素が残らざるをえない。被告人の行為じたいのもつ危険性の大いさ、介在事情じたいのもつ危険性の大いさ、介在事情が介入する時点におけるそれまでの因果経過と介入との関係（それまでの因果経過から強制的に、または自然必然的に介在事情が現われたのか、またはまったく独立、新規に、偶然に介入するに至ったのか）、この三つの契機が全体の因果経過の経験的な通常性を決定することになる。

四　問題点の研究

(1)　いわゆる条件説と相当性説の争いは、条件説が責任論で因果経過の通常性を問題とするようになってからは、それほどのシリアスな対立とはいえない。

(2)　被害者のかくれた特殊事情を考慮しようとしない態度は、刑罰を問題とする刑法の領域ではやはり重大な問題である。しかも、わが国だけではなく多くの国でこのような処理がされている。生命と健康という最も尊重されるべき法益をより強く保護しようとする長所はあるが、重い結果について過失の、または、因果経過の相当性の証明なしに一律に責任を問う論理はやはり問題を残している。ただ、この種の因果問題の実際をみると、一次的な結果は軽微であっても、行為そのものの危険性（立ち上がろうとする人の左眼附近を右足で蹴りつけるとか、六〜七尺手前で時速一六ないし一七哩の大型自動車を衝突させるとか）はかなり重大であること、特殊事情の予見が不可能であるということだけでは必ずしも死亡にたいする過失もないとは断言できないこと、因果経過の予見、予見可能性ということは行為と結果との間に存する詳細な因果関係の認識を要求するものでないこと、したがって被害者のかくれた持病や体質による死亡が単に当該行為によって発生した構成要件的結果を示す現象的な外皮にすぎない場合があることを考慮する必要がある。

(3)　相当性説の立場を厳格に貫ぬくときは被害者のかくれた持病による結果の発生に際して、その特殊事情が予見不能であるとき、因果関係は否定されることになる。しかし、この立場の論者の若干は、脳梅毒症を単純に「病弱者」一般に、膿毒症を「創傷による化膿」に、刺傷による身体衰弱のため罹病したクループ性肺炎を「余病」一般として抽象化することによって、因果経過の通常性をひきだそうとする。この介在事情の抽象という問題は、さきの(2)の最後にのべた「構成要件的結果の現象的外皮」として取り扱いうる限度では許されようが、それを越えて、これらの介在事情が当該因果経過の本質的部分を形成している部分をも抽象化するに至ると、因果経過の通常性を判断するという機能を失うに至る。因果経過の本質的部分か現象的外皮かの区別は、具体的な個々の因果経過をふまえた構成要件の適切な解釈によってのみ実践的に解決される問題である。

(4) 相当性判断のなかで何を判断基底とするかは重要な問題であって、主観説、客観説、折衷説の対立するところであるが、そこでは判断時が行為時に固定され、行為時にたって何が一般的に予見しうる事情か、行為者の認識した事情は何かが問われる。ところが、たとえば、米兵ひき逃げ事件(最決昭和42・10・24刑集二一・八・一一一六)にみられるように、被告人の行為が因果経過の当初と中間と二度にわたって評価する必要が生まれてくる場合がある。

交叉点ではねた被害者を自車の屋根の上に乗せたまま数キロ進んだところで、同乗者がたまたま自車の屋根上の被害者を発見して叫び声をあげたとき、被告人は減速してふりかえってみずからもその被害者を現認し、その時点で事の成り行きをすべて了解したが、そのまま減速運転を続けているうちに、同乗者が被害者を屋根から引き落とし、被告人はただちに速度を速めて逃げ去ったのであった。はねた行為と、ふりかえってすべてを了解したのにそのまま減速運転を続けたこと(不作為)と二つの被告人の行動がある。この二つの行動のそれぞれに相当性の判断をたてることも一つの方法であるが、後の行動は、それまでの情況から強制された行動で、新しい完全に自由な意思にもとづくとはいえない。やはり最初のはねた行為だけが評価の対象となり、事後の経過は、被告人の不作為もふくめて、因果経過の一こまとみるべきであろう。その時には、途中の時点で被告人が一切を了解したこと、つまり被害者を屋根にはねあげていたことおよびその被害者がその現場まで落ちもしないで載っていたこと(もちろん、気づかずに進んでいればいずれ近く落下したと考えられる)は、被告人の認識した事情に加えられねばならない。このことを無視して因果経過の通常性を問うのはあまりにも不自然である。

しかし、最初の行為時に判断の時点を固定してしまうと、これらの事情を判断基底に加えて同乗者の引落し行為の予測可能性を判断することは許されなくなる。行為時にはこれらの事情は一般的に予見しがたい事情であるし、その時点で被告人が知っていたわけではないから。ここに、本件事案について相当性の判断の型どおりに考察を進めることの無理がはっきりと現われていることになる。もしこれらの重要な事情を考察の前提事実に加えるため判断時をずらしていくとすれば、そういうやり方はもはや相当性説の許すところではなくなってしまう。

以上要するに、行為や因果経過を主観的な側面で修正する前に、客観的に一定の限界を画そうとするところに相当性説の積極的側面があった。この点は今後も支持されねばならない。ただ、相当性の判断のなかにある不確定性を証拠法の側面と犯罪現象学の側面から克服・補正してゆく努力が必要であろう。また判断時の問題も、これをゆるやかに考えるとかつての個別化説に帰してしまうけれども、そのことを予定して検討する必要がある。

（法学セミナー　一九一号）

参考文献

木村亀二「刑法における因果関係の理論」法律時報三二巻一二号四五頁以下、内藤　謙・注釈刑法⑵のI総則⑵四五頁以下、日沖憲郎「因果関係」刑事法講座第一巻、拙稿「条件説と相当因果関係説」学説展望ジュリスト三〇〇号二八〇頁、中山研一・因果関係、刑法学会叢書、拙稿「刑事過失論の問題点」判例タイムズ一九二号一頁以下、町野　朔「条件関係論」上智法学論集一二巻二＝三号一頁以下、臼井滋夫「第三者・被害者の介入と刑法上の因果関係」研修二三七号四九頁以下～二四〇号五五頁以下、拙稿「介入事情と判断基底の問題」法政研究三六巻二＝六号一三一頁以下

第一六　各則案の治安刑法的基調を批判する

一

法制審議会刑事法特別部会は昨年一一月二九日第三〇回全体会議によって「刑法全面改正」の答申案を完成した。昭和三八年五月二日法務大臣の諮問があって以来八年間の長年月にわたり、庬大なエネルギーをつぎこんで仕上げられた「全面改正案」は、この八年間にも進んできた日本の現実政治の基本方向に窮極的には規定されており、ついにそれからはみ出すことはできなかったといわねばならない。日米安保条約体制下にすすめられてきた再軍備政策と高度経済成長政策、とくに日米共同声明以来急速に軍国主義的色彩を強めてきた内外諸政策、そして結局は憲法改正への展望をふくみつつ、大衆運動や労働運動に背をむけて法体制全体の治安法化を進めてきたのが、その現実政治の基本方向であった。

現行刑法が制定されてから半世紀以上、その間、国の内外において刑事法思想の発展があり、それをめぐる法思想や価値観の変転、進歩と反動もあった。社会生活の変貌も激しく、従って犯罪現象にも変化があったし、種々の特別刑法も生まれてきた。今回の改正事業推進者たちは、この六〇年を六〇年としてながめ、特別法をふくめた現刑罰法体系の総体をそのまま肯定したうえで、それに何か新しいものがつけ加えうるか、お互いの調和はとれているか、何か不足しているものはないかを求めたのである。そこには、素朴な現情追従はみられても、憲法の志向する基本的諸価値にてらした厳しい批判精神は存在してはいない。今後長年にわたる刑政の基本をどこにおくのかを見定めることもなしに現実政治の要求するまま、全体として治安法化しつつある刑罰法体系のなかから、刑事基本法としての刑法典をつくろうとしたのである。「破防法にあるような重大な犯罪は刑法典にとりこんだ方が刑事法の体系を正すうえでのぞましい」（第四小委員会議事要録㈢一八五）という言葉に、この改正作業推進者たちの根本志向が如実に現われている。

各則の諸規定を通覧して、そこから次の二つの傾向を各則法典の特徴を示すものとしてあげることができる。

㈠　大衆運動や労働運動に対して、できるだけ早期に介入し、厳格な取締りを行なうことができるようにしてあること。

㈡　軍国主義化への批判や国民の政治不信に対して言論統制を行ないやすくし、自主規制を強める体制がめざされること。

基本的法典の一つである刑法典がこういう治安刑法的発想によっていろどられるとき、刑法典はその基調において、憲法の基本的諸価値に即した国民の基本的諸権利や重要な生活利益を護る国民のための法典であるよりも、反憲法的な政治の方向に対する国民的抵抗をできるだけ早期に鎮圧するための治安基本法と化してしまうであろう。小委員会や部会において一部の関係者から国民のための刑法典なら当然に必要な諸規定の提案が繰り返し行なわれながら、ついにどれ一つとして実現しなかったことは、刑法典の基調の右のような性格と有機的にかかわっている。そこで、まず、治安刑法的基調を示す二つの問題点についてそれぞれ具体的規定をあげ、主として第四小委員会議事要録㈠～㈦を資料として検討しよう。つぎに、公害罪立法と刑法典へのその編入の意味を考えたい。そして最後に、刑法改正作業の今後の展望と関連して、対案グループの誕生とその主張のディクリミナリゼイションの問題を簡単にふれよう。

二

第七回部会で機密探知罪（案一三六条）と内乱・外患独立教唆罪（案一三二、一三九条）が否決されたことは、準備草案発表以来の刑法学会内外の諸学者や言論機関の広汎な反対運動の成果であった。治安刑事基本法としての基調は、この秘密保護法＝刑事特別法＝自衛隊法の各機密探知罪や秘密漏示罪、破防法三八条独立教唆罪の刑法典へのとりこみに失敗したことによって大きな打撃をうけた。

しかし、刑法改正事業推進者たちは、正にこの部会で準備草案にはあげられていなかった、外国の元首・使節に対する暴行・脅迫・侮辱罪（案一四二条の二、一四二条の三）の復活に成功した。国際礼儀を理由としているが、新憲法による昭和二二年刑法改正に際してこれらの諸規定が削除されたときの諸事情を考えあわせると、その理由だけでは復活の根拠となりえないことは明らかである。本条の復活は天皇危害罪・不敬罪の復活への布石となる危険があるばかりでなく、更に、日米軍事同盟を軸とした東南アジア諸国との外交関係の緊密化にそなえてのこれら外国元首・使節の来日を予期しこれに特別の刑法上の対策を必要としたことがその真の理由であったであろう。これらの規定は国内における外交政策の自由な批判活動の抑制に利用されることになろう。

大衆運動の抑圧体制としては、騒動罪（案一八九条）三号の法定刑を大幅に引きあげたこと、騒動予備罪（案一九〇条）を新設したことに現われている。これは、騒動罪には二つの類型があるという理論によって支えられている（同議事要録(二)七三頁）。競輪場の八百長騒ぎのような偶発的な群集心理に基づくものと、計画的な組織犯罪の場合と。この後者の類型には刑を軽くする必要はないという。三号の騒動参加・関与者というのは、現行三号の単なる附和随行者よりも「参加・関与の程度の深い者」（準備草案理由書二一五頁）をも含むから重くしたとある。これは、一号、二号関係の行為者と同じ類の組織やグループに所属している者という意味であろう。騒動罪が一地方の平穏を害するに足りる程度の多衆の群集が構成要件の上で予定されているときに、一号、二号に該当しない行為態様をとった者でも、彼が組織に属しているということだけで重く処罰しようとするのは、あきらかに「行為者類型」「心情刑法」的発想にほかならない。この法定刑の引上げは、現行犯逮捕のことを考えて行なわれたとも考えられよう。このような発想が、また次の騒動予備罪の新設を考えさせたものであった。「組織的に計画され準備される騒擾が現に相当多い、これを事前に抑制できるようにしておく必要がある。破防法の政治目的の立証は必ずしも容易ではないし、兇器準備集合罪よりも早い時点でとらえるためである」（同議事要録㈡七七頁、㈤四八〇頁）。他の予備罪と比較して基本類型がとくに低いから均衡を失する、騒動予備は特に定型が弱い、破防法、兇器準備集合罪、不解散罪で対応できる、騒動の目的の立証が困難であるため事前取締だけに利用され裁判によるチェックが行なわれない、などの反論がなされたが（同議事要録㈤四九〇―四九一頁）、第一四部会で設けることが決定された（ジュリスト四三九号一〇九頁）。ここには破防法をさえのりこえたところにまで治安上の必要が実現されたのである。騒動罪そのものが憲法に保障された表現の自由を著しく侵す点で違憲の犯罪類型であるという主張さえある本罪について破防法以上の規定がその正当な位置を占めえたことのなかに、改正事業の基調が何辺にあるかが明白に物語られている。

右の規定に現われた治安刑法的基調は、その他の規定の中にもこれを読みとることができる。例えば、

㈠　職権濫用罪（案一四四、一四五、一四六条）において禁固刑が復活したこと。かつて準備草案理由書はいった。「公務員が全体の奉仕者であることを建前とする憲法のもとにおいては公務員による職権濫用の如きは国民道義のうえからも到底許すべからざる行為であることを明らかにせんとする趣旨」（理由書一九八頁）から禁固を排除したが、小

委員会では第一次審議において既に「職務熱心の余りやりすぎたときは禁固でよい」（同議事要録㈠一二頁）とする意見がのべられ、第二次審議で禁固を加えたものを参考案として出すことにし（同議事要録㈢二五四頁）、第九回部会で禁固を選択刑として認めた（ジュリスト四〇三号一一頁）。

㈡　暴行・脅迫による公務妨害罪（案一六四条）の法定刑を現行の三年以下から五年以下に引き上げたこと。人身犯罪としての暴行・脅迫罪の法定刑が現行の二年以下から三年以下に引き上げられたことと、最近の集団犯罪の悪質化がその理由とされている（同議事要録㈦九三四頁）。人身犯罪の法定刑の引上げがそのまま国家犯罪としての本罪の法定刑引上げの理由にどうして結びつくのかは明らかではない。国家犯罪としての本罪の法定刑の引上げのほうがむしろ始まりであったのであろうか。

㈢　逃走罪（案一七一条）の主体の範囲の拡大、集団反抗罪（案一七三条）の新設。現行犯逮捕や緊急逮捕によって留置された者まで拡げる立場が結局において参考案となったし（同議事要録㈣三九三、三九七、四〇三頁）、加重逃走罪（案一九二条の二）のなかに、保安施設や少年施設からの逃走を新設した（同議事要録㈣四〇六、四〇七頁）。いずれも保護施設の本質をもつこれら施設への収容を刑罰で守ることの不当さを主張する立場は破れた。集団反抗罪についても、矯正の本旨からして、受刑者の不満をのぞき暴動の発生を予防するのが本すじであるから規定すべきでないという意見は、第二二回部会で破れ、本罪が新設された。懲罰では不十分であり、武装していない監獄職員の強い要望もあるというのが新設の理由である。ここでは、治安刑法的基調は矯正の近代的ヒューマンな方向への転換をもむずかしくし、そのことが更に刑法じたいを一層治安的ならざるをえなくしているといってよい。

三

機密探知罪は憲法の戦争抛棄、戦力不保持の条項をもつわが国において、いかなる軍事上の機密があるか、また、国民主権、国民の知る権利を保障する政体の下で国民に知られてはならない「機密」とは何かという原則的な疑問と、「機密」の不確実さ、政治犯裁判の公開という憲法上の要求などのため、後退せざるをえなかった。安保条約に基づく諸関連規定の基本法としての規定を刑法典にもりこもうとする全面改正推進者たちの意図は一応くじかれた。しかし、この意図は結局は形をかえて実質的に実現され、言論統制、自己規制強要の抑圧体制の基本的な諸規定が刑法典の中に規定されることになった。

まず㈠公務員の機密漏示罪（案一四九条）の新設。これは国家公務員法、地方公務員法の一般的な守秘義務違反罪（国公法一〇〇条一項、一〇九条、地公法三四条一項、六〇条）のなかからトップ・シークレットとしての「機密」の漏示をとりあげたものであって、仮案の該当規定（一九六条）の刑二年以下よりも更に重く三年以下まで法定刑をあげ、刑法典にもちこんだものである。ここには排除されたかの機密探知罪の相手方となる公務員が予定されているのである（同議事要録㈢二七三頁の㈥案参照）。

㈡秘密公文書開封罪（案一六六条の二）の新設。この規定は仮案にさえなかったものである。準備草案（未定稿）以来第一次参考案までは封印破棄罪（案一六六条）の二項として設けられていた。第七回部会で機密探知罪が排除決定された以後は、この第二項は封印破棄罪から独立した条文として規定されることになり、本規定の本来の姿がくっきりと現われることになる。本条の要否が検討された際、次にあげる企業秘密の漏示の処罰の必要性とともに、公務所の秘密を保護する規定が必要であり、ことに機密探知罪を設けない方針が決められたことをも考慮にいれると、公務員の保持する秘密に対する不法な探知行為につき何らかの規定を設ける必要性が大きいとされた（同議事要録(四)三七〇頁）。

(三)　企業秘密の漏示罪（案三三五条の二）の新設。この規定は、最初はいわゆる産業スパイ事件に関連して、企業の特殊の生産技術や外国から供与された新技術の保護を全うするため、競争秩序の維持、不正競争の防止という線で、これらの秘密を企業外の第三者が探知する行為を処罰するという形で検討が始められた（同議事要録(二)八六頁）。従ってそれは信書開封罪（案三三四条）の特別類型としての秘密探知罪（案三三四条の二）として考察された。しかし、産業秘密の特殊性のため、このように不正競争防止法の延長線上で可罰行為の枠を拡げていっても、産業スパイに対する有効な対策にはならないとする意見が主張され始め、探知ではなくて漏示を中心として考え直す方向に変わっていった。産業秘密を外から探知することは一般には違法ではないが、内部の者が反道徳的行為によって侵すことは社会倫理的に許さるべきことではなく、その程度の甚だしいものを刑法の対象とすべきだというのである（同議事要録(五)四六六頁）。ここに産業スパイの問題は、秘密漏示罪（案三三五条）の特別類型として位置づけられ、罪質を完全に変えることになった。しかも、この守秘義務は退職後にも要求される（案三三五条の二後段）。企業が兵器その他の軍事産業である場合を仮定するとこの規定がどのような機能を営むか容易に想像することができる。

以上三つの犯罪類型の新設は、お互いに有機的に補完しあいつつ、特定の公務員や企業を国民から切り離し国民大衆の目のとどかないところにおくことになる。公務所にも企業にも守られるべき秘密はあろう。その侵害に対しては刑法的保護は必要である。しかし、戦力の保持を否定し、国民主権を基礎とする民主社会において、それぞれの公務員法上の守秘義務違反罪や不正競争防止法違反罪という形での刑法的保護を越えて、なお、社会倫理的に許さるべきでない秘密漏示とは何であろうか、この三つの秘密保護刑法が今後あるいはますます深まってゆく軍国主義的な政治の方向を国民の目から隠すための治安立法の基本法となる危険はないであろうか。公務所であれ企業であれ、秘密保持の基本は秩序内の人間関係における信頼によってである。この信頼をつなぎとめることに意を用いるよりも、峻厳な刑罰威嚇によって目的を達しようとするとき、人間関係は萎縮し、自由と創意は枯死する。これらの規定が国民主権の基礎をなす国民の知る権利、言論の自由、さらには職業選択の自由をすら抑圧する危険は十分に予想される。

四

各則はその第一五章においていわゆる公害罪立法をとりこむことにしている。食品公害についてその故意犯を飲食物毒物混入罪（案二一八条二項）、産業公害についてその故意犯を毒物等の放流罪（案二二一条の二）、この両者の過失犯を過失による飲食物等毒物混入・毒物等の放流罪（案二二二条の二、一項二項）として規定するのがそうである。食品公害をとりいれたこと、産業公害の態様のうち「土壌」汚染を加え、行為態様に「投棄」を加えたことで、早々に立法にされた「人の健康に係る公害犯罪の処罰に関する法律」から更に一歩前進したことになる。(1)

公害罪を各則にとりいれたのは、刑法全面改正の一つのねらいが「科学技術の進歩、社会の複雑化による新しい犯罪類型の創設」つまり「刑法典の近代化」をめざしたこと（臼井滋夫・警察学論集一五・一）にあったから、もっともそのねらいにふさわしい新しい犯罪類型と考えられたからであろう。

第一四回部会（昭和四三・一〇・一五―一六）における一部委員の公害罪の新設と各則への編入の提案によって問題は急速に展開してゆく。第四小委員会第一〇六回会議（昭和四四・一・一三）への事務当局幹事による素案の提示。第一一一回会議（昭和四四・三・二四）における第一次参考案の完成、第一七回部会（昭和四四・六・四―五）における公害罪新設の承認。その後、参院予算委（昭和四五・三・二八）での首相と法相の公害罪単独立法構想の発言。法務省は「人の健康に係る公害犯罪の処罰に関する法律案要綱」を法制審議会に諮問（昭和四五・一〇・一七）、第六四臨時国会で法案可決（昭和四五・一二・二）。四日市のぜんそく、熊本や新潟の水俣病、富山のイタイイタイ病など、悲惨な公害の実情に対する国民の怒りの中で、公害反対にたちあがった住民運動がその幅と深みをますます増していきつつあった折に、法務当局は、実に鮮やかに短期間の間に、公害罪の新設をなしとげている。そこには、因果関係の推定や法人処罰も一応用意された。

こういう構成をもった公害罪をこの時点で立法することには二つの点で問題があった。一つは、この「自然犯」としての構成そのものである。公害発生の態様を考えれば、排出基準を厳格にきめ、その不遵守を処罰する法定犯的な構成のほうが実効性があるからである。第二は、この時期に、公害罪を新設して、爾後の公害の可罰性を宣言することは、実は、公害罪立法の時点以前の段階においては、恰も一切の公害が既存の刑罰法規によっては可罰性がないということの証言でもあるかのような印象を与えるからである[(2)(3)]。

しかし、既に立法されてしまった今の段階としては、この法律が公害の被害をうける住民を真に護る刑罰法となるように、適切な運用を支えてゆかねばならない。複合汚染については本法の適用がないという立法者サイドのキャンペーンが一せいに行なわれたが[(4)]、法規の文言上も、刑法解釈論上も、根拠のない恣意的な解釈である。独立した因果因子の共働に際しての因果関係の問題は、判例・学説上既に確立した論理がある。排出基準と本罪との関係の問題も、過失犯において行政取締規則と過失の関係として既に古くから明確な解答のでている問題である。複合汚染についても本条の適用は当然に考えうる。排出基準を守っているからといって当然に犯罪不成立とはならないし、逆に、排出基準に違反しただけで直ちに犯罪が成立するわけではない。

公害は資本主義経済体制と有機的に結びついている現象であるが、資本制の体制内においてもある程度の克服は可能である。企業や政治の体質を変えることによって公害罪という立法を不要にすることが先決である。それまでの過渡的な立法という性質をもつものと考えるべきであろう。ある程度の長期の展望のもとで必要な法規を刑法典各則にあげるのが編成上の原則の一つであろうから、[5] 公害罪を刑法典に編入するのはやめるべきであろう。

(1) 奥村誠検事・第四小委員会・部会レポート（ジュリスト四六三号一三八頁以下）は公害罪新設の理由の第一を、許された危険により免れるという考え方に反省を求め、公害も場合によっては自然犯的だということを認識させる点をあげている。しかし、第四小委員会議事要録によると、本罪の結果要素として「多数人の生命・身体にたいする危険」とするか、「公衆の健康にたいする危険」とするかが検討された際、「健康」では広すぎるので「身体」のほうが採用された。その理由は、刑法犯であるからには相当に重大な公害に限られる必要があり、受忍限度をこえ、許された危険の限度をこえた場合に、それじたい違法でない行為が可罰性をおびるのであるからとされている（同議事要録㈥六八六頁）。構成要件的結果の発生の時点が許容のきえる時点である。何が構成要件的結果として適切かをこれから立法的に解決しようとしているわけである。「健康」のほうが適切であったと思うが、「身体」に決定された。このことは、「危険」か「危険のおそれ」かの差以上に重要な問題であったと思う。「多数人の」が「公衆の」に決定され、次回には「多数人の」に変化し、結局は「公衆の」身体となった。限られた特定地域の公害をもひろいあげうるということで「多数人の」に変わったものがなぜ元に戻ったかは明らかではない。

(2) この点に関し、芝原邦爾助教授は「公害が伝統的な犯罪類型と異なる新しい犯罪類型であるという面のみが強調されて、従来の刑法犯としての追及がおろそかにされることがあってはならない」と鋭く問題の核心を指摘されている。ジュリスト四七一号六四頁。なお、公害罪立法に際して消極的見解がみられたが、それは右の芝原助教授のような現実認識があったことが一つの理由であったと思う。戒能通孝・法律時報一九七〇年一月号、中田直人・法と民主主義一九七〇年九月号、真鍋正一（昭和四五・一一・一四近弁連人権擁護大会シンポジューム報告）近弁連会報特集号、平野龍一・ジュリスト四六八号参照。

(3) 公害にとって公訴時効の問題が困難な論点となる。過失犯の時効がいつから進行するかは、どこに過失があったかという注意義務の具体的内容を基準として、過失犯の行為（作為・不作為）の終了時期を検討する必要がある。それは排出行為の終わった時点ではない。また、過失犯が終了したあとであっても、ある特定の事情がある場合には故意の不真正不作為犯の成立する余地もあろう。

(4) 前田宏＝佐藤道夫＝堀田力・法曹時報二三・二・一、佐藤道夫・警察研究四二・三・一、堀田力・警察学論集二四・四・一九、堀田力・警察研究四二・五・三（前任者にいえることが他企業についていえないというのはもっと理由が必要である）、前田宏・

ジュリスト四八五号一二六、稲川龍雄・法律のひろば二四・六・四以下はいずれも複合汚染が本罪にあたらぬという。この点、藤木英雄教授は複合汚染にも適用のあることを正当にも当初から一貫して指摘しておられる。商事法務研究五四四・五、法学セミナー一七八・六八、警察研究四二・八・一四、警察研究四二・一〇・一〇—一一。近くこの点を説得的に論じたのは、日比幹夫・判例時報六四一・三である。しかし、藤木教授は本罪が作為犯であって不作為犯ではないから会社の最高幹部の責任は追及できないとか、公害は法人というメカニズムじしんの行為であることを強調され、このメカニズムに倫理的非難を行なうことが可能であるように説かれる。自然人としての会社最高幹部の公害に対する責任こそ公害罪の真の主体である。この点をあいまいにする法人じたいの犯罪行為、法人メカニズムへの非難という論理はグロテスクでさえある。

(5)　各則編成上特別法との関係をどう考えるかという原則問題がある。全面改正推進者たちは、破防法や暴力行為等処罰に関する法律などの編入には熱心であったが、婦人や未成年者保護の立場から真剣に検討されてよい売春防止法や児童福祉法（三四条一項一号、六〇条一項）などの規定については冷淡であったように思う（第四小委員会議事要録(二)一四一頁、(七)八六七頁）。選挙に関する罪は、過渡的な可罰価値の問題ではないが、あまりにも特定の制度利益であるので、基本法には適当でないように思う。木田純一・改正刑法準備草案の綜合的研究二一〇頁、中川祐夫・刑法改正の諸問題二八二頁は各則に入れることに原則的に賛成する。瀧内礼作・前掲綜合的研究一九一頁は「余り守られざる法定犯を入れることは刑法全体の信用を傷つける」ということを排除する理由の一つとする。それも一つの基準となるか。

五

刑法全面改正事業が一応の終結をしようとしていた頃、刑法学会の中から十数名の学者が対案グループを組織し、ユニークな活動を開始した。このグループは全面改正の基本方向が反憲法的であることを批判する立場で組織されているが、対案作成の統一的な方向は、おそらく「刑法の倫理からの解放」にあろう。全面改正事業が治安刑法的基調をすてえなかったことが明白となった今、この対案グループの活動とその成果には期して待つものがある。(1)

階級社会の諸矛盾から生ずる社会的病理現象たる犯罪は、窮極的には階級の止揚によって生まれる真の共同社会の実現によってのみ克服されうる。それまでは、福祉国家人道的改善刑、治療処分をもってしても克服することはできない。

しかし、共同社会の実現まで腕をこまねいているわけにはいかない。現実の国家刑罰権は犯罪原因が何辺にあれ、刑罰法規を妥当せしめてゆく。われわれは、この国家の刑罰権の行使が国民の基本的権利や生活利益を侵害することのないように、立法にも、刑法の運用にも、国民の側の要求をはっきりと打ち出してゆくこと、これが国民のための刑法学に課せられている課題である。刑法改正事業を批判する立場もこの点を措いてほかにはない。刑法全面改正が実現されたら何が起こるか、国民の生活にはどのような影響が現われるのか、一つ一つ具体的に確かめながら、この改正事業に対する態度をきめねばならない(2)。

各則についての私の予測は今までのべてきたとおりである。したがって、全面改正案の実施には反対である。対案グループの作業も、何よりもまずこのような全面改正作業のそのままの進行を阻止する意味をもつと予測されるので、その活動に期待する。もち論、その対案の内容が次に問題となる。全面改正がかりに無理となったとき、保安処分法だけの立法や秘密保護法的な、あるいは集団犯の特別取締法のような単独立法が出てくる危険もあろう。これらの問題に対して国民サイドの刑法学の立場からどう対応すべきかという問題がある。刑法全面改正事業への対応を考える時も、常にこの事業全体をつつんでいる日本の現実政治の方向との関連をぬきに論ずることは、大変危険である。そのような現実の上にたって、国民の生活と権利を守る立場から何が各則として必要かという形で問題をたてねばなるまい。そのためには、刑法学の研究者のみではなく、広汎な国民の参加なしには成功しない。科学技術の革命が国民の生活にどのような影響を与えているか、オートメーションの普及は作為・不作為の行為形態にいかに係わりあっているか、過失犯を行政故意犯に全面的に解消することができるか。また、社会権的基本権の保障との関係からして、ある種の形態の不当労働行為は当罰性をおびるかどうか、争議行為などの集団的行動の逸脱は今日専ら違法論で問題を処理しているが、それはデュー・プロセスに違反しているのではないか、違法の域におちる行為の態様をもっと類型化して構成要件化する方法が必要になってきているのではないか。さらに、世態風俗の変化、とくに性風俗についてはこのままでよいのか、等々。

対案グループの指導理念である「刑法の倫理からの解放」の一つの大きな問題として、性犯罪に関し、ポルノグラフィー解放論がある。(3) 北欧やドイツの現実も、アメリカの現状も知らないでは多くを論ずる資格はないが、今日の刑圧の下でさえ巷に氾濫している上品でない雑誌や図画を思い合わせると、刑圧が解かれたときの未成年者保護やイノセント・バイスタンダーの保護はもちろん、全体としての風俗の退廃をくいとめる手段はどこにあるのであろうか。ポルノグラフィーの刑圧が護ろうとしているのは一人一人の個人生活の健全さや上品さではあるまい。性に関する社会風俗の健全さ、その有用性である。ポルノグラフィーの氾濫は現代階級社会の不安や緊張がうみ出す自己疎外現象に対応した否定的な現象であって、従ってまた、その解放論も積極的価値をもち得ないのではないであろうか。(4)

（1）平野龍一「刑法改正案の批判的検討Ⅰ」法学セミナー一九七二年一月号九頁。沢登俊雄「ディクリミナリゼイションと司法」法と民主主義五九号六七頁は、この対案グループの学会報告には「わが国固有の事情に対する配慮が欠けているのではないか」を懸念する。ケイディシュは、警察が党派的な色彩をおびること（犯罪過多のため、次第に取締の重点が社会の特定の層に集中すること）、犯罪摘発のための公的活動が卑劣さを伴わざるをえなくなり、そのことが刑事司法全体に対する国民の信頼を喪わせていること（公衆便所での待伏せ、おとり、盗聴など）、こういう側面からディクリミナリゼイションを強く主張している。刑事法体系の治安法化は、犯罪の実質を「結果」から遠いところにおかざるをえないために、正にケイディシュのいう二つの傾向を必然的に伴うのである。

（2）中山研一「刑法改正の現状と課題」ジュリスト三八八・九四、大阪弁護士会の意見（昭和四六年一〇月）五九。

（3）宮沢浩一「西ドイツ猥褻表現物処罰の動向」ジュリスト四七四・二九、同「再び西独逸刑法改正対案について」法律時報四〇・

一二・八四、田宮裕「米大統領特別委員会報告書㈠㈡」ジュリスト四七七・九三、四七八・一一一、平野龍一「刑事制裁の限界(上)(下)」ジュリスト四七五・一二三、四七八・一〇五。

(4) 江守五夫「いわゆる「性解放」の論理とその批判」性—思想・制度・法ジュリスト増刊号三一七。

なお、本稿について参考とした文献のうち、重要なものをあげる。

改正刑法準備草案(日本刑法学会編)、木村亀二・刑法改正と世界思潮、吉川経夫・刑事立法批判の論点、中山研一・現代社会と治安立法、宮内裕・思想四三一、風早八十二・法と民主主義五〇、佐伯千仭・自由と正義七・七、中田直人・前衛二五六号・同・法と民主主義五〇、竹内正・刑法改正の諸問題、竹田博士・植田博士還暦祝賀三三五。

(ジュリスト　四九八号)

第一七　共犯と身分

一　まず問題を設定しよう。

村長甲は、旅行中旅先から電話で、収入役乙にたいし、村の収入金から、期限の迫った甲じしんの納税について立替払いをしておいてくれること、また、私費に充てるための金員を電報送金してくれるように依頼した。乙はそれぞれ指図された通りに処置をした。

また、投宿中の旅館にたまたま立寄った、同村の中学校建設工事を請負っている業者丙は、甲にたいし、朝鮮戦争の勃発に伴い鉄骨その他の資材が急騰したため、採算上、同工事の検査についても寛大な取扱いをしてくれるように懇請した。甲は、もしこれを受け容れるとすれば、当時嘱託として右工事の現場監督事務にあたらせている非公務員丁の協力を必要とするので、丁と相談した結果、丙の請託を受け容れることとし、甲と丁はさしあたり若干の金員を丙から受け取った。

二　問題となるのは次の点である。前段第一事実では、収入金について占有を有しない非身分者村長甲の取扱いが、後段第二事実では、公務員犯罪について公務員たる身分のない丁の取扱いが問題の中心となる。

通説・判例は、「犯人ノ身分ニ因リ構成ス可キ犯罪行為ニ加功シタルトキハ其身分ナキ者ト雖モ仍ホ共犯トス」（刑六五条一項）とあるので、第一事実につき、甲と乙とは業務上横領罪の共同正犯となり（刑二五三条、六五条一項）、ただ、甲は非身分者であるから通常の刑である単純横領罪の刑が科せられ（刑六五条二項、二五二条一項）、また、第二事実につき、甲と丁とは収賄の共同正犯（刑一九七条一項、六五条一項）として処罰されるという。

しかし、一部の学説は、身分犯なのに被身分者が正犯になるという点に強く反撥し、六五条一項の「正犯」には共同正犯は含まれないとし、非身分者は状況により教唆犯又は幇助犯になるにすぎないという。

この見解の対立は、これらの事案に「共謀共同正犯」の問題が事実上からまってくることによって複雑なものとなる。共犯と身分について考えなければならないことは多いが、ここでは、非身分者の共同正犯の問題に限って考察することにしたい。

三　基本法理との関連

この通説・判例と一部の学説との対立は、共犯の基礎理論の対立、すなわち、犯罪共同か行為共同か、従属性か独立性か、客観説か主観説か等々の対立の直接的反映ではない。この対立をうみだしている基本的な問題点は、身分犯という特殊の犯罪類型において、その「実行行為」という法律的制約と、そこに事実として現れる非身分者の意思・行為態様からくる処罰への社会的要請と、この相反撥する制約と要請とをどう処理するかにある。簡単に一般化すれば刑罰法規解釈の態度としてハードな立場（一部学説）とソフトな立場（通説・判例）の相違とみてよい。ソフトな立場を支える論理としては、裸の政策論から、共犯性の強調、意思的側面の強調など多様である。ここではハードな立場を擁護する立場から、従来あまり論ぜられなかった二、三の点をとりあげて、解き方についての立場決定の資料としたい。

四　解き方のための参考資料

旧刑法時代における共犯と身分の問題を考えよう。旧刑法（明一三・七・一七公布、明一五・一・一施行）、はこの点については現行法の六五条二項に相当する規定があっただけで（旧刑一〇六条、一一〇条）、一項にあたる規定はなかった。従って、本設問のような真正身分犯の共犯の問題については専ら裁判例にまかされるところであった。判例の数はすくないが、この時代の大審院としては、かりに身分者との共謀があったとしても、非身分者には共同正犯は成立しないという立場をとっていたといえよう。

典型的な身分犯である官吏収賄罪（旧刑二八四条）についてみれば、東京市参事会員収賄事件において、官吏でない者が官吏を当初は教唆して犯罪を決意させ、後には当人と共に賄賂を収受した事案にたいして、東京控訴院は非身分者をも実行正犯としたが、大審院は、「非身分者であるから身分犯については一切の共犯関係が成立する余地はない」と主張する弁護人の上告を却けつつも、実行正犯を認めた原院判決を破棄し、教唆の成立にとどめた（明治33・11・26刑録六・一〇・四九）。また、この問題に直接ふれた判例ではないが、小学教科用図書審査委員三名が出版会社から委員の事務に関し嘱託をうけて賄賂を収受した事案につき、三名のうち二名は高等小学校長であって官吏ではないという理由で無罪とした原判決を大審院も支持し、全員有罪を主張する検事上告を棄却している（明治31・3・3刑録四・三・一二）。共犯を争った事件ではないが、今日の通説・判例からすれば当然共同正犯として検事上告が支持される事案であった。

さらに、行政犯ではあるが、徴兵令三一条違反（徴兵忌避罪）事件について大審院はこの問題に触れている。二人の徴兵適齢者が兵役を免れようとしている事情を知りながら、その依頼に応じて、医師が両名の片方の眼に薬物を点じて視力を減弱させ一時の疾病を作為した事案であった。大阪控訴院は徴兵忌避罪の実行には徴兵適齢者という資格を必要とするのであって、この資格のない加功者は構成要素を欠如しているから共犯として論ずる訳にはいかない、特別の明文がない以上無罪であるとした。これにたいし検事は次のように上告している。

「抑モ共犯関係ハ分身一体ニシテ其発生セシメタル犯罪ニ於テハ不可分的ニ責任ヲ有ス。是レ刑法一〇四条（共同正犯）ヨリ来ル所ノ当然ノ解釈タリ。故ニ、身分ニ因リテ構成ス可キ犯罪ヲ、身分ヲ有シタル者ト共同一体ヲ為シタル場合ニ於テハ、茲ニ特種ノ犯罪ハ完全ニ構成セラレ、其不可分的責任ヲ有スル総テノ共犯者ニ対シ同一ノ刑罰ヲ分担セシムヘキハ毫モ疑ヲ容ルヘキナシ。何トナレハ犯罪ヲ発生セシメタル者ハ一人トシテ責任ヲ負ハサルヘカラストノ原則ヲ無視シ、共犯者ノ各人毎ニ主観上ヨリ其犯罪ノ成否ヲ各別ニ定メントスルカ如キハ刑法総則ノ許ササル所ナレハナリ」。

大審院はこの上告にたいして同三一条が官吏収賄罪と同様に身分犯であるとして次のように判決した。

「……微兵適齢者ノタメ他人カ同条所定ノ行為（「兵役ヲ免レンカタメ逃亡シ又ハ潜匿シ若クハ身体ヲ毀傷シ疾病ヲ作為シ其他詐欺ノ所為ヲ用ヒタル者」）ヲナシタリトスルモ、実行正犯ヲ以テ之ヲ論スル能ハサルコトハ是レナホ官吏ト共ニ其資格ナキ者カ人ノ嘱託ヲ容レ賄賂ヲ収受シタリスルモ官吏収賄罪ノ実行正犯トシテ之ヲ論スルコト能ハサルカ如シ」。

このように述べて身分犯につき非身分者の共同正犯の成立を否定し、ただ、身分犯の正犯に必要な身分は教唆犯帮助犯にはそなわる必要はないから、本件のように兵役を免れる者の行為を容易ならしめた医者は、帮助を受けた者に身分がある以上従犯としての責任は免れないとした（明治37・10・11刑録一〇・二二三・一八七四）。

以上の判例からうかがえるように、当時の大審院としては非身分者の共同正犯はないと考えていたといえる。ただ問題は横領罪についてである。ここでは非占有者についても正犯を認めた判例がある。二人の銀行員の行金横領について、弁護人は一方は保管者でないから保管者と共謀しても身分がない以上犯罪は成立しないと主張したが、大審院は現に保管している者でなくても保管者と共謀して共に保管金を費消したときは委託物費消の犯罪は成立するとする（明治32・5・9刑録五・五・二七）。本件の上告趣意は、はっきりと「身分」という言葉で争ったが、判決文からみる限りでは身分犯について共同正犯を認めるという点にどれ程の自覚があったか疑わしい。また、共謀の点についても特別の力点がおかれていた様子もない。さきの収賄罪や徴兵忌避罪について執った見解と横領罪での見解とがどのように調和しうるのか問題であるが、一つの推測をするならば、当時の横領罪の構成要件が「費消横領」の形態をとっておったことと関係があるように思われる（旧刑法三九五条「受寄ノ財物借用物又ハ典物其他委託ヲ受ケタル金額物件ヲ費消シタル者ハ……」）。そこでは費消は正に実行行為の重要な部分であった。この部分を直接担当した以上共同正犯となると考えたかもしれない。最近強姦罪について女性の共同正犯を認めた判例（最判昭和40・3・30刑集一九・二・一二五）をめぐって諸家の見解が示されたが、そのなかで内田文昭教授は右と同じような考え方を強姦罪をこえて広く収賄罪、偽証罪、さらに横領罪、背任罪についても強調された（上智法学論集九・一・一八一頁）。現行法二五二条以下の規定では費消という言葉は既にないが、判決は「占有者ト共謀シテソノ占有物ヲ濫リニ自己ノ支配内ニ置キタル以上……」（明治44・5・16刑録一七・八七四）とか、「占有者ト共謀シテ……自己ニ物ノ占有ヲ移ス行為……」（明治44・6・15刑録一七・一一七七）とかのべているが、そこには右の考え方に連なる思考の流れをみることができる。なお、旧法時代にはそれ程共謀共同正犯の理論が万能でなかったことも次の諸判例から窺うことができる。誣告罪に関し、大審院は、不実の告訴をなさんと共謀し、或は告訴状をしたため、ある告訴状を検事に提出したときでも告訴者本人でない限り実行正犯たりえないとして、共謀者に共同正犯を認めた原判決を破棄し、従犯を認めている（明治30・4・23刑録三・四・五一、明治30・7・2刑録三・七・一）。右の横領判決よりも後年ではあるが、官名詐称事件について、共謀では足りず詐称の実行行為への加功を要求している（明治35・3・14刑録八・三・二三、明治42・7・5刑録一五・九五四）。

法体制全体としては天皇制絶対主義が確立されてゆく過程にあった時代ではあったが（中山研一、治安と刑法、現代法一一・三五—三九頁）、旧法時代の大審院は、少なくとも刑法典の運用に限定していえば、そこに体化された西欧の自由主義刑法思想に基づく市民的共犯論を基本的に維持しつつ、「共犯と身分」の問題においては、非身分者の共同正犯を否定する立場を堅持していたといえる。

五　現行刑法六五条一項の成立過程とその運用

現行法は明治四〇年に成立したが、既に旧法施行後幾許もない二三年頃から、犯罪の激増においたてられるように改正作業は具体化してきた。六五条一項相当の規定は、明治三四年（一九〇一年）刑法改正第二次草案七七条として初めて現われた。いわく「犯人ノ身分ニ因リ構成ス可キ罪ヲ共ニ犯シタルトキハ其身分ナキ者ト雖モ仍ホ共犯トス」と。一八七〇年ドイツ刑法典にはこの規定はなく、一九一九年の草案三〇条一項に初めて現われる。

わが国の立法過程でこの条項について審議をみたのは、明治三四年草案から四〇年現行法として成立するまでの間に、貴族院改正特別委員会での討議（明治三五年二月一二日第八回会議（共犯規定の章））だけであったようである。さきにみたように共犯と身分に関する問題については考え方も区々であって、これを立法によって規制する以上相当の議論が予想されるのであるが、当該委員会の模様はこの予想を完全に裏切ってしまう。討議の中心は、非身分者の加功を「共ニ犯シタル」という文言で表現することが不適切ではないかという点におかれ、それが結局現行法にみるように「犯罪行為ニ加功シタル」という表現にかたまってゆく。会議の席上ある委員（岡内重俊氏）の質問に対して、この規定が外国に例をみないこと、これまでの処罰の仕方と変化があることなどが政府委員（石渡敏一氏、倉富勇三郎氏）から答弁されるのであるが、非身分者に身分犯の共同正犯をまで認めようとする本条項の問題性については委員ら（三好退蔵氏、高木豊三氏、富井政章氏ら）の関心をひくところとはならなかった。それはもう自明のことであって問題とする余地など全然ないことでもあるかのように――丁度、身分犯の共犯として非身分者の教唆犯・幇助犯の成立だけを立法化しているのではないかと疑いたくなる程何ごとでもないかのように――本条項の審議は終わってしまうのである。大審院判決の立場との関係、学説との関連も何一つ問題とされることがなかった。刑法改正政府提案理由書は本条について次のようにのべている。

「本条第一項ハ新タニ設ケタ規定ナリ。現行法ニ於テハ此場合ニ関スル規定ナキ為メ学説二派ニ分レ、一ハ之ヲ以テ共犯ニ非スト為セトモ、改正案ハ第二ノ主義ヲ採リ身分ナキ者カ身分アル者ト共ニ身分ニ因リ構成ス可キ罪ヲ犯シタルトキハ之ヲ共犯トナスコトトセリ」（富井政章ほか、刑法沿革総覧九二〇、九三二、九四二―九四六、二一五六頁）。

大審院のとってきた非身分者の共同正犯成立否定論の立場、多くの学説の立場（勝本勘三郎、刑法要論・総則（大正二年）四五一頁。「学説ハ多ク否定スレトモ余ハ承認ス」）を一挙に葬り、さきに引用した検事上告に結晶している権威主義的な秩序思想に基づく共犯論を実定法として固定化しようとしたものであった。ここに、刑法典改正のイデオローグたちが「維新の変革の混乱の産物としての犯罪の激増」を「旧刑法とそれを担った個人主義・自由主義的刑法思想の犯罪鎮圧策としての無力の実証として攻撃し」、「犯人主義・目的刑の新派的議論」によって「旧刑法の企図した寛大化の一切の否定」、「社会防衛のための刑法の厳格化――特に威嚇と淘汰の強化」（佐伯千仭＝小林好信、刑法学史、日本近代法発達史一一・二七―四七頁、西山富夫、黎明期の不能犯判例史、名城大学記念論文集法学篇五四頁）を新刑法典形成に托そうとしたことの一端が現われているといっても過言ではあるまい。

六　このようにして成立した現行刑法六五条一項は、身分犯について非身分者の共同正犯の成立を次々と認定してゆくのである。

㈠　まず、横領罪について今度ははっきりとこれを身分犯として規定した上で六五条を道具として非身分者の正犯を認定する（①明治44・3・16刑録一七・四〇五）。ここでは、当初にあげた本設例にもみられるように、身分者が非身分者の指図をうけてそれに追従したにすぎない関係でも、「共謀」があったとされ、刑法六五条一項「身分ナキ者ト雖モ仍ホ共犯トス」という新しい道具と共鳴し合いながら、「共謀」概念じしんの空洞化が促進される。この論理によってその後も多くの判例が正犯を認めている。（②明治44・5・16刑録一七・八七四）、（③明治44・6・15刑録一七・一一七七）、（④明治44・8・25刑録一七・一五一〇）、（⑤大正3・6・17刑録二〇・一二一八）、（⑥大正4・3・2刑録二一・一九四）、（⑦大正5・11・10刑録二〇・一七三三。但し、占有離脱横領）、（⑧大正15・5・29刑集五・二二七）、（⑨昭和10・7・4刑集一四・七五三）、（⑩昭和15・3・1刑集一九・六三）、（⑪昭和17・9・19刑集六・一〇八三）、（⑫昭和32・11・19刑集一一・三〇七三）。㈡ 次には、虚偽公文書作成罪（刑一五六条）について非職務分担者、非公務員の正犯が認められる。（⑬明治44・3・16刑録一七・四〇五、第二事実）、（⑭明治44・4・17刑録一七・六〇五）、（⑮明治44・4・27刑録一七・六八七）、（⑯明治45・3・7刑録一八・二五六）。㈢ 次はもっとも典型的な収賄罪についても非公務員の正犯が成立する。（⑰大正3・6・24刑録二〇・一三二九）、（⑱大正5・8・12刑録二二・一三一六）、（⑲昭和7・5・11刑集一一・六一四）。㈣ また、背任罪について（⑳昭和8・9・29刑集一二・一六八九）、偽証罪について（㉑昭和9・11・20刑集一三・一五一四）、公正証書不実記載罪について（㉒昭和10・8・1刑集一四・八五五）、それぞれ非身分者の共謀共同正犯が認められた。㈤ この考え方は遂には行政犯の領域においても承認されてゆく。まず、衆議院選挙法選挙事務関係者の金銭供与罪について（㉓昭和5・12・23刑集九・九三九）、同じく選挙事務処理上の記帳義務違反罪について（㉔昭和12・3・15刑集一六・三四七）、封鎖預金の違法な現金化について（㉕昭和25・9・19刑集四・一六六四）、それぞれ法規上の義務名宛者でない者にも義務名宛者との共同正犯を認めている。

七　横領罪および収賄罪の共犯関係における非身分者の地位の検討

(イ)　まず横領罪について。さきに列挙した横領罪諸判例について気づく一つの特徴は、非身分者の方が身分者よりも一般的により高い地位にあり、大きな責任をおっていること、従って、両者の間にある意味で一種の支配＝服従関係があることである。設例にあるように、電話一本で容易に相手を横領罪にふみきらせるような人間関係が当該事件の背景として既に存在している。判例のうち、①、④、⑫では、村長と収入役、判例⑥では郡長と書記、判例⑧では収入役とその臨時代理、判例⑩では会計事務担当官と臨時雇というように、非身分者と身分者（金員占有者）との関係の背後に、「他人ノ財物ノ占有」という点を除いて考えると、却って非身分者に身分者にたいする一種の支配的地位、優越的状況がみられる。従って、これら非身分者を型通りに身分者（正犯）の教唆者として「従属的地位」において捕捉することに、ある不自然さが感じられることになる。しかも、当該犯罪事実に限ってみれば、実質的な利得を手にするのは非身分者に限られることもある。ここには型通りの取扱いをかえって不正義とさえ感じさせるあるものがある。「共謀」の内容を敢て空洞化してまでも非身分者を共謀共同正犯として構成しようとする通説・判例の態度の背後には、雇傭関係や公務員の職制のなかに封建的な隷属があって、近代的職務の専門家や個人としての主体性の確立において不充分な日本社会の特徴があるということもできる。正犯たる身分者はむしろ他人のためにする意思をもって行動しており、ある意味では非身分者が正犯で身分者は従犯であるような様相をおびることも稀ではない。横領罪の判例ではないが、虚偽公文書作成罪について判例⑬は、戸籍抄本の生年月日についての虚偽記載に関する事件であるが、村長が友人の依頼により、事務分掌上戸籍事務を職務としていた助役に対し、虚偽記載を命じたものである。助役は事情を充分に知ってその職務に関する文書を作成したものであるから、実行正犯にまちがいないが、本件ではその助役は起訴されてさえいず、村長だけが共謀共同正犯として訴追され、有罪とされたものである。ここにも横領罪について非身分者を正犯とする考え方と共通のものをみることができるし、ある意味では、実行者を「従」（下手人）とし、教唆者を「首」とする封建刑法の共犯理論との共通性さえ感じられる（滋賀秀三「唐津における共犯」教室八号七八頁）。

処罰の実際からだけなら教唆犯と構成してもそれ程の支障はないはずなのに、非身分者の共同正犯をあえて認めようとする通説・判例の立場には、以上みてきたようにそれなりの実体があることを認めなければならないが、しかし、同時に危険な要素をも含んでいる。さきにみたような実体は通常の教唆犯一般にも程度の差はあっても存在していることが多い。この実体に余りにもよりかかりすぎると正犯と教唆犯との区別はあいまいとなる。本件設例に見られるように、空洞化された共謀と公金の領得費消とをあわせると、社会的実体としては横領罪の正犯に近似するであろうが、それ程までして事件全体を完全に横領正犯の構成要件に吸収し尽そうとすることは却って危険ではなかろうか。社会的事実は無限に多様である。全体を捕捉しようとしてあいまいな判断基準を作出するよりも、部分的ではあっても確実なものだけに視界を限定しておくべきである。他人の財物を現実に占有している者だけが横領行為の正犯たりうるし、法律は彼に一次的な犯罪抑止力を期待する。身分者を身分者らしく取り扱うことがひいては雇傭関係や公務員の職制の近代化にも役立つことになろう。

(ロ) つぎに収賄について。非身分者には二つの場合が区別される。一つは、いわゆる「運動屋」と称されるように公務員と業者の間にたって贈収賄を仲介斡旋する私人である場合、他は、種々の事情から公務を嘱託、臨時雇などの形で託され公務員とならんで職務についている私人である場合である。さきに列挙した判例のなかで⑱は前者、⑰、⑲は後者である。本設問は勿論後者にあたる。前者の場合は悪質ではあるがやはり典型的な教唆・幇助の行為定型をもつものであって、収賄罪の正犯としての実質は、身分の点を除外して考えても、存在していない。これに反して、後者は、賄賂の対象となった職務を事実担当している点で収賄罪の正犯たる実質には近い。通説・判例がこの場合を正犯とすることには一応根拠があるであろう。しかし、横領罪について述べたのと同様、ここでも法制上公務員にのみ課された特別の義務を非公務員にまで期待することは正当ではあるまい。行政法によって特定の市民に特に義務を課している行政犯について刑法総則の共犯規定を安易に適用することについて強く反省を要求する立場（美濃部達吉、行政刑法概論（昭一四）八三頁以下）は、刑事犯の身分犯についても充分に斟酌されねばならない。行政犯に限らず、身分犯に関しては非身分者の共同正犯を否定しなければならないが、身分犯のなかでもその身分の意義が特に非身分者への義務づけを排除しようとする法意をもつときは、教唆犯・幇助犯の成立をも認めるべきではない

（ピオントコウスキー、犯罪論五八五頁）。さきの徴兵忌避事件についてはこの立場からは大阪控訴院の無罪判決が支持されることになろう（美濃部博士の立場でもそうなるであろう。しかし、刑法学者や最近の行政法学者はこの立場に対して強く反撥する。団藤重光・刑評三・一一、岸盛一・刑評三・一〇九、小野清一郎・刑評四・一、金沢良雄・判研二・六・一七、矢沢惇・判研四・二・一六四）。

(ハ)　一つの解答

横領罪、収賄罪における主体は一定の身分を有することによって非身分者には存在しない特別の義務を負担しており、その義務に違反することによって初めて可罰性の域に達するものである。したがって、非身分者は、共謀の有無、実行行為の一部分担の存否にかかわらず、もともと法律上正犯たることの不能なものである（西村克彦・共犯論序説二〇九頁以下、木村亀二・犯罪論の新構造（下）三七八頁）。情況により教唆犯又は幇助犯が成立するにとどまる（香川達夫・刑法判例百選八八頁、大塚仁・続判例百選七五頁、竹内正・刑法の判例一四〇頁、木村静子・学説展望三〇八頁）。ただ、この際、教唆犯は「正犯ニ準ス」という建前であり、しかも非身分者について必要的減刑の規定もないわが法制のもとでは、従犯の成立にとどめるのが妥当ではないか。

（刑法演習問題五五講（一粒社））

第一八　強制執行免脱罪――罪質

――強制執行免脱罪の成立には基本債権の存在を必要とするか――

一　罪質の問題の意味

強制執行免脱罪（九六条ノ二）は「強制執行ヲ免ルル目的ヲ以テ財産ヲ隠匿、損壊若クハ仮装譲渡シ又ハ仮装ノ債務ヲ負担シタル」時に成立する。ところで、行為者としては近く強制執行の行われることを予想しているわけであるから債権の存在を予定しているのであるが、その際何かの事情があってその債権が客観的には存在していないことがあり、そのことが事後に民事裁判その他で確定されることがある。また、初めから債権の存否そのものを当事者間で争っている場合でも、相手が仮差押えや仮処分を行うことがあるから、これをまぬかれようとして隠匿などの行為にでることがあり、その際にも事後に相手に債権がなかったことが確定することがある。このように、強制執行や保全執行をまぬかれようとすることが犯罪の内実をなすことはあきらかであるが、この妨害されようとする公務も所詮債権者の財産権を保護するものであることを考えると、以上のような事例が実際に起こりうる以上、一般的に本罪の成立に基本債権の存在を必要とするかどうかを考えておく必要があり、そのいずれの立場をとるかによって犯罪の成否が分かれることになる。

この問題については、(a)常に基本債権の存在を必要とするという立場（必要説）と、(b)必要としないとする立場

（不要説）と、(c)場合によっては必要であるとする立場（一部必要説）とが対立している。それぞれの立場を説明してゆこう。

二　不要説の立場

この立場がわが国の通説といってよい。本条が公務を妨害する罪の章に配置されていること、本条の強制執行には保全執行がふくまれるべきこと、保全執行はそもそも権利関係に争いのあることを前提にしており、真実の債権があるかどうかは、執行の効力に関係がない（この点を封印破棄罪につきあきらかにしたのが大判昭和7・2・18集一一・四二）、したがって保全執行をまぬかれるために隠匿などの行為をした以上、国家の強制執行機能は危険にさらされたわけであって、事後にかりに債権がなかったことが判明してもすでに成立した犯罪には関係がない（団藤・各論三二一・三二三頁注四、柏木・各論八九頁、宮内・各論三〇三頁、滝川＝竹内・各論三八六・三八七頁注三、福田・各論三〇頁、大塚・注釈(3)各則(1)八六・八七頁、同・各論下六〇二頁、伊達・刑事法講座四巻六八五頁、沢井種雄・刑評六巻六八頁など）。

かつて大審院は、ある寺の負債整理の委任をうけた被告人が動産引渡請求保全のための仮処分執行をうけた際、本人のためにその執行をまぬかれるため係争物件を寺から秘かに持ち出して隠匿した事案について判決したことがある（大判昭和18・5・8集二二・一三〇）。本件では仮処分の基礎となった公正証書が錯誤による無効のものであることが区裁判所の確定判決によってあきらかとなったものである。判決は「民事上の権利なき者の申請に基ずく仮処分といえども、これが取消のなされざる限りその法律上の効力は依然として存在し、何人といえどもこれを尊重すべきは当然」として有罪にした。この判決は不要説の立場にたっている。

三　必要説の立場

ドイツ刑法は、本条と同趣旨の規定を財産犯のなかに第二八八条執行を無効果にする罪として規定している。ドイツはこの罪につき、強制執行を妨害する点に重点をおかず、直接債権者の財産権自体を保護するものとしてとらえている。したがって、この罪の成立する前提として必ず債権の存在していることが必要となる。判例も学説も一致してそう理解する。そして、本罪に強制執行が切迫していることを必要とし、いつ切迫したといえるかに本罪の重要な問題点をおく。この点は結局は具体的事件の客観的事情によって吟味されるが、債権者が債権を強制的に実現しようとする真摯な意思が彼の行為に出現した時が「切迫したとき」とされる。債権者の督促だけでは十分でない（RG 20-256）が、訴えの提起については説が分かれる。ヴェルツェル教授は足りるとするが（Welzel, Das Deutsche Strafrecht, 1969, 11 Aufl. S. 364）、マウラッハ教授は足りないとする（Maurach, Strafrecht, BT. 1964, S. 265）。そこまで刑法で保護するようになると保全執行手続を無用のものにすることになろうというのがマウラッハ教授の否定の理由である。

ドイツ刑法のこのような本罪のとらえ方はすでにわが改正刑法仮案（昭和一五年四月発表）第四六二条に採用されていた。本条（九六条ノ二）はこの仮案第四六二条を参考としつつ、昭和一六年の刑法一部改正に際し、財産犯のなかにではなく、公務執行の妨害の罪の章に規定されるところとなったものである。ここに二つの立場の生まれる発端があった(1)。高度国防国家の建設、司法新体制をめざして一層きびしい戦時体制の下で行われたこのような財産犯から国家犯罪への立法の変容も、犯罪の実質を直視するときやはり批判をまぬかれない（牧野・警察研究一二巻四号九頁、泉二・法曹会雑誌一九巻九号一頁以下はこの立法の変容を強く非難する）。しかし、現行法の解釈としても、債権者保護も法益の一部である（日沖・法律時報一三巻五号一一頁以下参照）と理解し、債権の存在を必要とする学説がある（熊倉・各論下七五九頁、香川・各論二六頁）。なお傍論としてこの立場をのべた判例もある（東京高判昭和25・2・14集三・一・五二）。

四　一部必要説

最高裁のある判決の立場である(2)。義弟の連帯保証人になっていた被告人が保証債務履行請求によって訴えられたので将来の強制執行をおそれて不動産を娘に譲渡した事案であった。本件では被告人の妻が無断で被告人の実印を貸借証書に押捺したものであったため、民事裁判で被告人の保証債務は存在しないことが確定されたのである。本判決は、本条が究極するところ債権保護を主眼とすること、強制執行をまぬかれる目的とはたんに犯人の主観にとどまらず強制執行をうけるおそれのある客観的状況のあることが必要なこと、本件のように、執行名義もなく債権者の訴えの提起があったというだけの事実のもとでなお右のような犯罪が成立するためにはその基本たる債権の存在を必ず確定する必要があること、もし債権の存在が否定されると保護法益を欠くものとして本罪は成立しないことになるとのべている（最判昭和35・6・24集一四・八・一一〇三）。

この最高裁の立場は、執行名義（債務名義）のあるときは債権の存在を確定しないでよいという点で一部必要説ということができる。しかし、執行名義（債務名義）と債権の存在がずれることは理論的にはありうるが、隠匿などの行為が起こる場面ではずれることを考える必要はないようにおもう。この立場は表現の形式からは一部必要説であるが、実質は必要説と同一に帰すると考えてよい。

この立場が保全執行をまぬかれるための隠匿などの行為をどう処理するかは直接答えられていない。その場合でも債権関係が存在しないことが確定されれば、それだけで犯罪不成立とすることは、右の立場でのべられたことであるが、逆に、債権が存在する場合に、保全執行のどのような段階が「強制執行をうける客観的おそれ」に該当するかはこの立場から必ずしもあきらかではない。学説としてこの一部必要説の立場を支持するものがある（植松・各論三一一頁）。

五　要約と問題点

(1)　不要説はその理論構成としてはすっきりしているが実際の結果は必ずしも妥当ではない。保全執行さえ開始されていない時期に、実体的に保護さるべき債権が存在していなくとも公務妨害が成立するとするのは、この種の公務の実質からみてゆきすぎである。不要説を生んだ昭和一六年当時の異常さは今日にはない。改正刑法準備草案がこの点で異常な現行法をそのまま引き継ごうとしているのは問題である。

(2)　一部必要説はたとえ保全執行が開始されていて、それを現実に妨害することになってでさえ、事後的に債権関係が不存在であれば無罪とする点で本罪の財産犯的側面を強調しすぎるようにみえる。[3]しかし、本条の保護する法益を狭義の強制執行と考えることによってこの結論を是認することができよう。

(3)　封印破棄罪においては仮処分による差押えの標示を保護している（大判昭和7・2・18集一一・四二）[4]が、本条の場合において、仮処分に対して権利の不存在を主張する者が異議によりその取消しを求めることなく隠匿などの行為により実力的に対処することは取引倫理からみて不徳義ではあるが、それだけですべての場合に可罰的な程度に違法であるとはいえない。強制執行も仮処分も債権保護を究極の目的とするものであるから、刑法の領域では客観的に債権の存在している場合にのみ可罰性をみとめれば足りよう。

(4)　要するに、私見によれば、本罪の保護法益は狭義の強制執行である。したがって、(a)強制執行は債権の存在を前提とするから本罪の成立には債権の存在を必要とし、(b)執行名義（債務名義）の存在など強制執行が客観的に切迫していることが必要であり、保全執行のおそれでは遠すぎ、(c)保全執行開始以後は強制執行の切迫があきらかであるから、債権の存在を確定して債務名義がなくても有罪とすべきであろう。

注

（1）　改正刑法仮案の作業が中止され、刑法一部改正という形で仮案の一部が国防保安法案、治安維持法改正案とともに七六議会に提出されるにいたった事情、一部改正の基本的な方針、当時の内外の社会的、政治的背景については大審院長泉二新熊「司法の新体制」法曹会雑誌一九巻一号一頁、司法書記官大竹武七郎「刑法の改正について」同誌同巻五号一頁、司法官会同（昭一六・五・二七）における柳川司法大臣訓示、新大審院長長尾氏の挨拶（同誌同巻七号一〇三頁）参照。

（2）　この判決についての吉川義春氏の詳細な分析と的確な批判（法学論叢六九巻三号一〇一頁）から本稿も多くを教えられた。
（3）　木田純一教授は強制執行が目的を達しえたか否かを犯罪の成否にかからしめられる（各論二七頁）。徹底した財産犯的構成であり、それも一つの見識である。
（4）　本判決は小作争議に対する地主の立入禁止仮処分に端を発する事件である。弁護人上村進氏の上告趣旨は小作人の生存権を骨子とする堂々の論陣であるが（上村進「立入禁止の刑法的効力」法律時報昭和六年四月号三六頁参照）、当時の情勢では裁判所に滲透することはできなかった。この事件は、今日の段階では、たとえば、労働争議における仮処分に端を発する浦和地裁無罪判決（浦和地判昭和38・1・16下刑集五・一＝二・三二）の事件と同様、構成要件該当行為について正に違法論で問題を解くべき事件であったとおもう。当時の政治体制の下ではこのような形での違法論の存在は否定されていた。

参考文献

大竹武七郎「刑法の改正について」法曹会雑誌一九巻五号一頁、泉二新熊「刑法中改正規定の瞥見」法曹会雑誌一九巻九号一頁、牧野英一「刑法中改正法律㈠㈡」警察研究一二巻四＝五号一頁、吉川義春「判例研究」法学論叢六九巻三号一〇一頁、寺尾正二「判例解説」法曹時報一二巻八号一二二頁、小暮得雄・刑法判例百選Ⅲ各論（第二版）二二八頁。

（演習　刑法各論（青林書院新社））

第一九　最高裁四・二五判決とあおり罪

（最判（大）昭和四八年四月二五日　刑集二七巻四号五四七頁）

一

昭和四一年全逓中郵事件一〇・二六判決によって最高裁として初めてきり開かれたところの、労働基本権の保障にふさわしい争議禁止規定の理解の仕方は、その後、都教組事件および全司法仙台事件四・二両判決によりいわゆる二重のしぼり論として関係争議処罰規定の合憲的制限解釈として展開された。そして、その後、その基本線にそった具体的諸問題の解決が各方面で精力的に行われていた矢先、今度の四・二五判決は、この基本線そのものを全的に否定してしまった。それまでの一連の最高裁判決において、少数意見として述べられ、また、検察側の訴追の論理として主張されてきた立場が、最高裁裁判官の人事移動の結果、わずか一票の差で、今回の判決となったものである。

最高裁四・二五判決の基調をなすところの争議全面禁止一律処罰合憲論の立場は、本判決におけるいわゆる五裁判官意見に指摘されているとおり公務員制度についての非近代的な権威主義的理解（国民大衆の共同利益の奉仕者という側面よりも、官吏としての政府に対する忠誠義務負担者という側面の強論――ここから公務員争議の法的評価の視座は、国民大衆への現実の被害という結果無価値ではなく、なすべからざることをなした背信性という行為無価値におかれる)、および労働基本権についての文化史的意義の無理解(治安的立場からする団体行動への不信)にもとづくものであって、労働法、憲法、行政法の立場から、きびしく批判されなければならないであろう。

ここでは、もっぱら刑法の立場から本判決の批判を行いたい。

二

最高裁四・二五判決を刑法的側面に限って検討するとき、それはまず、その基本的な内容が既に最高裁四・二両判決の少数意見または反対意見として主張されてきたものと同一のものであるといってよい。あおり行為に当たる以上すべて可罰性があるばかりでなく、あおりの対象となる争議行為についても、「もともと法律上争議権を否定された公務員が『正当な争議行為』をすることができないのは当然であるから」とのべ、あおりの対象となる争議行為について、「正当性」とか「刑事罰をもってのぞむべき違法性の有無」を論ずる理由がないという。

なるほど、一応は、公務員も勤労者として原則的に憲法二八条の保障のもとにたつというところから出発しはするが、公務員の地位の特殊性と職務の公共性を理由に、直ちに、争議権の制限の合憲性を論ずる。かつての論調と比べると、限定解釈そのものが無根拠であるというよりも、違法性の強弱による区別の仕方のあいまいさを攻撃することに重点がかけられている。争議全面禁止あおり一律処罰合憲論の立場が、かつては、禁止の全法域性(違法一元論)から論理的にのべられていたが、今度は、合憲判断について、判決としての実質的な論点をあげている。それは一つの変化である。しかし、これらの論拠はいずれも関係の専門領域の研究者によって、すべて合憲性の根拠として不充分であることが指摘されてきたものをくつがえす説得性はない。

三

なお、四・二五判決には、たとえば、「機械的労務の提供やこれに類するようなものは『あおり』『企て』にふくまれない」とか、「その態様上実質が単なる規律違反としての評価をうけるにすぎないものはもともと構成要件に該当しない」とか、「構成要件該当行為でも具体的事情のいかんによっては、法秩序全体の精神にてらして許容されるものと認められるときは、刑法上違法性が阻却されることもありうる」とかの叙述がみられる。それだけをみると何か意味ありげであるが、その真意は、それぞれのコンテキストから明らかなように、刑罰法規の解釈適用における一般常識的なことがらを述べたまでであって、労働基本権の憲法による保障の趣旨に照らして限定しようというものではない。「法秩序全体の精神」も、せいぜい緊急避難のような一般刑法上の正当化事由を念頭においているようである。

憲法上の要請として格調高く限定解釈が主張されてきたし、いままさに、それが真剣に争われているこの判決において、このような無関係な論点をあえて投入し、「限定解釈」のポーズをとることは、限定合憲論に対して二重に真摯でない解釈態度として強く非難されてよい。もちろん、将来、ある条件のもとで、これら見せかけの「限定解釈」が、法廷論理として、本当の争議権保障が突入してゆく入口となることがあるかもしれないが、それは、この非難をさしひかえさす根拠とはならない。

真摯でない解釈態度は次の二点にも現われている。一つは、七裁判官補足意見の中の次の個所である。五裁判官意見は代償措置の問題にふれ、人事院勧告がそのとおりに実現されてゆくためには、一般社会の政治的、社会的支援協力が必要だし、そのような与論への訴えとして公務員の争議行為は有力な手段となるとのべている。ところが、この点をとらえて七裁判官補足意見はいう。「政治ストを憲法上正当な争議行為として公務員に認めよということに外ならない」と。これは論旨をゆがめた批難である。二つは、二裁判官追加補充意見である。そこには、合憲的限定解釈論の立場に対して、マグナカルタとか罪刑法定主義に反するという非難を浴びせている。無限定全面一律処罰合憲論者である論者が、そのような反駁をする根拠のないことは、色川裁判官の反対意見のなかに指摘されているとおりである。しかもその非難の真意は、限定解釈によって公務員争議がほとんど無罪となり、全面禁止を無にしてしまうという点にある。限定の必要を真剣に求めている者にむかって、その必要を何一つ考えない者が、限定の仕方について論ずる資格はない。限定解釈論を罪刑法定主義違反であるという理由で非難する者は、同時に、全面禁止違憲無効を主張する用意がいる。

四

最高裁四・二五判決のなかの七裁判官補足意見の次の個所は、違法論の立場からみて問題であり、また、最高裁一〇・二六判決とも直接的に矛盾する主張がふくまれている。

「（一）争議行為が正当であるか否かは、違法性の有無に関する問題であり、違法性が強いか弱いかは違法性のあること、すなわち正当性のないことを前提としたものである。

（二）そして、ここにいう正当性の有無は、単に『刑法の次元』における判断ではなく、まさに憲法二八条の保障をうけるかどうかの『憲法の次元』における問題なのであるから、その保障を受けうるものであるかぎり、民事上、刑事上一切の制裁の対象となることはないのである。

（三）しかるに、全司法仙台事件判決は、全逓中郵事件判決が憲法上の保障を受けるかどうかの観点から違憲判断を回避するために示した正当性を画する基準と同一のものを、違法性の強弱判定の基準としているのであって、そこに法的思惟の混迷があると思われる」。

この部分は、七裁判官補足意見が、全司法四・二判決を非難している個所の一部分である。(一)については特にそれじたいとしてみれば問題はない。問題は、(二)と(三)である。

(二)について述べられていることは、二つの内容に分けて考える必要がある。

一つは、争議行為の正当性という観念は、憲法の次元の判断である、という主張である。

二つは、争議行為が憲法の次元で正当と判断された以上、すべての法域において正当なもの、違法でないものとして通用しなければならない、という主張である。

最初の「憲法の次元」ということは、必ずしも明確な、理論的に普通の内容をもつ術語ではないように思う。しかし、ここでは、「刑法の次元」ということと対照して用いられているところを見ると、「刑法の次元」でも正当性の判断、または、違法判断が、別個にあって、こちらの判断は刑法限りの判断としてのみ通用するが、刑法以外では、たとえば民事上や行政秩序上では、正当なもの、違法でないものとしては通用しない、ということのようである。

そして、このような理解のもとに、一〇・二六判決の論理をそのまま四・二判決がもちこんだ、そのもちこみ方をさして、「法的思惟の混迷」と非難するのである。

しかし、「法的思惟の混迷」はどこにあるのであろうか。

右の補足意見は、あきらかに、違法一元論の立場にたち、およそ、憲法上保障された正当な争議行為というなら、どこでも正当なものとして何の不利益な効果をもおわさるべきでないし、ということは逆にいえば、どこかの法領域で合憲的に違法とされ不法効果を帰せられる行為は、どこにおいても違法でなければならないということであろう。

ここに「憲法の次元」における正当性とは何なのであろうか。われわれは、いつ、どのようなコンテクストのなかで、「憲法の次元」の正当性を判断することになるのであろうか。

われわれは、まず、ある争議行為がたとえば郵便法七九条郵便物取扱罪の教唆の構成要件に該当する判断したとき、次に、その行為が違法かどうかを問わねばならない。その時に、われわれは、その行為が労組法一条二項にいう「正当な争議行為」といえるかどうかを判断する。この正当性の判断は、争議権のこの際の保障が憲法二八条の具体化であるのだから、憲法の「次元」の正当性の判断といってよいであろう。最高裁一〇・二六判決は、まさにそのことを要請した。われわれに言わしむれば、そのような時にも「憲法の次元」の正当性の判断を行うというであろう。

ところが、この七裁判官補足意見はそのような用法を拒否するのであろう。なぜなら、みぎの郵便法違反の争議行為は、かりに、正当な争議行為と判断されないとしても、最高裁一〇・二六判決の傍論によれば、おそらく、公労法一七条違反により、違法とされ、行政秩序上の不利益取扱（解雇）とされるからである。補足意見は、「憲法の次元」で正当とされる行為に、このような不法効果がつくことは考えられないとするからである。

こう考えてくると、「憲法の次元」における正当性というのは、ある具体的な不法類型（犯罪類型のほか、民事不法類型や、懲戒処分をふくむ諸行政秩序違反類型など）にたまたま該当する側面を当該争議行為が混有する場合に、それぞれの特定の不法構成事実該当行為を念頭において、当該不法の具体的な違法判断を行うというような、まさに今われわれが郵便法違反の例によって試みたコンテクストのなかでの正当性判断とは、おそらく異質のものが観念されているに違いない。

憲法によって保障された争議権というものが、このような具体的違法判断との関連を全く捨象して、抽象的に判断される場面があるのであろうか。

われわれが思いつく唯一つの場合は、争議制限・禁止の法規の合憲・違憲の判断に際してである。まさに、この判断こそは、憲法の次元における正当性判断というにふさわしい判断であり、最高裁一〇・二六判決の全論理がこれであった。公労法に違反した争議行為であっても、郵便法七九条違反事件につき、あらためて、労組法一条二項の判断（争議行為の正当性の判断）を必ず行え、という最高裁一〇・二六判決の憲法判断は、まさに公労法一七条、一八条、郵便法七九条、労組法一条二項、憲法二八条その他関連諸法規をめぐる憲法判断の結論であり、まさに、憲法判断であるがゆえに、本件具体的行為の法的評価ではなく、まずもって、関連法規についての判断である。ある特定の郵便法違反事件がたまたま正当性の限界をこえたと判断され、刑事責任を追及されることはある。一〇・二六判決の被告事件については、たまたま正当性の限界内にあると判断されただけである。法規についての憲法判断と、それを前提として構築される構成要件——違法——責任の具体的な判断とは厳重に区別されなければならない。

公労法一七条に違反していても刑罰法規との関連ではあらためて労組法一条二項の正当性を問えという憲法判断は、正確には、「憲法の次元における判断」ではあっても、「憲法の次元における正当性判断」ではない。「正当性」とは常にある具体的行為の法的評価の問題であって、ある法規が憲法二八条の規定の精神からみて「正当性がある」とはいわない。憲法の条項に合致しているか（合憲判断）、違反しているか（違憲判断）という具合にしか表現しない。これは、ある抽象的な法規を判定しているからである。

「憲法の次元」における正当性の判断という用語につき、考えうる二つの場合を検討したが、いずれも七裁判官の補足意見の趣旨とは別の内容のものとしかならなかった。

われわれは、もう一度、四・二五判決のかくれた論理、一種独特の違法一元論の思想にたちかえる必要がある。

五

どのような不法制度が問題になっていようと（あるいは、不法制度との関連も予定しないでよい）、およそ争議行為という形をとった行為でさえあれば、常に正当化の及ぶ範囲があり、他方、逆に、いかに争議権の行為という名をかぶせてみても、すでにその一点において、正当化事由としてのあらゆる面目をすべて失うというある具体的要件事実がある、というような命題がなりたつのであろうか。労働法上も、憲法上も、争議権が語られ、争議行為の正当性が論じられる。しかし、実際に、争議権が語られ、その正当性が語られるのは、常に、問題の争議行為がある不法類型に該当し、その不法効果をおよぼすべきか否かが問題になった場合に限られるのではないだろうか。確かに、ある一つの具体的な争議行為に際して、刑法上の犯罪構成要件からも、民事や行政秩序上の不法要件からも、多様に法的評価が進められ、それぞれに、あるいは、ともに正当な争議と判断されたり、あるいは、別異に、刑事上は正当されながら、行政秩序上は正当でないと判断されたりすることもあろう。そしてこれらの諸種の不法制度のなかでの争議行為の正当性の判断について、冒頭にのべたような命題が論理的には可能であるかもしれない。しかし、そのような、すべての不法制度を相手にまわして、一般的に正当なもの、逆に、常に違法なものというような論理は、本当に有用な概念道具であろうか。争議権の社会法的構造は理論的に明らかにされている。しかし、正当性の限界は、具体的な行為についての評価であるだけに、厳密にいえば、史上、ただ一つでも、同一内容の争議行為など存在しえない。一般的な正当性の判断基準をさらに一般化してゆけば、それは争議権の法的定義にゆきつくしかないのであって、各不法類型の法領域すべてに共通の正当性の基準は何かということになると、結局争議権それじたいの定義にもどるわけであって、それ以外にはない。もちろん、争議禁止や制限との関連において、どの不法類型領域でも一様に争議権の行使の限界を問うてよいかどうかという別の問題はある。しかし、それをのぞけば、それぞれの不法類型を充足した行為の不法性の質と量を具体的に判定したうえで、具体的争議の態様との比較較量をするなかで、それぞれに、各不法との関連で争議行為の正当性は判断される。争議権の構造（正当性判断の法的性質）が単一ではあっても、対抗している不法の質と量とが異なる以上、結論が区々になって当然である。「その一点ですべて違法となる」とか、「その一点ですべて正当である」というような正当性判断基準は存在しないように思う。

補足意見の「憲法の次元」における正当性判断というものが、すべての法域を通じて、抽象的、一般的に、憲法上正当とされる争議行為があるというのであれば、右に批判的にのべたところの正当性の観念が説かれていることになる。それが、すべての不法類型に際して、争議行為の正当化を問えという主張ならば——争議禁止の憲法判断を別とすれば——あまりにも当然のことをいっているのであって、無意味である。相手が、どのような不法類型を、どのように具体的に充足した争議行為であっても、常に違法な、または、常に正当な争議行為があるということを主張するつもりならば、それは、おそらく実際の論理としては背理であろう。

しかし、このような正当性の観念は、意外にもいろいろの方面で使用されている。

たとえば、入江俊郎裁判官の全司法仙台事件四・二判決の意見によれば、つぎのようにいう。

「……憲法二八条の法意に鑑み、国公法上禁止されているとは認められず、従ってまた国公法上懲戒処分の対象ともならないような争議行為であれば、それは憲法上適法な争議行為であり、憲法上の保障を考えられているのであるから、これを対象としてあおり行為等が行なわれたからといって、前記国公法の刑罰法条の適用の余地のないことは明らかであるが、いやしくも国公法上違法と認められる争議行為を対象としてあおり行為等が行なわれた以上これに対し前記刑罰法規の適用のあることは当然といわねばならない。」

この文章では、「懲戒の対象として禁止される行為」と「憲法上適法な争議行為」とが逆の関係のように説明されているが、この文章の直前には、「……これらの法条（国公法の争議禁止規定）については、当然憲法二八条の法意に即した適切な解釈が加えられるべく、その限度において争議行為が禁止され、かくして禁止されたところの争議行為であって始めてこれに懲戒を加えることができる」という文章があり、それをうけて、あおり行為の対象となる争議行為につき、右のように述べてあるのである。

この入江意見も、見方によっては、もともと正当な争議行為というものが憲法上存在しており、それについては、国公法上の禁止も、またあおり罪の前提としても、及ぼしてゆけないもののようである。

さらに遡れば、佐教組事件第一審判決の佐藤秀判事の判決に、これと似た理解を見いだすことができる。

「……地方公務員法第三七条が地方公務員の争議行為を禁止するのは、それが多くの場合『公共の福祉』に反するおそれがあるからであって、したがって、同条は具体的に公共の福祉に反するおそれのないことが明らかな争議行為までもこれを禁止する法意ではないと解すべきである。すなわち、公共の福祉に反するおそれのないことが明らかな争議行為は地公法第三七条、第六一条四号にいわゆる争議行為に該当しないのであり、かく解して始めて、右各法条は、憲法第二八条に適合するのである。」

ここではより一層明白に、憲法上正当な争議行為は、懲戒処分の対象としてもあおり罪の対象領域からも排除されていることがわかる。

以上からみると、むしろ、一〇・二六判決を支持し、または、その源流をなした判事の立論のなかに、法領域をこえた、憲法上正当な争議行為という観念があるように見える。

しかし、この入江意見および佐藤判決において留意しておかねばならないのは、懲戒処分の対象として禁止される争議行為と、あおり罪の前提としての争議の範囲に、くいちがいはおかれていないということである。つまり、懲戒処分の前提事実としての争議行為すら、そのあおりが同時に犯罪として処罰の対象として間接的な可罰規制をうけるものとしての禁止の意味があることを当然に予定して、争議行為の正当性の限界を論じようというのである。その意味でこれらの見解は、可罰禁止に値いするかどうかという基準でもって、懲戒処分の前提となる争議行為をも枠づけようとしているのである。決して、憲法上、禁止領域（不法効果の特殊性）から抽象された、一般的な正当性判断が行われているわけではない。

その意味で、一見、四・二五判決補足意見の論じている「憲法の次元における正当性判断」という観念が、これらの判事らの見解にも共有されていると考えてはならない。

ここまで論じてくれば、補足意見の（二）の主張の真意は明らかである。つまり、争議行為の正当性という言葉はどの法域にとっても常に正当として通用する場合にのみ使うべきであって、公労法上は正当でないが、刑法上は正当である（これは最高裁一〇・二六判決の論理である）というような表現はやめようということであり、公労法上違法な行為は、刑法上も違法であるということ、つまり争議全面禁止、あおり一律処罰の無条件合憲論の別の表現にほかならないのである。憲法の次元で正当であるならば、民事、刑事いずれにおいても正当でなければならないという論理は、一見いかにも進歩的でありながら、その真意はまるで逆の、公労法上違法である以上、民事上も刑事上も当然正当でありえないということであったのである。

六

つぎに、補足意見の（三）の点について考えよう。

ここでは、中郵判決が刑法上正当性を失う争議行為の型としてあげた三つの争議行為の型、つまり違法性の有無についての基準を、全司法仙台事件四・二判決が、「違法性の強い争議行為」という具合に、違法性の程度判断の基準に転用したことをもって、有無の問題と程度の問題を混同した「法的思惟の混迷」があるというのである。ほんとに、「混迷」があるのであろうか。

このような全司法仙台事件四・二判決の論理は、同時に、都教組事件四・二判決にも採用されている論理である。後者の判決にいう。

「地方公務員の具体的な行為が禁止の対象たる争議行為を禁止するかどうかは、争議行為を禁止することによって保護しようとする法益と、労働基本権を尊重し保障することによって実現しようとする法益との比較較量により、両者の要請を適切に調整する見地から判断することが必要である。そして、その結果は、地方公務員の行為が地公法三七条一項に禁止する争議行為に該当し、しかも、その違法性の強い場合も勿論あるであろうが、争議行為の態様からいって、違法性の比較的弱い場合もあり、また、実質的には、右条項にいう争議行為に該当しないと判断すべき場合もあるであろう。」

ここには、二つの正当性判断が観念されていることになる。

まず、第一は、懲戒処分の前提としての地公法上禁止された争議行為といえるかどうかという際に行われる正当性判断が一つ。右に引用した判決文の説くところである。それは、当該争議によって具体的に阻害された公務の大いさと、当該争議によって追及された公務員労働組合の具体的利益との比較較量として表現されている。単なる争議による被害の大いさだけでなく、その被害のうえに追及された争議行為の目的の正当性、手段の相当性が吟味されることになろう。これは正に争議行為の正当性の判断である。

次に、判決文は、右の意味で地公法三七条によって禁止の対象となる争議行為、したがって、地公法上違法な争議行為も、その違法性において強弱さまざまであって、そのすべての違法争議があおり行為の対象として直ちに適当なものというわけではない。地公法上違法な行為のなかで、さらに一段と違法性の高い争議行為をあおった者だけが、処罰される（第一次の限定＝違法性の強い争議行為）。あおり行為についても一切のあおり行為ではなく、争議行為に通常随伴して行なわれるようなあおり行為的なものは除かれる（第二次の限定＝違法性の強いあおり行為）。

問題は、最初の地公法上の禁止の対象として合理的に限定された争議行為と、第一次限定たる違法性の強い争議行為との関係である。第一次限定の違法性の強い争議行為としては、都教組事件四・二判決にはそれ以上の具体的な説明はないが、全司法仙台事件四・二判決には、この点についてこう述べている。

「……争議行為そのものが、職員団体の本来の目的を逸脱してなされるとか、暴力その他これに類する不当な圧力を伴うとか、社会通念に反して不当に長期に及ぶなど国民生活に重大な支障を及ぼすとか等違法性の強いものであること……」と。

右の内容が最高裁一〇・二六判決において刑事制裁を免れない、憲法二八条に保障された争議行為としての正当性の限界をこえた、争議行為の型として例示された三つの場合に相当していることは容易に推察できる。つまり、ここでは、「正当性の限界をこえた」違法な行為と観念されているものが、さきのところでは「違法性の強い争議行為」として位置づけられている。しかし、この点は、四・二五判決補足意見のいうような「混迷」ではない。一〇・二六判決でも、右の判断で正当な争議行為となされたものであっても、民事責任の追及（解雇と損害賠償）はありうるとしているのであるから、そこにも、民事制裁どまりの争議行為と、刑事制裁をもうける争議行為との概念区別があるのであって、それをそれぞれに、違法性の弱い争議行為、違法性の強い争議行為とよんだとしても、別に混迷とよばれなければならぬものはないからである。

ここまでは特に困難な問題はない。しかし、最初にあげた地公法による禁止に該当する争議行為の内容である。そこにもまた法益較量を内容とする正当性判断（といっても、禁止されていない、地公法上も許容される争議行為）が観念されている。そこにいう「禁止条項にいう争議行為にさえ該当しない」争議行為というのは、おそらく、公務への被害じたいが極めて軽微なもの（結果無価値の軽微性）が含まれていようが、それと同時に、憲法二八条にいう争議権の保障との関係からして、被害の結果じたいでは必ずしも軽微とはいえないが、法益較量の結果、結局において軽微であって（または、懲戒処分上は正当な争議行為として）、禁止対象とならないという場合がおそらく考えられよう。

この時、右の正当な争議行為として許容されるという判定と、さらにさきに述べたところの第一次限定としての「違法性の強い争議行為」に際しての正当性の判断とは、お互いにどのような関係にたつのであろうか。ここに困難な問題がある。判断の名称も、どちらも争議行為の正当性の判断であり、実質的な内容も公務に及ぼした被害の実際と、争議行為の目的、手段と態様との比較較量であるからである。

最初の地公法における禁止条項にさえ該当しない争議行為といわれるものの内容が、単に結果の軽微性のみによる、いわば、法適用上の一般常識上からすべりおちるものに限られているならば、実際は、争議行為は全面的に地公法上禁止されているし、何らかの不利益処分に該当するといえばよい。不利益処分の内容も多様であるから、公務への被害の大小を充分にくみつくすことができる。しかし、禁止条項に該当しない争議行為の内容が、法益較量の結果、許容される争議行為が含まれるということになると、ことは面倒にならざるをえない。

おそらく、第一次限定における違法性の強い争議行為ではない（一〇・二六判決の用語法によれば、憲法二八条、労組法一条二項により正当とされる争議行為）と判断されたものでも、最初の地公法上の禁止条項には該当し、正当でない（または違法性の弱い）争議行為とされ、懲戒処分の対象となろう。たとえば、この種類の公務の、この程度の拡がりでの、この程度の時間の争議行為であるが、争議目的の真摯性、緊要性からみて、あおり罪の前提となる争議とはいえないが、しかし、ある程度の懲戒処分には該当するというのである。この際、懲戒処分の対象としての禁止条項にも同時に該当しないとなぜいえないかという判定が当然に必要とされるが、あおり罪との関係では正当な争議行為と判定された同一の行為が、懲戒処分との関係ではなぜ同様に正当な争議行為と判定されないのであろうか。不法効果は、よりゆるやかな種類のものが問題になっているのに、である。

これはおそらくこうであろう。懲戒処分において争議行為に該当するかどうかという判断は、懲戒処分にふさわしいものとしての争議行為にあたるかどうか、懲戒処分にさえ値いしないかどうかという形で、争議行為の正当性、すなわち公務への被害の程度と争議の緊要性との比較が行われるのである。懲戒処分が刑事処分より峻厳さにおいて数等おとっているということは、逆に、それだけ容易に、処分相当、つまりは、正当でないという判定が下しやすいということになる。ここから明らかなように、あおり罪の成否という可罰評価の前提として争議行為の正当性、または強い違法性の有無を判定する場合には、同様に、公務への被害の程度と争議の緊要性との比較を行いながらも、数等きびしく、その較量がなされ、容易には、強い違法性があるとは判定できないのである。不法効果が重大であるだけに、前提たる不法の大いさも重大である必要があるからである。

以上の検討を一般化するならば、それぞれの不法類型にふくまれる争議行為の正当性の判断は、その法的構造は同一であっても、不法効果の差異がその判断の実相に影響すること、それは、その不法構成要件の最低の充足域の初まる時点、したがって、それぞれの正当性判断に際して被害の下限がどこから始まるかということのなかにくみいれられ、正当性判断に影響するのであるといってよい。しかし、そこに確かに二種類の正当性の判断があるが、そのうちのいずれかが、いずれの不法効果の世界からも抽象された、争議行為じたいの正当性とか、憲法上、または労働法上の正当性とかいうものではないことを留意する必要がある。二つの正当性の判断は、二つの不法類型の世界のそれぞれの判断として具体的にのみ存在しているのである。

この点からも、四・二五判決補足意見の(二)、(三)の論理はともに破産している。

七

最高裁四・二五判決を、かつての少数意見のときの内容と比較すると、表面的には、一つの変化がある。かつての立論では、違法一元論をふりかざして、争議全面禁止あおり一律処罰合憲論が、あたかも違法という観念からの理論的絶対的要請、論理必然的な結論でもあるかのように語られた。このような立論は四・二五判決からは表面的に姿を消し、みずからの憲法判断を赤裸々に語らざるをえなくなっている。ここでは、日本の現実の官公労働者のおかれている具体的な生活、労働関係が基準であるだけに、四・二五判決の一律処罰合憲論がいかに客観的真実から遠い現実性のない論理であるかは国民の前に白日のごとく明らかになる。四・二五判決は即座に撤回してしまう命題であるにもかかわらず、それでも「公務員にも原則として憲法二八条の争議行為の保障がある」ということから出発せざるをえなかったが、このことは、全面禁止一律処罰合憲論をより一層説得力のないものにしているし、また、争議権剥奪の「強力な支柱」であるとみずからのべている代償措置についてさえ、当局が誠意をつくしてやってもそのまま実現しないからといってこの制度が本来の機能を果たしていないというべきでないと弁解せざるをえなくなり、ここでも説得性を失っている。勧告に法的拘束力がないことが問題の核心ではない。勧告の形成や実現過程に際して、当事者たる勤労者の要求の真剣さ、強さを示す唯一の手段である争議権を奪ったまま進められてゆくところに、問題がある。

八

最高裁四・二五判決に際して、岩田裁判官の意見について検討しよう。四・二両判決の岩田意見の大要はこうである。

……組合本来の目的およびこれと関連する事項を目的とし、自主的に行う争議行為の発案、計画、遂行の過程として行なわれるあおり行為等を処罰することは、結局刑罰によってすべての公務員に対して一切の争議行為を禁止することになり、憲法二八条に違反する疑が生ずる、と。

この立場について、私はかつて、中郵判決の論理を素直に国・地公法に移せば、四・二両判決（二重のしぼり論）よりもむしろ、この岩田意見におちつくべきだと論じたことがある。これは、四・二両判決の両岩田意見によれば、いずれも「地公法三七条（または国公法九八条五項）は地方（または国家）公務員の争議行為を禁止しているから、地方（または国家）公務員の争議行為は地（または国家）公法上は原則として違法である——刑事罰をもってのぞむべき違法の意ではない」とのべられてある。

私は、この部分から、原則として違法であるが、例外的には正当となるし、そこに憲法二八条の保障があるという立場として理解していた。しかし、この岩田意見には、一〇・二六判決当時の意見にみられた「松田裁判官の意見にすべて同調する」という表現が消えているとはいえ、依然として「可罰違法」の観念が現われるところから考えると、入江意見とは異なり、憲法二八条の争議権の保障は刑法についてのみ言えることであって、解雇や民事賠償に際しては、もはや正当性を論じえないとする立場のようにもとれる。もしそうなら、岩田意見は、入江意見よりもはるかに後退している。

九

最高裁四・二五判決五裁判官の意見について。

この立場は、四・二両判決から受け継がれたものである。この二重のしぼり論は解釈技術としての系譜をたどれば、都教組事件第一審判決（東地昭和37・4・18判時三〇四・四三）にさかのぼることができる。しかし、実質的には、両判決の間には、はっきりした断層がある。都教組事件第一審判決は、争議行為全面禁止、あおり一律処罰の合憲論（憲法二八条）にたちつつ、争議刑罰法が争議行為の実行行為を処罰せず、そのあおり行為のみを処罰しているという、そのような建前に関連して、近代犯罪理論上、そのような異例の刑罰法規の内容を合理的、適正に解釈するということが憲法三一条との関連で主張されたのである。都教組事件第一審判決でもあおり行為限定解釈の立場がうち出されたのであるが、それは憲法による労働基本権の保障と全く無関係に出てきているのである。この点、佐教組事件第一審判決（佐賀地昭和38・8・27判時三一〇・六）が憲法二八条と争議禁止の関連を正面にすえ、公共の福祉に反しない争議行為はもともと地公法上の争議禁止一般からさえ除かれているとして、争議限定解釈をうち出しているのと、基本的に異なっていることを留意すべきである。そしてこの佐教組事件佐藤判決の論理が一〇・二六判決にひきつがれてゆくのである。

したがって、一〇・二六判決以後、再び地・国公法の問題に向かった最高裁は今度は形の上では構成要件をしぼるという方法をとっているが、その限定解釈の必要とされるゆえんは、一応それが立法政策上争議行為者不処罰の原則から生まれるとしつつも、同時に、都教組事件第一審判決にもみられなかったところの、その原則が憲法二八条による公務員への争議権の保障の表現であるとしたのである。

四・二五判決五裁判官意見は、このような刑罰法規の限定解釈が、公労法関係の場合の解釈態度と異なる点について若干の説明を試みている。

合憲・違憲判断について三つの場合を区別する。一つは、全面違憲無効の場合、二つは、部分的違憲（＝部分的合憲）、一部無効（＝一部有効）の場合、三つは、適用違憲の場合。この最後の場合は、猿払事件旭川地裁判決（昭和43・3・25判時五一四・二〇）や、群馬教組事件前橋地裁判決（昭和42・7・26別冊労旬六四五・五）などにみられるものであろうが、刑事事件の判決に関する限りでいえば、このような憲法解釈の方法が、刑罰法規の解釈適用上、刑法理論体系のなかにどのように位置づけうるのか理解できないものがある。

部分的違憲、一部無効の場合を、五裁判官意見は、合憲的制限解釈とよんでいる。これは、その意見がのべているように、「大部分が合憲的な制限・禁止の範囲に属するような場合」に限られるべきであって、かつて大教組事件大阪事件大阪地裁判決（昭和39・3・30判時三八五・三二）が指摘したように、公務員争議刑法の刑罰法規にみられるように、実定法規の文言の大部分が合憲的制限解釈の結果、排除されるような場合は、正面からその規定の全面違憲を主張すべきであろう。二重のしぼり論はその意味で解釈論としてはやはり無理であるように思われる。

また、二重のしぼり論は、公労法の場合と異なり、構成要件そのものを限定するのであって、構成要件はそのままにして、別途、正当化事由として争議行為の正当性を問うものではない、と五裁判官意見はいう。しかし、ある問題の事項が、構成要件の問題か、違法の問題かということは、実体的にその問題の事項そのものの法的性質がみずからを決定するのであって、それを無視して、勝手に、構成要件の問題であるとか、違法の問題であるとか言うわけにいかないように思う。

二重のしぼり論では、確かに、構成要件要素らしく表現されてはいるが、組合「本来の目的」とか、暴力「など」（または不当な威力）とか、不当に長期にわたる「等」とか、「重大な」国民生活への支障とか、通常随伴するとか、無数の規範的要素によって構成されており、むしろ、実体は、当該争議行為の諸般の事情にてらした具体的な正当性判断によってのみ適当に内容が補充されるものと考えざるをえない。実質は、争議行為の正当性の吟味ではないであろうか。

このような実体をもつものを、五裁判官の意見は、それをあくまでも構成要件限定解釈という場所におしこめて構成しようとされるのは、なぜであろうか。違法阻却事由、争議行為の正当性判断という形をとると、そこで正当とされた以上、民事上や身分上の責任まで免責されることになるのを避けようとされるのであろうか。さきの入江意見は、まさにそこまで憲法二八条の保障を及ぼそうとするものであった。しかし、そのような配慮は無用であろう。一〇・二六判決じたいが民事責任は残るとしつつ、憲法二八条、労組法一条二項をといているのである。

一〇

要するに、公務員争議刑法についての本稿の基本的な主張は次のように要約できる。

㈠　近代民主社会における公務員は、勤労者として争議権が保障されねばならない。身分保障や代償措置をもってしてもこれを奪うことはできない。一般勤労者に争議権を保障しなければならない歴史的必然性は、公務員にも及んでいる。結局のところ、公務員の生活条件もまた、資本主義社会における賃金その他の経済法則の外にたつことはできないからである。また、このような法的制限の意義は、結果じたいよりも過程にある。生活圏はある意味では水準化しながらも、使用者との間隙をますますひどくしてゆく。いくら誠意をもってもおしはかれないものも多い。当事者としての主体的な発言の様式としての集団行動の自由を担保する必要がある。

㈡　公務員の争議権の濫用について、刑法的規制をどう考えるかという立法問題については、結果無価値を中心としたいくつかの争議権濫用の可罰類型を創設し（一〇・二六判決や都教組事件第一審判決のそれぞれの類型も一応の参考になる）、しかも、憲法二八条、労組法一条二項の適用の余地を残しておくことである。

㈢　現行公務員争議刑法の解釈論としては、最高裁一〇・二六判決の論理構成を公務員全体にひろげること、つまり、争議全面禁止あおり一律処罰規定の一応の合憲、同時に憲法二八条、労組法一条二項の適用を問題とする。具体的手続におけるその正当性判断のつみ重ねは将来の可罰類型を創設する際の参考となるであろう。

（法律時報　四五巻八号）

第二〇　可罰的違法性

——公労法一七条違反の争議行為にも労組法一条二項を適用することができるか——

（最判（大）昭和四一年一〇月二六日　刑集二〇巻八号九〇一頁）

一　事件の概要

昭和三二年春闘において東京中央郵便局において被告人である全逓労組役員らは、郵便物の仕分け、取揃えなどの業務に従事していた組合員三五〇名を午前二時半頃局外に退去させ、午前七時からの職場大会に参加させたものである。

第一審東京地裁は、公労法一七条を理由に、これに違反して争議行為を指導したものを無条件に、つまり労組法一条二項を適用しないで、郵便法七九条郵便物不取扱罪の教唆犯として処罰できるとするならば、公労法一七条はもはや憲法二八条に違反するものとなる。同条を合憲的に理解するためには、禁止の意義を解雇にとどめ刑事事件としてはあらためて労組法一条二項を論ずべきだとし、刑法上は正当な争議行為に当たるとして無罪とした。第二審東京高裁は最判昭和三八・三・一五に従って、公労法違反の争議について正当性を論ずる余地なしとした（東京高判昭和38・11・27）。

二　判旨

「労働基本権は……公共企業体の職員はもとよりのこと、国家公務員や地方公務員も、憲法二八条にいう勤労者にほかならない以上、原則的には、その保障を受けるべきものと解される」。「公労法そのものとしては、争議行為禁止の違反について、刑事制裁はこれを科さない趣旨である」。「違法な争議行為に関しては、民事責任を負わせるだけで足り、刑事制裁をもつて臨むべきではないとの基本的態度を示したものと解することができる」。「本件被告人らの行為については……憲法二八条および公労法一七条一項の合理的解釈に従い、労組法一条二項を適用して、はたして同条項にいう正当なものであるかいなかを……判断し、郵便法七九条一項の罪責の有無を判断しなければならない」。裁判官松田二郎の補足意見「労働法規が争議行為を禁止してこれを違法として解雇などの不利益な効果を与えているからといって、そのことから直ちに……可罰的違法性までをも帯びているということはできない」。裁判官奥野健一ほかの反対意見「行為の違法性はすべての法域を通じて一義的に決せらるべきものであり、公労法上違法とされた行為が刑事法上違法性を欠くというがごときは理論上あり得ない」。

三　解　説

一　本判決と可罰的違法性の関係

(一)　大法廷判決の結論は、公労法の禁止に違反していても刑罰法規との関係ではあらためて労組法一条二項の適用を論ぜよということであるが、それがなぜ可罰違法の観念と関係しているのであろうか。

㈡　公労法一七条は、その規定上、争議行為を全面的に禁止しているのであるから、特に法域による区別をたて、例えば公労法一八条の争議禁止違反に対する解雇という効果に限って、禁止したものとはとれない。そこで、ある刑罰法規があって、それに争議行為がたまたま該当するなら、当然、争議行為としての正当性などを論ずるまでもなく処罰すべきことになる。

しかし、それでは公労法一七条は憲法二八条に反する疑いが強くなる。労働法学界では違憲の主張が圧倒的である。しかし最高裁としてはそこまで踏み切る自信がない。何とか公労法一七条の争議禁止を憲法に違反しないように解釈する余地はないものか。

㈢　かつて、東京地裁は、地方公務員法の争議行為全面禁止にもとづく争議参加者不処罰、あおり一律処罰の規定を憲法二八条に違反しないとしつつも、近代共犯基礎理論にてらすと、憲法三一条の趣旨により、争議行為に通常随伴するあおり行為を処罰の範囲から除く必要があるとしていた（東京地判昭和37・4・18）。また、本件の第一審東京地裁は、はっきりと公労法一七条が刑法上労組法一条二項の適用を排除していると解するならば、もはや憲法二八条と調和できないとし、その適用を論ずることは憲法上義務的であるとしていた。佐賀地裁も佐教組事件について、公共の福祉に反しない争議行為はもともと地公法の争議禁止一般からさえ除かれているとして、争議行為の範囲を限定する解釈をうち出していた（佐賀地判昭和37・8・27）。

このように、憲法の規定との関係である法規の意味内容を制限的に解釈する立場、憲法による合理的制限解釈が違憲の強く主張されている規定について行われるようになった。東京都教組事件においては、争議の一般禁止（地公法三七条）と刑罰法規による禁止、可罰禁止（地公法六一条四号）とを区別し、刑罰という峻厳な不法効果を考えに入れて可罰禁止（可罰的違法行為）の範囲を憲法三一条に照らして制限解釈したものであった。ここに、合憲的制限解釈の立場が可罰違法の観念と関係づけて受け取られる理由がある（最判(大)昭和44・4・2刑集二三・五・三八一参照）。

本件の第一審東京地裁判決や佐教組事件第一審判決は、いずれも犯罪構成要件の内容を直接限定しようとするものではなく、地公法の禁止一般の範囲をもともと限定する考え方、または、公労法の禁止の効果を刑事免責をも否定する程に強くよまないとする考え方である。これらの考え方も結局において可罰領域を制限する結果にはなるが、それをも可罰違法の観念の直接的結論というのには問題がある。一方は憲法による刑罰法規の制限解釈であり、こちらは非刑罰法規の効力範囲の制限解釈である。しかし、いずれも結局可罰領域の縮小には違いないので、これらの考え方も可罰違法の観念と関連しているように取り扱われている。

㈣　本件大法廷判決は、基本的には第一審判決の立場をより詳細に展開したものである。一般禁止と可罰禁止との質の差を前提にはしているが、構成要件を直接制限するのではなく、正当化事由（労組法一条二項）の適用を一般禁止違反にもかかわらず維持確保するという方法によって可罰禁止の具体的適用実現を限定する。その意味では、さきの都教組事件判決における程可罰違法の観念との結びつきは直接的ではない。

しかし、結果的に、解雇どまりの争議行為と刑罰によって対抗されるべき争議行為との間には、はっきりした段階差のあることを認める現実の機能に着目すれば、おしなべて可罰違法論とよぶことができよう。

㈤　要するに、違憲の疑いの濃い規定の解釈適用にあたり、率直に違法無効を主張する代わりに、できるだけ合憲的に制限解釈することによって事を処理しようとする最高裁ならびに裁判所当局の努力の結果、このような三つの解釈論理、つまり、(イ)刑罰法規そのものの限定解釈、(ロ)正当化事由の適用を維持する形での一般禁止の法的効果の限定解釈、(ハ)一般禁止じたいの制限解釈という三つの解釈論理が生まれたが、それらは、可罰不法の領域を憲法の趣旨にてらして限定するという意味において進歩的な、民主主義的な役割を果たした。この種の考え方はすべて可罰違法論とよばれているのでここでもその呼び方に従うが、その実体が憲法上の人権規定を中核として立論されていることに鑑み、人権思想にたつ可罰違法論とよぶことにする。

ところで、他方、この問題で従前から争議行為全面禁止一律処罰合憲とする考え方があり（最判昭和38・3・15、刑集一七・二・二三）、本件の少数意見としても語られている。しかも、そこには「違法一元論」ともいうべき理論が述べられている。この立場は、この種の法規に関する憲法判断に際して、人権思想にたつ可罰違法論に対抗しているものであって、秩序思想にたつ違法一元論とよぼう。これは近く最判昭和四八・四・二五（判時六九九号二二頁）（刑集二七・五・五四七）において多数意見となった。憲法判断におけるこの人権思想と秩序思想との拮抗は、また、判例違法論において、刑事事件の内容をなす犯罪行為の具体的な違法評価における二つの大きな対抗する流れにそれぞれ照応するものである。

二　判例違法論の全体的な流れの分析

(一)　右にのべたように、人権思想にたつ可罰違法論の意義をさらに具体的に理解するためには、判例違法論全体の流れを簡単ながら素描して、その全体の中でのこの種の可罰違法論の位置を見定める必要がある。

(二)　戦後判例において違法論がまず最初に問題とされたのは東大ポポロ事件においてであった。官憲の違法な情報収集活動に抗して憲法上の権利を守るために行われた軽微な行為は、法益較量、目的手段の相当性からみて実質的に違法でないとされ、超法規的に違法性を阻却するとした（東京地判昭和29・5・11）（以下この考え方を超法規型とよぶ）。しかし、この考え方は、一方において、事件の具体的な事実認定上、官憲の側に違法はなかったという具合に認定の変化にさらされる（東大ポポロ事件につき、最判（大）昭和38・5・22参照）と共に、その判断基準にも、法益較量、目的手段の相当性に加えて、補充性または情況上の緊急性（そうする以外に他に方法がなかった）が厳しく要求されることになった。この補充性の厳格な要求により超法規的違法阻却による無罪は事実上シャット・アウトされてしまった（舞鶴事件につき、東京高判昭和35・12・27）（以下この考え方を補充性型とよぶ）。その後の判例の傾向としては、依然として超法規型によるのもあったし、また、形の上では補充性型によりながら、情況上の緊急性を実際にはゆるやかに解したり、本来の内容とは違ったものを補充性とよんだりして、実質的には超法規型に従うものもあった（愛知大学事件第一審名古屋地判昭和36・8・14、大阪学芸大学事件第一審大阪地判昭和37・5・23）。また、動機目的や行為態様などを考慮しつつも、結局においては当該構成要件の結果（侵害法益）が軽微であるということで構成要件該当性じたいを否定し無罪を判定する考え方も出ている（顔写真とり警官連行事件控訴審大阪高判昭和39・5・30）（以下この考え方を結果軽微型とよぶ）。この結果軽微型はかつての一厘事件（大判明治43・10・11）に通ずるものがある。

㈢　これら超法規型、ゆるめられた補充性型、結果軽微型の下級審諸判決の間にあって、最高裁は、補充性の要件を厳しく要求する一方（最判（大）昭和38・5・22補足意見）、「社会通念上許される限度を越えれば違法である」という論理をもち出して実に簡単に有罪を結論する（以下この考え方を社会通念型とよぶ）。一体どのような規準で社会的な許容の限度がはかられ、当該事件ではそのなかのどこに問題があって許容限界を越えたのかについて一切論述されない（公安調査官連行事件最判昭和36・9・14、舞鶴事件最判昭和39・12・3）。社会通念型はその意味で甚だ権威主義的な考え方であるが、最高裁の基本的な体質の一面を示すものとして重要である。

㈣　このような類型の判例の流れのなかにあってさらに新しい特徴的な無罪判例の流れが生まれてきた。可罰的違法性の考え方をとるものである。それはまず、行為無価値に力点をおいた考え方として発生した。つまり、出発としては補充性型の規準をとりながらも、被害者側（多くは官憲）に被告人の権利に対する侵害、違法の契機が明確でないという認定のもとに、従ってまた被告人の行為に権利行使の内容を読みこみ難いとし、ただ被告人の攻撃の動機目的、手段方法、法益の均衡など諸般の事情を考慮して、可罰的程度に実質的違法性がないことを理由に犯罪の成立を認めないというものである（東京地判昭和37・1・22、東京地判昭和41・1・21）。ここでは、議事運営のやり方や衛視の挙動に問題がないわけではないが被告人側に憲法五一条免責特権の範囲内にないとされ、行為態様の「やや穏当を欠く」とか「慎重を欠きやや粗暴にわたった嫌い」とかいった情緒的な評価に重要な意味がもたせられている。このような考え方は大阪学芸大学事件控訴審判決（大阪高判昭和41・5・19）にさらに明確な姿で示されている。被告人がそのような情報収集を学問の自由、個人の尊厳をおかされるものと感ずることは無理からぬことであるとか、状況上自然の勢いであったとか、殴る蹴る等の悪質苛酷な暴力は使用せず必要最小限の有形力の行使であったという点が重視され、「これらの諸点を綜合すると本件暴力行為は可罰的評価に値する程のものとは認められず、これを不問に付し、犯罪として処罰の対象としないことがむしろわが国の全法秩序の観点からして合理的であると考えられ罪とならない」という。大阪市超勤拒否自主給水事件第一審判決も、当局側の背信的挑発行為が指摘されながら、それが組合の団結権侵害という客観的側面が追及されないまま、被告人の暴力に至る動機として「無理からぬものがある」（大阪地判昭和42・4・14）というように位置づけられてしまう。

このような形の可罰違法性の考え方は、結局は無罪判決の論理であって、結論からみれば、かつての超法規型、結果軽微型、ゆるめられた補充性型と同列にあることになる。しかし、その論理じたいの質はむしろ権威主義的な違法論である社会通念型、厳格な補充性型に親近性がある。なぜなら、その論理構造は、対立する権利と権利、衝突する法益の比較衡量という内容をもたず、行為動機という主観的側面や行為態様の情緒価値（悪質、計画性、苛酷、粗暴、不要性など）という行為無価値的側面に評価の重点があるからである。この種の可罰違法論は行為無価値型可罰違法論とよぶのにもっともふさわしい内容のものであって、本件判例に関して最初に説明した人権思想にたつ可罰違法論とははっきりその論理の質を異にしている。

(五)　ところが、同じように可罰的違法性の不存在による無罪判決が、右の行為無価値型と全く異質の論理でもって構成され始め、一つの新しい流れを形成していることが注意されるのである。これは、次にのべる公安条例違反事件や、本件最高裁一〇・二六判決に示された憲法判断上の可罰違法論を大きな刺戟としつつ、一般の労働事件において、伝来的犯罪類型である暴力傷害事件、逮捕や公務執行妨害事件において被告人側に存する権利防衛の側面と被害者側にある権利侵害的側面との衝突の実相を詳細に検討し、権利の側面の優越を根拠に、可罰的違法性の不存在による無罪を言い渡す判決がでてきており、次第に一つの流れを形成している（以下この考え方を法益衡突型可罰違法論とよぶ）。この種の無罪判決は、右にのべた行為無価値型の可罰違法論とは明らかにその性質を異にする。それは、かつての超法規型、結果軽微型、ゆるめられた補充性型に近い。また、これは、憲法による犯罪構成要件や一般禁止規定の制限解釈という内容をもつものでないことは勿論であるが、その理論の系譜上は、やはりそこに強い親近性をもつといえる。制限解釈の考え方、それを人権思想にたつ可罰違法論とよんだが、それは具体的な犯罪行為の違法判断を示す論理ではなく、何よりも憲法判断として刑罰法規じたいの、または一般禁止規定それじたいの規定内容の一般的確定であった。ここでの、新しい可罰違法論は、刑事被告事件の内容をなす具体的な行為の違法判断であり、それを根拠とする無罪判決である。従って、法規そのものの解釈をめぐる可罰違法論と、具体的な行為の可罰的違法評価とは問題の視座を異にするけれども、やはりそこに親近性もある。とくにこの種の類型に属する判例のなかには、補充性の要件は必ずしも絶対のものではないとして、補充性型にはっきりと反撥しており、その実質はかつての超法規型にもっとも近いといえる。

(六)　以上を要するに、判例違法論の類型としては、下級審の進歩的、民主主義的な違法論の立場を示す、①超法規型がまずあり、その流れに近く②法益衡突型可罰違法論があり、それについで、③結果軽微型、④ゆるめられた補充性型がならんでおり、他の極に最高裁の保守的、権威主義的な違法論の立場を示す⑤社会通念型があって、⑥厳格な補充性型がそれにつづいている。そして互いに極をもった二つの大きな判例の流れのなかにあって、あたかもその両方に足をかけるがごとくに、⑦行為無価値型の可罰違法論が位置していることになる。それは論理の質からいえば、社会通念型、補充性型のものであり、ただ結論からは無罪判決の流れとして超法規型の流れと符合する。

(七)　比較的新しい判例の実例をそれぞれの類型ごとにあげておこう。

超法規型ないしゆるめられた補充性型に属するものに、前橋地判昭和四二・七・二五（下級刑集九・七・八八二）、東京地判昭和四三・一・二六（判時五一三・一一）、京都地判昭和四七・二・二九（判タ二七六・一一六）がある。

社会通念型ないし厳格な補充性型に属するものに、最判昭和四二・一一・二五（判時五〇四・九二）、東京高判昭和四四・一二・二五（判タ二四六・二七四）、東京高判昭和四五・一・二九（高裁刑集二三・一・七二）がある。この判例の一つの特徴は、その源をなした公安調査官連行事件最高裁判決が言及したように、「調査官の調査行為が法律上の根拠を欠き違法であったかどうかは右判断（社会的に許容される限度をこえたという判断……井上）を左右しない」という立場を公言する点である。ここの判決も下級審では違法不当とされた教育委員会八七号通達、年休五パーセント規制は簡単に違法でないと宣言されたり、管理者側の不当労働行為、公安官の不正使用、組合の権利や自由への不当な侵害があっても、およそ暴力の行使について正当性を論ずる余地はないとする。

なお、この社会通念型は大阪学芸大学事件の検事側上告趣旨のなかで、補充性型と結合して展開されており、更にその立場から原審大阪高裁の行為無価値型可罰違法論に対してはっきりとこれを否認する立場を明らかにした。被害法益の軽微性、憫諒すべき動機というあいまいな基準で構成要件該当性を否定するのは法的安定をそこなうというのである（判時七〇一・二六）。最高裁は上告棄却によって原審無罪判決を確定せしめたが、敢て可罰違法論についての判断を回避したところに一つの意味が示されている。

法益衡突型可罰違法論に属するものに、大阪地判昭和四四・五・三〇（刑裁月報一・五・五六五）（違法な団交拒否とそれに対する抗議行為の正当な組合活動団結権団体行動権の行使の一環としての意義づけ）、大阪高判昭和四五・三・二七（判タ二五五・二四五）（管理職のみによる給水作業の組合の団結権の侵害とそれに対する団結権の行使としての抗議行動）、大阪地判昭和四五・四・一六（判タ二四九・二八五）（著しく違法不当なロックアウトと団結権の行使としての抗議と制止行為。補充性は絶対の要件でない）、仙台高判昭和四六・五・二八（判時六四五・五五）（学生には学園の環境・条件の保持・改変に重大な利害関係を有する以上大学自治の運営について要望し批判しあるいは反対する当然の権利があり、抗議は当然）。

結果軽微型に属するものとして、津地判昭和四六・九・二九（下級刑集三・九・一二五〇）がある。可罰的程度の実質的違法性を欠くという結びがあるが、実質はこの類型のものである。

行為無価値型可罰違法論に属するものとして、福井地判昭和四三・九・二六（下級刑集一〇・九・九三一）（刺戟的でない計画的でない粗暴等反常軌性がない健全な常識人のひんしゅくを買うような反常軌性がない）、仙台高判昭和四三・一二・一四（下級刑集一〇・一二・一一七八）、大阪高判昭和四六・四・二二（刑裁月報三・四・五〇一）（単なる私憤怨恨でない団結を守る気持、『憲法に保障された労働者の団結権の問題やこれに関する危険の切迫と説得行為の有無等々につき深く論及するまでもなく……』）、大阪地判昭和四四・四・八（刑裁月報一・四・三九九）（組合への高圧的態度と受け取るのは無理からぬところ）、大阪高判昭和四七・一・三一（判タ二八〇・三三九）（争議行為として許される限界を逸脱しているが、突発的で計画的でなく、管理職による代替就労という宥恕条件もある、社会的常軌を著しく逸脱していない）、京都地判昭和四七・四・一四（判タ二八〇・三六九）（背信行為者に対する組織防衛のやみ難い心情）、大阪地判昭和四七・四・二一（判タ二八五・三二六）（特に社会一般の処罰感情を刺戟する程度に至っていない）、大阪地判昭和四七・四・二八（判タ二八三・二五六）（なぐるけるでなく押す程度）。この類型には、のちに述べる藤木英雄教授の提唱された独特の可罰違法論の影響が顕著である。

三　公安条例違反事件と可罰違法論

㈠　公安条例違反事件に関しては多くの憲法上、行政法上の根本問題があるが、可罰違法論とも一定の関連がある。最高裁は都公安条例につき合憲判定（最判(大)昭和35・7・20刑集一四・九・一二四三）を出したので、以後、違憲無効無罪の判決は跡をたたれることになった。そこで今日は、表現の自由という憲法上の要請にてらして、条例の厳格な解釈を行いそこから無罪判決をひき出す一連の判例がある。

(二)　まず、都教組事件東京地裁判決のように、憲法の趣旨にてらして刑罰法規の個々の文言の厳格な解釈、特定の規定にない要件の要求をして、許可条例一律処罰による違憲的な結果をさけようとする。ここにも、人権思想にたつ可罰違法論の考え方がある。制限解釈のためにあらたに要求される要件は、あるいは「交通秩序への著しい障害又はその危険、私生活の平穏の著しい害又はその危険」(名古屋地判昭和45・3・30判時六〇〇・一一九)とか、あるいは「公共の安寧に対する直接且つ明白な危険」(東京高判昭和46・2・15刑裁月報三・二・八四、神戸地判昭和46・3・31判時六五二・一〇二など)とかであるが、いずれも、これらのいわば「記述されざる構成要件要素」の充足がない限り「憲法の保障する表現の自由に照らし未だ刑事罰をもつて臨まねばならぬほどの違法性がなく罰則の適用はない」と結んでいる。なかには、わざわざ可罰違法という言葉を用いず、具体的危険犯であるからという理由で、右のような結果の発生がないときは構成要件の充足がなく無罪であるとする(大阪地判昭和45・9・14判タ二五六・一九六、大阪高判昭和47・12・25判時七〇四・一一〇)。右の可罰違法という文言を用いた判例のなかにも、「デモの態様が特に激烈且つ悪質でなく犯情が軽微である」という行為無価値に言及しているのもあるが、しかし、何れもその実質は、人権思想にたつ可罰違法論による刑罰法規の制限解釈の上に事件の法的評価が行なわれている。しかし、ここでも条件違反じたいで直ちに有罪になるとし、最高裁昭和三八・三・一五判決に示された、秩序思想にたつ違法一元論無限定解釈一律処罰合憲論の立場、それはまたさきにのべた社会通念型と系譜を同じくするものといえるのだが、そのような立場を示す有罪判決がみられる(名古屋高判昭和46・2・26判時六三〇・四三)。

(三)　東京地裁はある事件でゆるめられた補充性型の論理でもって無罪判決をした(東京地判昭和44・3・24判時五六九・九一)。しかし、その控訴審は、厳格な補充性型を基準とすると同時に、交通妨害の実害の発生は要件でないとして有罪とした(東京高判昭和44・12・22判タ二四六・二七六)。

原審も表現の自由とか公務員共闘の要求の正当性とかを一応認定しているのであるが、条件違反一律処罰違憲という人権思想にたつ可罰違法論の視点がないこと、また事件の具体的事実として総理府の慣行違背による入構拒否、警察規制の過激さ（暴言暴行）という局面に対応した新しい抗議意思の発生という重要な事実が十分に評価され尽していないうらみがあった。そのことが高裁判決では、違法不当な警察規制も終わったあとでは「既にすぎさった過去の出来事」として片づけられてしまうし、坐り込みは表現の自由の濫用とされてしまう背景をなしていよう。高裁のこのような考え方は、京都地判昭和四五・一〇・二（判タ二五五・二三三）の有罪判決にも示されている。

四　屋外広告物条例違反事件と可罰違法論

㈠　軽犯罪法一条三三号が大衆運動や組合活動、政党の日常活動におけるビラ貼りを規制するために利用されることがあり、憲法二一条の表現の自由に関連して問題を生ずる。ただ、軽犯罪法にはその濫用防止の訓示規定があること、構成要件の「みだりに」という文言に憲法上の趣旨を読みこんで解釈する余地があるため、権利行使の側面に優越的意味がおかれ実質的違法性の不存在による無罪判決が言い渡されることがある（名古屋地判昭和38・9・28判時三五九・六七、名古屋地判昭和39・11・17判時四〇八・五〇、大森簡判昭和42・3・31判時四七八・四九）。これらの判決は人権思想にたつ可罰違法論の立場をとるものである。

㈡　屋外広告物条例違反に関しても、ある種の判例は、行為無価値型可罰違法論の立場から無罪判決をひき出している。高知簡判昭和四二・九・二九（判時五〇八・八二）では、そのビラの態様において「特に醜悪異常でない」とか、いろんなビラが既に一杯で野放しの状況であることとが強調され、表現の自由の行使という契機は「他の事情と共に行為の違法評価の一資料たるに止まる」とされている。高松高判昭和四三・四・三〇（判タ二二六・一五二）も、石油の廃液によって魚場と魚類を汚染された漁民が実情を世人に訴え同情と支援を得ようとした心情はよく解るというように、表現の自由という行為の客観的な正当化事由が、行為者の主観的行為動機とされてしまう。いずれも可罰対象とする程の違法性がないということで無罪判決となるのであるが、行為無価値に力点がおかれていることに問題がある。

㈢　軽犯罪法違反の人権思想にたつ可罰違法論と県条例違反の行為無価値型可罰違法論とは、結論としての無罪は同一であっても、その論理構成において、前者においては、具体的事案を通じて国民の表現の自由の限界を一般的な基準として示しているが、後者では、被告人の行為には問題があり違法でさえあるが処罰だけは差し控えようというのである。

五　判例分析の結論

㈠　以上の分析により問題を整理すると、問題のある法規の憲法判断をめぐって、進歩的な人権思想にたつ可罰違法論と保守的な秩序思想にたつ違法一元論とが対立しており、その対立に照応して、刑事事件における行為の具体的違法評価をめぐっては、前者の人権思想の系譜に連なってゆく超法規型、法益衡突型可罰違法論、結果軽微型、ゆるめられた補充性型の流れがあり、他方、秩序思想の系譜に連なってゆく、社会通念型、厳格な補充性型の流れがある。ところがそのほかに、結論からみれば前者と同一であるがその論理の質からは後者に属するところの、行為無価値型可罰違法論があることが明らかになった。

㈡　憲法判断における人権思想にたつ可罰違法論と秩序思想にたつ違法一元論とは、違法という観念の立場から見ると、いずれの観念も、従来の刑法理論で用いられてきたものとは異なる。可罰的違法性とか刑事違法とかに対するに法域の区別のない違法という諸観念と比較すると、内容的には全く別のものであることが次の学説の紹介と比較して明らかとなろう。合憲・違憲論争上に現れたわが判例の創設した独特の内容をもった観念としてそれぞれ理解した方がよい。

六　学説の紹介

㈠　刑法学上可罰違法という観念は多義的である。植物学上の分類体系を法律学の体系にもちこみ、不法という一般概念（類概念）の下に民事不法、刑事不法を種概念として位置づけた。刑事不法、可罰違法はここでは犯罪と同義である。ただ、実体的な犯罪概念はその時代時代の刑法学の社会的役割を反映せずにはおかない。カント、フォイエルバッハ時代には、民衆の法意識を体現した法規に立法機関も裁判機関も拘束され支配される。しかし、やがて社会生活の複雑化は各種の特別刑法の立法を余儀なくさせ、またいろんな形の法規衝突、利益衝突を日常化した。いまや法は国家によって自由に、各主体の権限の限界は具体的事件において裁判官によってつくられるものであり、法に国家が支配されるのではなく国家（立法機関や裁判・司法機関）が法を支配するものとなる。法実証主義が生まれ、法と法規は分離され、法規のほかに、国家の服従命令としての法が観念される（ビンディング）。規範説による構成要件（刑罰法規）と違法性との分離は、右の社会的要請を実現した。ベーリンクは構成要件の記述性を要求したが、メツガーは、この段階で原生的な可罰不法の観念をつかって違法宣言説をとなえ、構成要件そのものの目的論的構成、法規の立法目的、具体的利益保護による自由な解釈を方法論的に基礎づけた。E・ヴォルフはこの目的論的理解を国家的利益、国家理念と結びつけ、国家利益との違反を全人格的に（外的態度だけでなく）非合理的、情緒的に把握すべきであるとし、一方で国家利益はいかなる行為をも正当化する（東プロシャの破産した大地主の土地強制売渡しの企画に反対する富農一揆、バイエルン共和国の活動家に対する反革命団体による暗殺《フエーメ・モルト》の正当化）と共に、刑法各論には、「遵法精神の堕落」の程度による行為者類型のみが必要で行為類型は不要であるとする。

（二）　犯罪構成要件は刑罰というもっとも峻厳な不法効果が科せられる前提であるからまさにそのような効果をうけるにふさわしい内容のものとして理解される必要がある（佐伯千仭）。このことはさきの特別刑法の肥大化に伴い、刑事刑法との外形的類似による限界問題が多発し、両者の区別、罪数、共犯問題について「可罰違法」の実質的把握の必要を促進する。古くは、一厘事件（大判明治43・10・11刑録一六・一六二〇）、近くは警察犯野荒しと窃盗との区別事件（最判昭和26・3・15刑集五・四・五一二）がある。違法阻却事由としての零細な反法行為（牧野英一）、被害法益の軽微性による可罰類型阻却

（宮本英脩）が主張される。ここで用いられる可罰違法という観念は、構成要件要素たる客体の範囲や強さをもつ構成要件的行為の内容の理解を具体化する役割を果たす。財物概念、物の管理の強さを前提とする奪取概念として。ここでは、要点は構成要件にあるのであって、固有の違法論以前の問題であることを注意せよ。

㈢　近く藤木英雄教授は判例の動向を一つの契機として独特の可罰違法性の理論を提唱された（昭和四一年）。ある行為について実質的違法性が可罰的程度に至らぬほど微弱であることを理由として、行為の構成要件該当性を否定する理論である。行為の目的の正当性、手段の相当性、結果の軽微性を基準とされる。ただ、注意すべきはこの実質的違法の程度としてかかげられている各項目の意義は、当該行為の行為無価値、つまり社会的常軌からの逸脱の程度が可罰的か否かを問う関係上、行為動機や行為態様の情緒的価値（残虐、苛酷、粗暴、悪らつ、その他通常の人間の情緒的感覚、廉直の感覚をいちじるしく刺戟するものかどうか）に力点があり、法益較量という内容がそこにない。判例における行為無価値型可罰違法論の流れは、まさに藤木教授によって開かれたものといっても過言ではない。

七　行為無価値型可罰違法論の意義

㈠　理論としてそれだけをみれば、進歩的な判例違法論では無罪判決にならないところをこの理論は無罪とする途をもう一つ開いているように見える。しかし、判例違法論の諸類型が同一の事件をめぐっても複雑に交錯している現実のなかにおいてこの理論をみる必要がある。

㈡　この理論は行為の情緒的価値に力点をおくので、被告人の行為の権利としての側面に対して関心が薄く、そのことが当該事件特有の、権利面としては重要な事実をていねいに、詳細にひろいあげる努力においてどうしても不十分となる。人権思想や、各種の進歩的判例違法論の類型においては、法益の均衡ではなく法益衝突、優劣が判定されるだけに、その作業には、厳しさと同時に、事実認定上の鋭さ、周到さがある。

(三) 行為無価値論では、被告人の行為の権利の側面が主観的な動機、目的という形でのみとらえられるので、客観的側面としては法益侵害の側面だけが自然強く意識される。被告人の構成要件該当行為が同時に客観的に担っている法益維持、促進という側面が、ここでは他の無罪判決の違法論の諸類型に比して、弱い。主観化されていることは、さきにのべたように法益衝突という形で法的評価を行なわないという基本構造に媒介されて、さらに権利側面の関心を弱くする。

(四) 社会通念型を中心とする保守的な類型が存立しており、それは同時に、被告人側の権利を侵害した被害者(官憲や管理者)の違法不当な事情をできるだけ無視し、否認し、認めても無関係なものとして切り捨ててゆく事実認定を伴っているのである。その厚い壁の前にたって、これらの事情を勇気をもって指摘し、国民の基本的人権の具体的な在り方を追及する裁判の民主的な課題という点からみるならば、行為無価値論による無罪判決は、極めて消極的な地位にたっていることになる。

参考文献

佐伯千仭「可罰的違法序説」末川還暦・権利の濫用(上)(昭三七)、平野龍一「可罰的違法性」ジュリスト三一三号(昭四〇)、藤木英雄・可罰的違法性の理論(昭四二)、芝原邦爾「刑事制裁の限界と憲法による制限」神戸法学雑誌二〇巻二号(昭四五)、西原春夫＝曾根威彦「公安条例判決の最近の動向」判例タイムズ二七七号、二七八号(昭四七)、大野平吉「可罰違法性の理論について」判例タイムズ二二八、二三五、二四八、二六〇、二七四、二八〇号(昭四八)、井上祐司・争議禁止と可罰違法論(昭四八)。

(ジュリスト増刊　刑法の判例(第二版))

第二一　不能犯――静脈空気注入事件――

（最決昭和三七年三月二三日　刑集一六巻三号三〇五頁）

一　事実の概要

甲乙丙は共謀の上、被害者A子を空気注射の方法で殺害して保険金を騙取しようと企て、A子（多少精神能力が劣っている）が草取りをしている桑畑にゆき、乙がA子の疾患の治療のためであるかのように申し向けて注射を承諾させ、丙にその腕を持たせて、二〇cc用注射器でA子の両腕の静脈内に蒸溜水とともにそれぞれ空気合計三〇ccないし四〇ccを注射したが、致死量にいたらなかったため殺害の目的をとげなかったものである。なお、鑑定人らの意見によれば、「通常致死量（七〇cc以上）以下では人は死ぬことはないが、これは絶対的なものではない。被害者の体質、健康状態、注射方法等によって平均致死量以下の少量で死ぬことはあり得る」、「空気栓塞死の場合には、心臓、肺臓あるいは脳の機能障害が発現する。したがって、心臓、肺臓、脳の疾病がある者は、このような疾病のない健康人に対する致死量（三〇cc内外）以下の空気を静脈内に注射することによって死亡することは容易に考えられる」、という。

二　判決要旨

第一審判決は、本件のような致死量以下の量の空気注射でも、被注射者の身体的条件その他の事情のいかんによっては死の結果発生が絶対にないとはいえないものであることは明らかであるから、たまたま空気の量が致死量に達しなかったからといって不能犯とすることはできない、としたが、さらに控訴審はこの点について、「医師でない一般人は血管内に少しでも空気を注入すればその人は死亡するに至るものと観念されていたことは……明らかであるから、人体の静脈に空気を注射することは、その量の多少に拘らず、人を死に致すに足る極めて危険な行為であるとするのが社会通念であったというべきである。してみれば被告人らは一般に社会通念上は人を殺すに足るものとされている人の静脈に空気を注入する行為を敢行したものであって、被告人らの本件行為が刑法一九九条にいう『人を殺す』行為に該当することは論をまたないのみならず、右の行為が医学的科学的にみて人の死を来すことができないものであるからといって直ちに被告人らの行為をもって不能犯であるということはできない。そればかりでなく、……相手方の健康状態のいかんによっては死亡することもありうる……ところであるから……迷信犯ということはできず、……不能犯であるとの所論は採ることをえない」とした（判時二八・一一）。

上告趣意は原判決のいうような社会通念はないとして不能犯を争うと共に、従来の判例における不能犯の基準であった「絶対的不能、相対的不能」という立場との判例違反を主張した。これに対し、上告判決はいう。

「所論は……空気栓塞による殺人は絶対に不可能であるというが、原判決ならびにその第一審判決は、本件のように静脈内に注射された空気の量が致死量以下であっても被注射者の身体的条件その他の事情のいかんによっては死の結果発生の危険が絶対にないとはいえないと判示しており、右判断は……相当である……」。

三　評　釈

一　判決は大審院以来今日まで不能犯について、被告人のとった手段が絶対に結果発生の可能性がないかどうかを問うという、絶対的不能―相対的不能といわれる基準をとってきている（大判大6・9・10刑録二三・九九九＝硫黄粉末による殺人企行＝不能犯、最判昭和24・1・20刑集三・四七＝ストリキニーネによる殺人企行＝未遂）。本件最高裁もこの伝来の基準に従って判決したのにとどまる。にもかかわらず本件がことさら注目されるのは、一つには、原東京高裁判決が伝来の基準とは異なった一種の危険説の立場から判定したのに対し、最高裁は原判決のこの新しい基準をあえて無視し、その判決末尾にふれられた部分のみをとり出し、それを伝来の絶対的不能・相対的不能という基準でとらえなおしたという経由が重要視されるからであろう。

そこで、この判決にも採用された伝来の基準がいかなる意義をもつのか、どのような問題をかかえているかを検討しなければならない。

二　不能犯の問題をとく鍵は未遂の理論のなかにある。未遂がなぜ処罰されるかについては基本的に対立する二つの立場がある。いわゆる主観説は、未遂の処罰は犯人の犯罪的な意思、そこに表現されている反社会的性格にもとづくとする。勿論意思や悪しき性格そのものは外部から捕捉できないので、これらのものが一定の行為となって外部に顕現する必要はあるが、しかしそれで充分であって、顕現した外部的態度じたいが客観的に本人の目的とする犯罪的結果に対してどれだけ密接しているかということは問題にならない。「犯意がその遂行的行為により確定的に認められるとき」（牧野）、「犯意が飛躍的に表動したとき」（宮本）、「故意の存在が二義を許さず一義的に認められる行為があったとき」（木村）に未遂を認める。それぞれの未遂の客観的側面＝実行の着手とされるものの内容をみると、そこに犯罪的結果との客観的関連が全く考えられていないことが明瞭である。

他方、客観説は、犯罪的意思によって外部に顕現した態度が、それじたい結果に対して密接した意味をもち、まさに結果を発生させる力、結果発生の現実的可能性をもつことが未遂を処罰する理由であるとする。未遂においても犯罪的意思のみが重要なのではなく、行為の客観的意義、刑法によって保護された客体に対する侵害損傷の現実的可能性こそ未遂をして犯罪たらしめているとする。

この対立する未遂論の考え方は、刑法全体を貫く根本思想についての立場――秩序思想と人権思想――と深くかかわっており、その未遂論における現れである。

三　この未遂論の考え方は不能犯の理解にも反映する。歴史的に最初に絶対王政の刑法思想として登場する不能犯問題の主観説は、およそ犯罪的意思の外化があれば未遂を認めようとするので、結果不発生の原因がどのような理由にある場合であれ、不能犯として不可罰とされるものはない。不能犯の概念的否定となる。ただ、極端な無学や迷信によっておよそ犯罪的結果を招来する能力のない手段を採用した行為者（例えば丑の刻参りによる殺人企行）については、これを迷信犯として処罰の外におこうとする。刑法的に意味をもつような犯罪的意思はその場合欠けたものと解するのである。そこには純粋な主観的要件をある客観的尺度で控制しようとする要求が働いている。

これに対して啓蒙期自然法思想を背景とする客観説は、犯罪的意思が外化され一定の客観的態度がとられたのに、結果が発生しなかった際、事後的に明らかになった事情を含めて、すべての客観的事情を資料にして、当該態度が結果発生の現実的可能性をもっているか否かを判断する。そして当該行為が物理的科学的に結果を発生させる力をいかなる場合にも「絶対的に」もたないとき不能犯を認めて不可罰とする。当該具体的事件の場合を離れて論理的にあらゆる場合のケースを予定して判断をする点で、機械的形式的な性格をもつが、事後的に明らかになった事情を判断の基礎とするため、例えば、木の切株に対する殺人や射程距離外の目標への発砲などは勿論、空のベッドへの発射・空のポケットからの窃取や、弾丸のこまっていないピストルの発射など、事後に初めて認識された客体の不存在や、手段の瑕疵性も判断の資料にされるため、広汎な不能犯の領域が生れる。これが古典的な客観説の立場であり、絶対不能・相対不能説の原型である。

やがて全権力のブルジョア化の進行にともない、主観説の立場からは、新しい立場、抽象的危険説、犯人の全体計画の危険性説が生れ、他方、客観説からも新しい立場、具体的危険説が生れる。何れも古い対立に比較するとマイルドになっている。つまり、抽象的危険説又は計画の危険説は、行為者の認識した事情だけを基礎として当該行為の危険性を一般的に判断し、危険がなければ不能犯を認めようとするものである。具体的危険説は、行為時にたって一般的に認識しうる事情、行為者の特に知っていた事情を基礎にして行為の危険性を判断する。ここでは、行為後に判明した事情は考慮することを禁止される。客体の不能、手段の不能の多くのものがこの具体的危険説では、客観的危険ありとされて、不能犯を否定され可罰未遂の扱いをうけるようになる。

ナチス時代には、すべての犯罪について予備と未遂を含めた「企行一般」を処罰すべきであるという考え方が主張されたことがある。封建時代や絶対王政時代にもそれと類似の思想があり、それと古い主観説との間には一定の思想的な連絡がある。古典的な客観説（フォイエルバッハ、ミッテルマイヤー）は、正にそのような思想との闘いのなかに形成された。

学説の流れを一覧したが、ドイツの裁判所の傾向は主観説の立場にたっている。これはブーリーの思想的影響による。彼はいう。客観界における現象の生起には必然性が支配しているのであるから、起らなかったことは起りえなかったことであって、可能性という観念は入りこむ余地はない。古典的客観説のいう行為の結果発生の「客観的な可能性」という観念は根拠がない、と。ここに未遂（不能）の可罰の根拠が専ら犯罪的意思に求められることになる。この理論がドイツ帝国裁判所のとるところとなった。イギリスにおいてもウイリアムズ教授は主観説の立場にたち、判例も主観説の方が多いといえる。

四　わが国の判例を本件をふくめて、以上の学説の流れのもとに位置づけるとき、その論点が明らかになろう。判例が伝来的に不能犯の基準とするのは、絶対的不能―相対的不能というものであった。それなら、それはいわゆる古典的客観説にたつということであろうか。これは既に多くの論者によって指摘されているように（植松・総判研刑法(3)一七八頁、香川・注釈刑法(2)のII五〇一）、そうではない。確かに、判示の表面上の用語は「絶対」・「相対」という言葉が用いられているが、かんじんの事後判断の要件を捨てているため、古典的客観説とは逆に、迷信犯を除けばほとんど不能犯の成立の余地はないと評される位に、絶対不能の事例はせばめられている。したがって、具体的危険説の方がむしろ判例の立場を批判して不能犯を認めようとさえする。また、判例のなかにも、具体的危険説を基準として不能・未遂を区別するものも現れてきている。そこで判例のこの独特の立場をも含めて、不能犯の問題をいかに理解すべきか、次に学説の対応として若干の検討を試みよう。

五　不能犯に関しては西山富夫教授の多年をかけた豊富な研究業績がある。その学問的努力に尊敬の念をおしまないものであるが、西山教授じしんは主観説の立場を主張され、違法の本質を行為無価値におく社会的義務刑法を説かれる（名城法学一二巻二・三号）。これも一つの見識であるが、さきの学説の一覧からも言えるように、私はその根本思想において客観説の立場をとるため、西山教授の立場に従うことはできない。そこで、具体的危険説を近く展開されている平野龍一教授と、同じく客観説をその古典的立場から再評価しようとされる中山研一教授の所説を検討する。

六　平野教授は具体的危険説の内容をこう説かれる。「客観的危険性の存否を純客観的・類型的にではなく、具体的事実に即して判断」する、と（刑法総論II三二五）。これがさきにあげたこの説（リスト）の内容と同一のものかは必ずしも明らかではない。具体的な判例の理解を通じてこの点を考えてみよう。本判決の事案を例にしてこのリストの定式を素直に当て嵌《は》めてゆくと、井上正治博士がそうされたように（判例研究刑事法(上)九四）致死量以下でも危険であるとされた事情、つまり「特別の身体的条件その他の事情」が行為当時一般的に認識しえたかどうか、行為者が特に知っていたかどうかをさらに具体的に検討しなければならないであろう。しかし、平野教授はその途を通らないで、この危険判断が純粋に物理的・医学的判断ではなく一般人の判断であるとされ、「医学的には身体的条件のいかんにかかわらず死ぬことは絶対にない量であったとしても一般の人は危険を感じるであろう。本件はむしろこのような意味で未遂を肯定すべきであろう」（同三二七）。

また、手段のとり違えの場合、毒物と思って誤ってその隣りにあった無害の薬物（栄養剤）をとって飲ませる場合について未遂犯とするのを適当でないとされる（同三二九参照）。この設例もリストの定式でゆくと、行為時にその行為の具体的危険を認めることになるのではなかろうか。このことは、弾丸のこまっていないピストルの引き金をひいた事案（福岡高判昭和28・11・16特報二六・五八）の未遂を肯定される場合とどのように一貫するのであろうか。何れも行為時にたって考えると、それぞれの錯誤に充分の根拠があるから、危険判断としては、「毒物をのませることは危険か」、「弾丸のこまったピストルの引き金をひくことは危険か」ということにならないのだろうか。平野教授がこの二つの事例の判断を異にされるのは一体どこにその根拠があるのだろうか。

平野教授が自らの危険判断を展開されるとき、そこに判断基底についての具体的説明がないのに気付く。それに代えて、「一般人の判断」（同三二六）とか、「ふつうの飲物を飲ませたにすぎない場合には、飲ませる過程は全く正常な状態であって、それ自体に客観的異常さは全くない」（同三二九）と説かれる。とくに後者のばあいは、あきらかに事後になってわかった事情（毒でなく栄養剤である）を基礎にして立言されている。ここには、純客観的に行為全体を社会心理的に把握する立場がある。たしかに、リストの定式は形は明確であるが、この定式にのせて問題を解こうとすると、事案の核がどうしてかすりぬけてしまう感じがする。また、このリストの定式はあてはめ方によっては、行為の客観的な危険性を発見するというよりも、被告人の犯罪的意思の客観性（普遍性）、あるいはいわゆる計画の危険性を判定している印象がある。判断基底を一般人の「認識しえた」事情とか、本人が「認識した」事情とかにかからしめているからである。

七　中山研一教授は、古い客観説のもっていた事後的判断と行為者の主観的事情の排除という特徴をむしろ再評価すべきだとされる（刑法総論の基本問題二三一頁）。しかし、そのことが具体的にどのような教授じしんの不能犯論となるのかの展開は示されていない。これまで判例じしんが不能犯を認めてきた事案はそのまま不能犯が認められよう（新しい判例として、線引小切手の現金化不能による詐欺未遂否定＝東京地判昭和47・11・7判タ二八八・三〇三、ピースかん爆弾の発火不能による使用罪否定＝東京地判昭和48・10・23判時七三二・二二）。そのほか手段の不能として未遂を否定すべきもの（弾丸のこまっていないピストルの発射、前掲未遂の例、バッテリーの電池ぎれによるエンジン始動不能による窃盗未遂＝広島高判昭和45・2・16判時五九二・一〇五。なお、猫いらずによる殺人未遂起訴につき殺意を否定し無罪とした秋田地大館支判昭和42・7・29判時五〇七・七八もここでは正面から不能犯とされよう、植松前掲一四一参照）、客体の不能として未遂を否定すべきもの（財布をもたなかった通行人からの強盗未遂＝大判大正3・7・24刑録二〇・一五四二、養蚕室からの馬鈴薯窃盗未遂＝最判昭和23・4・17刑集二巻三九九頁、既に死亡していたことが事後に明らかになった殺人未遂＝広島高判昭和36・7・10刑集一四・三一〇）が認められるのではないか。

問題は致死量にいたらない場合の処理であるが、ことがらが基本的人権の中心である人の生命・健康という問題であるだけに重大な問題である。しかし、さきの空のピストルと同様に処理することになるのではないか。当該手段の正確な物理的、科学的性質の確定、当該被害者の健康状態、事後の化学的変化（臭気や変色など）、操作方法（例えば本件で致死量までの空気を素手の力で注入可能か）など事後に明らかになる資料をもとにして失敗に終った客観的な理由をたずね、必然的に失敗すべくして失敗せざるをえなかった場合は、不能犯の成立を認めることができるのではないか。

八　近く大沼邦弘助教授は、中山教授のこの指摘にそって、具体的危険説の判断基底から「行為者の特に知っていた事情」を除いて客観化の徹底をはかられる（上智法学論集一八・一・六三）。その鋭く的確な学説の位置づけと不能犯論への課題設定には教えられるところも多く、その不能犯論の全貌の展開に期して待つものがあるが、中山教授とは異なり、古い客観説は刑法の謙抑主義に走りすぎ、法益保護機能において充分でないとされている。そして、この両契機の調和に新しい具体的危険説の要石をおかれる。この発想は新しいものであり、おそらく人命や健康という基本的人権を刑法によってより積極的に保護しようと意図されているものであろう（J. Temkin, The Modern Law Review, 〔1976〕 Vol.39, pp. 55-69 は、人命・健康については主観説、その他は古い客観説と割切っている）。今日、法の積極性の観点は一つのチャンネルであるといえよう。しかし、刑法の積極性には、この具体的危険という基準の客観性があいまいになるや否や、刑罰はいつでも予防処分に転化する――つまり、「『こんどは本当に人を殺すかもしれない』という理由で処罰する」（平野・前掲三二四）――危険をもっている。しかし、いずれの客観説においてもその危険判断の構造原理はいまだ完成しているとは思われない。

（法学セミナー　二〇巻一三号）

第二二　「労働法的違法性」について

――熊倉労働刑法論の機軸として――

一　熊倉武教授は、峯村教授還暦記念『法哲学と社会法の理論』（昭四六・六）に、「刑法的違法性と労働法的違法性」という論文[1]をよせられている。そこに展開されている思想は、すでに、熊倉教授が労働刑法に関心を示された最初の論文から、その基本方向において、一貫して主張してこられたものといってよいであろう。そこで、熊倉教授の労働刑法論において機軸をなすと思われるこの「労働法的違法性」という概念をとりあげてみたい。民主主義科学者協会の創始者の一人でもあられた熊倉教授[2]の、ある意味では、その刑法全思想の中核ともいえるこの概念を、この時点において回顧する時、私はそこに、これまでくみとりえなかった確かな思想を学びえたように思う。労働刑法について深い関心をもってきた私は、これまでの私の理解を大きく改めることになった。十分に理論的にも深めねばならない問題点もあり、参照すべき多くの先輩の論稿もあるのであるが、時間が思うようにとれないまま、熊倉教授のこの概念の意味に限ってフォローすることにしたい。

熊倉教授は右の論文で次のように要約しておられる。

「……労働法規範の本質的性質は、これを端的にいえば、資本主義的商品生産の構造的諸矛盾の法則的必然としての賃金奴隷制＝体制的搾取と隷属・支配と抑圧のもとに、階級関係にまで構成された従属的労働関係の廃絶という歴史的法則の認識と展望とをになったところの階級的人間としての労働者の・プロレタリアートの人間性の回復・生存権の確保と強制労働の排除とを機能的に保護することを役割としているものである。

したがって、労働法規範における違法性の本質——その違法性概念の実体は、ブルジョア市民刑法規範にみられたそれとは、次元を異にした歴史的正当性によって根源的に規定された、プロレタリアート的な現実認識と歴史的展望にもとづく法的確信をその内容としていて、すぐれて歴史的性格をもち、階級的性格をもったところのものなのである。」

このように、労働法とそこにおける違法性の実体を規定されたあと、現歴史段階におけるブルジョア国家の「法秩序」の構造を説かれる。この段階では、いわゆる社会権的基本権の原理的承認をふくまざるをえない段階になっている。

「……とすると、現在の歴史段階におけるいわゆるブルジョア国家法秩序なるものは、もはや既に統一的な価値概念——すなわち、既存の・旧い資本主義的商品生産のための利益擁護のイデオロギーであったにすぎなかったブルジョア市民法原理によって指導された統一的な価値概念のみを表徴し、それのみによって構成されているものではなくて、それは、すでにプロレタリアート的なイデオロギーによって創造的に形成された法的確信にもとづく異質的な価値概念——社会法＝団体法原理によって指導された異質的な価値概念をも、それの共同的な構成的一環としているものであるといわなければならない。」

このように国家法秩序における指導的価値概念の分裂を指摘され、このことが労働運動をめぐる刑事犯に対して、刑罰権の優越性＝労働基本権の従属性という政治的反動が顕わとなっている現実の根源をなすとされる。

右の思考のなかで基本となっているのは、従属的労働関係の廃絶をめざす労働者階級の、その歴史的正当性に支えられた法的確信が労働法上の違法性の価値基準となっているとされる点にある。ここに熊倉教授の独自の思想がある。今、私は、この独自の「労働法的違法性」という概念を追究してみたい。

二　熊倉教授の最初の労働刑法に関するものは、「争議権と刑罰権の相剋」（討論・労働法四、昭二七・二、『労働法と刑法の交錯』――以下『交錯』と略称――所収）である。

この論文で熊倉教授は、労働法が市民法秩序の修正原理として現われることにより、ブルジョア市民法秩序は単一的法秩序ではなく、分裂の法秩序として現われるとされ、労働法という新しい法秩序を、「対自的に自己を意識した近代プロレタリアートの法意識によって支えられた」ものとされている。このような労働法は、「従属的労働関係」のもとにたたされた労働者の階級的法益を保護し、義務の履行を強制することを直接の任務とする。したがって、このような労働法によって担保されている争議権の発現形態もまた、単に資本家と対等の立場で賃金その他の労働条件を有利にするための交渉という側面のほか、「階級関係として構成された従属的労働関係を止揚するための方法」（『交錯』一〇頁）として行なわれることになる。すべての争議は今日の歴史段階では、この二つの契機――取引と階級闘争――を多かれ少なかれもたざるをえず、このことがまた、今日多くの争議に対して刑罰権が発動されている根拠でもあるとされる。

そして、今日のこの現実のなかに、熊倉教授は、市民刑法の役割変化と労働法の労働運動取締法への転化（ファシズム化）の危険を見、そこにブルジョア市民法の一般的危機を指摘される。

ここにいう市民刑法の役割変化とはこうである。かつて産業資本主義段階における刑法は、第一次的法規範（市民社会の商品交換の安全を確保する法秩序）を補充的に担保するものであった。ところが、独占段階においては、事実上刑法が「直接的担保」の役割をもつことになる。裁判所は、争議権（労働法）と刑事刑法（刑罰権）という二つの矛盾し、対立した法域の相関性について、すこしも前進的解決を示そうとせず、刑事刑法に固執し、労働法秩序を相対的に否定し、刑罰権の絶対的優越性の確保をくずさないというのである。裁判所は「争議行為の正当性」という一般条項に逃避し、(労組法一条二項の規定の仕方における問題性――列挙主義の放棄)、争議権はその一般条項の解釈者(裁判所という国家権力の意思)の階級的決定にふくせしめられることになる。

「……本質的には背反と相剋をはらむ抽象的なブルジョア市民権と争議権とを、形式的統一において把握し、『この調和をこそ破らないことが、争議権の正当性の限界である』(二五・一一最高裁)とする立場こそは、ついに労働争議・争議行為の正当性を否定的に限界づけようとするもの――すなわち、労働争議・争議行為の正当性を本来的には支配的なるブルジョア市民法秩序を侵略する行為(刑法上の特別構成要件該当性をもつ)として規定し、例外的にのみ違法阻却をみとめようとするものにほかならない。かくてまた、実定法秩序のもとにおける矛盾なき調整という形式的統一への意図は、争議権と刑罰権の矛盾と対立の相剋を調整するものとならないで、むしろ、刑罰権の絶対的優越性の確保――争議権の相対的限定と従属という『歴史的正当性』を否定し、それと背離した『合法性』を強制せざるをえないことになったのである」(『交錯』一一九頁)。

三　右に熊倉教授の労働刑法の中心的思想が語られており、労働法的違法性の意義もそこに位置づけられているが、これをやや分解的に示せば、次の四つのテーゼにおいて示すことができよう。

(一)　ブルジョア市民刑法における刑法的価値評価＝合法・違法の刑法的価値判断はすべての人にたいして普遍的なもの、共通的なもの、同等にして同質的なものである、そしてそれは、資本主義的な商品の生産と交換の市場的合法則性＝価値法則の反映である(『交錯』一〇一頁)。あるいは、簡単にいえば、抽象的な人の市民的法益を形式的平等において保護するのがブルジョア市民刑法であるということである(『交錯』一六三頁)。これに対して、

(二)　労働法においては、階級的人間としての労働者の団体的・階級的法益を保護の対象とする(『交錯』四二頁)。つまり、

その合法・違法の法的評価＝正当性の本質は、じつに労働者のための団体的・階級的利益であり（『交錯』四二、六六、一六四頁。法律時報、二四・一二、昭二七・一二）、歴史的正当性に裏づけられ、歴史的主体として自己を意識したプロレタリアートの法意識に支えられた法的評価であり、したがって、労働法的正当性の限界は固定していず発展する（『交錯』一〇三—一〇四頁）。したがって、

㈢　二つの正当性概念は次元的異質性を内包する互いに異なった正当性概念であり、同一平面に並列させて、同一的、同質的な意味内容のものとしては把ええないものである（『交錯』四三、一六四、四〇—四一頁）。ところが、

㈣　裁判所は、この二つの正当性概念を区別せず、抽象的な「正当性」概念のもとに、同一平面において把え、争議権の、他の諸権利との調和、比較衡量という操作を通じて、結果的に、労働法秩序の相対的否定、刑罰権の絶対的優位をもたらす（『交錯』一七、一九、四五—四八、五八、一六三頁、および三三、三八、五五、九七、一六〇頁。法律時報、二一・一、昭二四・一、一二—一三頁。とくに、日本労働法学会第一七回大会での報告（昭三三・一〇・一二）「労働犯罪に対する最高裁判所の思考について——戦後一〇年の主要判例を中心に——」労働法（三、昭三四・四、八三—八八頁）は、この第四テーゼにとっては基本的文献である）。

労働運動、組合運動を背景として発生した市民刑法犯罪——これを簡単に「労働犯罪」とも呼ばれている——において、二つの正当性概念の区別が基本的に重要な意味をもち、労働法的違法性の独自の意味を理解しようとすれば、この種事件の法的評価は、まず、当該争議行為等の団体活動を、労使対抗という流動的な場において、労働者権の秩序形成的な機能と自主解決（国家諸権力の自覚的不介入）を予定しつつ行われねばならない。この労働法的な正当・不当の評価の終了を経て後に、その不当と評価されたものについて、初めて、市民刑法的な構成要件該当性の評価が進むのである。

労働法的違法性の市民刑法的違法性との異質性は、労働犯罪事件についてこのような理論構造へと連なるのであるが、この異質性は、いわゆる公労法や公務員法関係の争議禁止規定との関連においても一定の意義をもつことになる。

四　争議禁止条項の問題については、熊倉教授は、「春闘における若干の法律上の諸問題――国鉄労組・佐教組事件を中心として」(季刊労働法、二五、昭三二・九)において初めてとりあげられ、その基本思想は、「公務員労働者と争議権」(野村教授還暦・『団結活動の法理』、昭三七・六)および、「争議権の制限」(労働法体系3『争議行為』、昭三八・五)においてさらに展開されている。とくに、公務員法の「あおり罪」に関連して、「煽動罪についての刑法学的考察」(法学志林、五二・一＝二、昭二九・一〇、『刑法学の理論と実践』所収)、「労働刑法犯罪としての煽動罪」(法学志林、六一・二、三、四、昭三八―三九、『労働刑法』所収)、「組合役員の団結活動と煽動罪」(静岡大学法経短期大学部研究紀要法経論集、一三、昭三七・二、『労働刑法』所収)がある。

これらの諸論文においては、政令二〇一号に始まる新しい労働政策の展開の背後に、極東政治情勢の変化に伴うアメリカ占領軍政策の転換とそれに追従する日本保守勢力の労働政策があり、「公共の福祉」「全体の奉仕者」という法イデオロギーによって、官公労の労働者に対する憲法二八条の争議権の保障の剥奪が不当・違憲の一連の労働諸立法とその改定によって遂行されたことが示されている。

労働法体系におけるこの分野の歪みのこのような科学的な把握のもとに、さらに、これら違憲の実定法についての解釈論をも展開されている。

これら一連の争議禁止規定はその本質において労働協約上の相対的平和義務条項を便宜政策的に法律に規定したものとされ、したがってこの禁止違反の法効果も、刑事免責に及ぶべき性質のものでないとされる一方、この程度の基本権の制限すら代償措置との関連で許容されたものである以上、代償措置の懈怠は直ちに制限禁止規定の合憲性の根拠を失わしめるとされている。また、公務員の争議を「何人」もあおることを可罰的に違法とした罰則規定については、労働協約の当事者以外の職員、第三者に限定するのが当然であるとされ、吾妻光俊教授の「限定説」を独自の解釈論的立場から援用されている。

これら一連の諸研究にもとづく解釈論については、一つの見識を示されたものとして、今日でも有用な道具であるが、本稿のコンテキストからは、そこに深入りすることはできない。労働法的違法性との関連においては次の点が重要である。こう説いておられる。

「かりに煽動なる行為が刑法的観点からみる限り、可罰的違法性をもつ行為であるとしても、それなるがゆえに、それが直ちに労働法上も違法性をもつ行為となり、刑事免責条項の適用を排除してただちに可罰的違法性ある行為として刑法上の犯罪＝特別刑罰法上の煽動罪を構成したり、あるいは、労働刑法上の煽動罪を構成するいわれはないからである。けだし、市民刑法的違法性概念と労働法的違法性概念とは、等質的かつ等量的違法性概念なのではなく、規範的評価の観点を異にし、価値的概念の意味内容を異にした異質的な違法性概念なのだからである（憲法二八条、労組法一条二項）。

労働者団結のなす諸活動（団結・団交・争議行為）は、使用者という対抗関係にある対象を前提とした階級的団結体のもつ組織体的特性（組織上・意思形成上・行動上）、労働者団結の強化＝組織強制を必然的に要請する団結法原理にたつ。個人主義責任論を基本原則とする近代市民刑法上の行為概念と、団体法的原理によって指導されつつ、労働者団結の強化＝組織強制のうえに、それをうらづけとして労働者団結の組織的意思にもとづく、労働者団結それじたいの行動としてなされる労働組合の労働法上の諸行動＝諸行為とは、質的量的に異なった範疇の行為概念であり、それに対する規範的評価もまた異なった価値基準によることになる。」

市民刑法上の煽動罪と、労調法や公務員法、公労法上の争議行為あおり罪との構造上の差がこのように説かれている。

ただ、ここで気付くことは、いわゆる労働犯罪上における労働法的違法性の内容と、この労働刑法上の労働法的違法性の内容との間の区別と関連はいかなるものかという点である。

一般法学上の用語法からいえば、法規範とは特定の行為・不行為の命令・禁止をいう。そして、この法規範違反を違法という。法規範と特定の不法類型（民事不法効果、行政秩序上の不法効果、刑事不法効果と結びついた諸法規）

とをどのような関係において把握するかについては、学説上の争いがあるが、一応は、法規範がそれぞれの不法類型に化体されているとみるとき、いわゆる不法構成要件に該当する事実は、規範違反となり、違法となる。それぞれの不法効果の種類ごとに、民事違法、行政違法（秩序違法）、刑事違法（可罰違法）といってよいし、総じて、これらの違法は市民法上の違法評価、市民法的評価といえよう。

一般刑法学では、犯罪構成要件を問題とし、構成要件該当の判断によって、一たん争議行為のある側面を個々的に評価し、市民刑法上の一応の関心対象となる事実の確認を経て、さらに、通常は、憲法二八条・労組法一条二項の争議権の保障による正当化事由の成否という違法判断に移るのであった。そこでは、構成要件該当の判断によって明らかにされた規範違反事実の具体的な内容を念頭におきつつ、当該具体的争議の目的、態様、社会的諸影響など、争議権の法律構成を通じて明らかにされる関係の諸般の具体的諸事実が、許容命題の成否として判定される。それは、法益衝突であり、法益の比較衡量によって、具体的に許容命題（争議行為の正当性）の範囲が確定されるということである。さきにあげた最高裁判所の正当性判断の構造がまさにそうであったし、これまでの私をふくめて多くの刑法学者の理論もそうであった。

この一般刑法学の立場からは、熊倉教授のいわれる「労働法的違法性」という用語法は逆の表現になっているといえる。そこにまた熊倉教授が一般刑法学での争議刑法論の構成（構成要件――違法阻却）を敢えて避けておられることとの用語法への反射があるといえよう。しかし、この用語法上の差異となって現象していることとの実体的な、本質的な意義をしばらく措いて、形式的な用語法での両者の間の照応をしばらく考えてみたい。

一般刑法学では、違法阻却事由（固有の意味の違法論）において、あるいは正当化事由としての争議権といわれ、または、労働法規範の正当化機能といわれたりする（後者では、一般法学上の「法規範」と「許容命題」との区別はくずれている）。このとき、労働犯罪事件では、市民刑法上の構成要件該当の評価ののち、正当な争議行為、または正当性を逸脱した争議行為という違法評価が行われる。一般刑法学では、構成要件該当の判断が市民刑法上の評価といわれ、争議権の正当性の限界の評価は、労働法原理による労働法的評価といわれる。熊倉教授の構成においては、この判断の進め方が逆になるとはいえ――そしてそのことの本質的重要性が本稿のテーマであるが――今ここのコンテキストでは、用語上の逆の表現をもちつつも、内容的な照応がある。

しかし、他方、労働刑法犯罪――それは労働基準法違反罰則を典型とする――においては、労働力の社会法的な要保護性にもとづいて新しい犯罪類型が労働法体系の一部を形成しており、そこにもまた、特殊刑法上の犯罪がある。ここでは、構成要件の内容じたいに労働法的な理念による理解が必要となる。それは市民刑法上の原理では充分に内容をつかみえないものである。そして、ここにもまた、労働法的違法という概念が生まれる。しかし、その内容は、さきの労働犯罪の場合の労働法的違法性（争議権の正当な行使の有無）とは同一でない。このことは、公務員に対しての争議権の原則的保障という立場から、公労法・国公地公法上の争議禁止条項をも、熊倉教授が労働協約の平和義務違反として把握されることをみたが、その平和義務違反をも、労働法的違法と観念されるところと照応する。

争議禁止規定の理解については、私はこれまで熊倉教授とは異なった方法をとっていたが、ここでは、この問題に深入りする用意がない。労働犯罪における労働法的違法という点に、熊倉教授の基本思想があることを確認して、さらに先に進まねばならない。教授のこの思想の独自性を明らかにするため、この問題をめぐる当時の理論状況を検討しよう。

五　熊倉教授はこの論文のまえに、「資本主義社会の発展と刑法の機能」（法律文化、四・二、昭二四・二）を発表されている。しかしそこでは、独占段階における階級闘争が激化し、国家・公共の保護の名のもとに保安処分が導入され、社会復帰を永久にとざす体制がしかれたことが指摘されているが、労働法、とくに団結権・争議権の法認の社会科学的意義については触れられるところがない。

宮内裕教授は、「労働刑法への序論」（法律文化、三・一〇＝一一、昭二三・一一）を執筆されたが、そこでは、固有の労働刑法（労働基準法違反など）が、かつての恤救的立場でなく、労働者の集団的階級的利益の保護を本質とする刑事刑法であって、いわゆる行政刑法でないことを力説される。しかし、ここで論じているテーマは問題となっていない。ただ翌年執筆された「労働犯罪概念における違法性――刑法と労働法の背離――」（法律文化、四・九＝一〇、昭二四・一一）においては、「序論」同様、労働刑法を論じられているものの、労働法の本質規定を示されている。しかし、その後、「争議権と刑罰権の若干の問題」（季刊労働法、一五、昭三〇・三）、「労働事件判例における裁判官の意識」（片岡昇教授と共同執筆、法律時報、二八・九、昭三一・九）、「労働争議と刑事免責」（「労働法講座」（三）、昭三二・五）、「争議行為の刑事免責と最高裁」（季刊労働法、二九、昭三三・九）、「労働刑法の現代的課題」（法律時報、三〇・九、昭三三・九）と、続々とここでのテーマに関する論稿が発表されてゆく。ここでその詳細をフォローする準備がないけれども、熊倉教授の労働法的違法性の立場を明らかにする限りでとりあげてみたい。

最初の「背離」論文では、「序説」論文と同じく、労働法の本質規定が与えられているが、そこに特徴的なことは、熊倉教授と異なり、労働法の階級性が、そのブルジョア性において把握される。

「労働法が資本家階級独裁の機構としてのブルジョア民主主義国家とその強制権力の一表現たる法的規範である限り、直接に階級支配の具であることは他の諸規範と変るものではなく、究極においては一般的危機における平均利潤の確保を目的とするものであることは自明のことであろう。……資本家階級にとっては、労働法は……相対的後退の意味をもっている。……労働法の舞台の上に展開される闘争は……歴史的必然の主体的力にとって有力な武器である……。しかし、その闘争が『資本家階級権力のもとにおける資本主義法秩序内』の闘争なる点、本質的に限界があることに注意せねばならぬ。……一連の労働立法が社会主義社会へのスムースな移進をはかるものとの考えは……大きな理論的誤謬であるとともに、余りにも甘い夢であろう」（二一—二二頁）。

この宮内教授の労働法の本質規定はその後の論文においても繰り返される。「若干の問題」論文において、争議の流動性と資本との相関性のもとに「場」の理論を説き、さらに、裁判所の正当性判断がこの「場」の理論を欠いているために、公共の福祉との「調整」という名目で実際には、争議権の否認、刑罰権の優越が現われるとされる。労働法につき、その集団主義による市民的自由の修正を説かれながら、争議の労働力売買における労使対策の立場という側面が強調されて、階級闘争的側面は指摘がない。そして、この労働者権につき、「社会的には、使用者の意思を抑制するかたわら、階級人であるプロレタリアートを労働者へと抽象化することによって、危機段階の資本主義秩序を存続せしめるというところに、ブルジョア法としての意味がある」（季刊法律学、一五号五巻一号九—一〇頁、傍点井上）と規定される。

熊倉教授と宮内教授とは、具体的な問題点の理解についてはそれ程のひらきはない、ピケットの範囲、坐り込みや工場占拠等について両者のあいだにはとりたてていう程の差異はない。裁判所や労政当局の争議権の限界論が、誤った「法益均衡」の理論によっている点の指摘、争議の流動性と秩序形成的契機の無視を指摘される点についてもそうである。しかし、その論調という点においては、両者のあいだにやはり無視できない開きがあるといわざるをえない。解釈論全体におかれる重点という点でも、労働法や争議権の本質規定という点でも、明暗の差があきらかである。この点の理論的追究は極めて重要な問題ではあるが、ここでそこに立ち入る用意がない。論を先に進めよう。

六　熊倉教授、宮内教授以前に、労働法の科学的分析にとりかかられた学者に、勿論、沼田稲次郎教授がある。「争議権制限の論理と防衛の論理」（法律文化、三・一〇＝一一＝一二、昭二三・一二）において、争議の社会的機能の二面性、取引手段と階級闘争手段が指摘され、争議権の法認はしたがって階級闘争としての争議を承認したものとされ、労働者階級の保護のため使用者の諸権利に対し、物権的制限を加えうる積極的私権であると争議権を構成されている。坐り込み、ピケ、生産管理など、多様な争議手段の本来的正当性を説かれる。

実定法秩序のなかに、自由権的基本権と生存権的基本権とが併存し、いずれが優位にたつ統一があるのか、憲法じたいには与えられていないが、歴史的・論理的には生存権的基本権が優位にたつべきであるとされる。アメリカ占領軍の対日政策の転換後、社会主義的な民主主義の方向はあいまいとなり、裁判所における他の基本権との「均衡」理論、公共の福祉論によって争議権は次々に制約され、生存権優位の法体系はくずれつつあると規定される。この現実に対して、法超越的な政治実践としてのイデオロギー批判と、法内在的な解釈論の展開を提唱される。

ただ沼田教授は、自由法曹団弁護士の上村進氏の争議権本質論には反撥しておられる。「争議の本質は、労働者が資本家側に対して勝つ権利（勝争権あるいは主張貫徹権と名づけよう——労働法七条を見よ）を認めている」とするのに対し、「余りにも空想的であり、現段階における実践を指導する理論たりえない」と批判されている。上村氏の表現は労働組合に対する啓蒙書でのものであるが、さらに、森長英三郎弁護士は「ストライキ権の限界」（法律文化四・七＝八、昭二四・一〇）にこう述べられる。

> 「もともと争議権は、市民法からでてくる権利ではなくして、市民法を否定することによってなりたつ権利である。労働者が市民法の線まで退却したときに争議権はなくなる。そして、資本主義社会は、市民法を根幹としている。ただ、資本主義社会を一寸のばしにでも存続さすためには、市民法を否定するところの労働法を自己保全のために容認しなければならないのである。しかし、資本主義社会の自己保全のために労働法を容認しなければならないとしても、労働法のなかには、資本主義社会そのものを否定するに至る契機をはらんでいる」（傍点井上）と。

各種の争議制限の法理と法規を日本の現実の社会学的事実を背景に論じられる。

熊倉教授の基本的立場[3]は、比較と程度の問題ではあるが、沼田教授に対してよりも、上村、森長両弁護士の方の立場に近いのではないであろうか。その意味では、宮内教授とはさらに離れていることになろう。

七　熊倉教授を始めとして、宮内教授、沼田教授にも共通にみられる基本的思考の一つは、生産管理事件にからむ山田鋼業所最高裁判決に典型的に現われた「法益均衡」論に対する激しい反論である。この裁判所の理論は、これら諸教授以外の労働法学者によっても強く批判されており、また、実務の弁護団からも屡々、「諸般の事情」論という裁判所の有罪論理として位置づけられている。この論点は、争議権の犯罪理論体系上の位置づけについての、構成要件不該当か違法阻却かという形の論点とも重なって論ぜられている(4)。そこで、この点について若干の考察を行う必要がある。熊倉教授の独自の労働法的違法性の観念も、ここに密接に結びついている。渡辺洋三教授は、法益の比較衡量という観念について、こう述べられている。

「……法の任務は、客観的利益範囲の確定という任務から、対立する諸利益の調整という任務に変わってくる。もちろん古典市民法のもとにおいても、利益の調整が法の任務でなかったわけではない。ある意味では、一般論として、法はつねに利益調整をめざしているともいえる。しかし、古典市民法のもとにおいて、調整の基準は、権利それじたいのなかに存在していた。ところが、いまや程度を問題にする現代法において（たとえば、労働者や借家人の権利との相対的関連において財産権の自由をどこまで制限しうるかという問題――井上）、調整の基準は、これを権利のなかに求めることができなくなっている。たとえばどの程度使用者や家主の財産権を制限すべきかについて、権利内在的な制限はない。この制度は、権利にとって外部的な事情によってきまってくる」（『現代法の構造』、岩波書店、昭五〇・一二、一四五―六頁）。

渡辺教授は、この基準に社会実質上の契機がとりこまれ、したがって政策判断が立法と解釈にとり入れられざるをえないとされ、これを国独資段階における非等価交換的調整と関連づけられる。そして、権利ないし利益の調整一般は、市民社会存立の、したがって資本主義法一般の基礎的条件であるが、このことと、国独資段階における公共の福祉という名目による現代法的調整との歴史的意味内容の変化に注意を喚起されている（注（5）一四九頁）。

「公共の福祉を比較衡量という観点からとらえ、人権を制限することによって得られる利益と、それを制限しない場合の利益とを比較し、前者の価値が高い場合に公共の福祉による人権の制限が認められるという考え方も、公共の福祉の内容を実質化することによって、結局は、権力の価値判断に奉仕することになろう。……このような比較衡量をする場合の客観的基準は、等価交換法則のくずれた現代国家には存在しない。では、だれが、どのような基準で比較するのか。それは結局において権力が、その階級的基準にもとづく公益判断によって行う以外にありえないのである」（同上一五四頁）。

ある問題の法条の合憲・違憲判断を行う場合、一種の比較衡量が行われる。また、具体的な労働犯罪事件において、争議権の正当性をめぐって一種の比較衡量が行われる。この両比較衡量の間にはいくつかの差異がある。しかし、いずれにしても、そこには渡辺教授の指摘されたような判断の政治性はどのような中正な判断者においても免れえない性質のものなのであろう。一〇・二六大法廷判決にも比較衡量があり、三友炭坑事件最高裁判決にも具体的な比較衡量はある。(5)

私のこれまでの違法論における関心は、まずは、そこに衝突している一方の利益の、客観的権利性を明らかにすること、直接的な憲法上の基本権（学問の自由、集会の自由、争議権など）であれ、それ以下の実定上の権利規定であれ、その利益のできれば実定的な権利性を発見してゆこうとする努力であった。いまだに、現場の勤労者や国民各自に、不確かな「法意識」「権利意識」「当為意識」にとどまっているかもしれないもののなかに、客観的な権利性を見出そうとする努力である。いわゆる可罰違法性の理論に対して、私が敢えて対抗して提示しようとしたものは、東大ポポロ事件第一審無罪判決に示された違法判断の枠組み、市民的違法論の追究にあった。

ここでの論点にひきよせて表現すれば、公然たる比較衡量論の形式をさえとらずに、「社会通念」とか、行為無価値論にたつ「可罰違法論」とかにみられるように、権威主義的な違法論として現われる判決を浮きたたせることにあった。したがって、労働犯罪事件における違法判断や、争議禁止規定をめぐる憲法判断をとりあげるに際しても、もっぱら右のような関心点からのみせまることになった。そのため、「諸般の事情」論や、「法益較量」「比較衡量」論が、客観的な権利衝突の形で論じられてさえいれば、その違法判断や憲法判断は、結論の当否をのぞいては、それ以上の関心をひくところとならなかったのである。そこで、この論点についていえば、一般刑法学の違法論においては勿論のこと、労働法学者のなかにもみられる違法阻却説の立場にみずからがあることに対して、それ程の反省をしたことがなかったのである。

しかし、今や、熊倉教授のこの観念を回顧するに当たり、「比較衡量」「法益均衡」としての違法論への激しい批判は、やはり私の違法論研究にとり、やりすごしえない論点として迫ってくる。このことは、近く、蓼沼謙一教授の「争議行為のいわゆる刑事免責について」（一橋論叢、七一・一）、「争議行為禁止法規といわゆる刑事免責──労働法学説と刑法学説の間──」（『労働法の解釈理論』所収）の二論稿に接して一層の切実な問題意識となった。この点を、充分に論じ尽くすだけの準備がないけれども、若干の問題点を指摘して、今後の方向を見定めておきたい。

八　まず第一に、生産管理の違法性が最高裁の「法益均衡」論によって帰結された時点に遡ろう。

末弘厳太郎博士はある座談会で、変革期における新興階級は、みずからの法的地位と行動基準の明確化のためのはっきりした法的基準を要求するものであるとの理解のもとで、労組法一条二項の「正当性」判断の基準に説き及ばれ、「今の法学者なり官僚なりが無意識のうちに官僚からみれば便利な、しかし、労働者にとっては安心ならない漠然とした基準で労働者にとっては生命にもかかわるような大事な事項を規定する。このことを吾々はもっと反省する必要がある」と述べておられる（「日本法学の回顧と展望」、法律時報、二〇・一二、昭二三・一二、一二頁）。これと同様の認識は、自由法曹団弁護士高木右門「労働法改正の方向」（法律時報、二三・七、昭二六・七、一三頁）、戒能通孝「戦後法学界の軌道」（法律時報、二四・一二、昭二七・一二、四二頁）にも見える。この点は、労組法一条の立法過程においてもあるいきさつがうかがえる（松岡三郎『日本労働行政の生成』一三六頁）。

ここには、新しい争議権という権利の具体的範囲をもっと具体的に提示せよという強い要求が実務や理論界の一部にあったことが理解されるのである。勿論、当時の日本の労働戦線の現実は、理論界をこえて生産管理の闘争戦術を拡大していっていた。川島武宜教授はこう説かれた。

「問題は刑法の規定はどの範囲において労働組合法の規定によって排除されるかということである。……しかるに民商法や刑法の市民法論理に対抗するところの労働法的論理は決して法律では具体的に明らかにされていない。だからこれを具体的に明らかにすること、右の問題を解決すべき具体的基準をうちたてること、これが現在の労働法学の課題である」（「生産管理の違法性と合法性」、法律時報、二〇・八、昭二三・八、八頁）。

当時のこの問題意識は、争議権の犯罪論体系上の位置づけをめぐる吾妻＝有泉論争においても現われている。しかも、違法阻却説にたたれる有泉教授において、鋭く問題点はあきらかにされている。この論争を、蓼沼教授は次のように要約しておられる。

「有泉教授は、争議権を当初から所有権の権能に対する蚕食の要素を含むものとして把えられるとともに、この蚕食がどの程度まで容認されるかは、それぞれの国、それぞれの時代の労働法の展開の度合によって異なるのであって、争議権は次第に形をなしてきたとはいえ、使用者側の諸権利・法益との関係において今日なお万人を首肯させるほどの明確な内容を与えられていない。こうした状況のもとでは、違法阻却論が『いわば立体的に問題を処理』することを可能ならしめる法律構成として妥当であり、吾妻説のように『労働力のコントロール』という観念によって争議権に積極的な内容を与えることは、『市民的法意識』のみによらずこれに対置される『労働者的意識』をも考慮して決定すべき争議権の限界を狭く、『労働者の思わぬ所に』設定することになる、と主張された」（蓼沼謙一

『労働法の解釈理論』三五四―五頁）。

その具体的基準が生成中であったところの争議権という認識が有泉教授においては、むしろ、違法阻却説と結びつき、吾妻教授の「労働力のコントロール」としての権利行使説への反批判となっている。ここでの問題関心からは、有泉説においてすら争議権の具体的法構造が未だ浮動的であるという認識が見られる点が重要である。争議権を始めとする生存権的基本権が「秩序形成的契機」(6)をふくむという認識もまた、当時のこのような理論認識と結びついていたと考ええよう。

すなわち、こうである。一般刑法学上、違法論の構造は権利衝突であり、比較衡量であった。しかし、そこでは、衝突する権利の具体的な法構造は明確な基準をもっていた。財産権であれ、懲戒権であれ、治療行為、スポーツであれ、違法論においては、これらの許容命題のそれぞれがその具体的法構造において明確であってでさえ、侵害法益との衝突のなかでどこまで許容命題のなかに包摂されうるかは、法益侵害（構成要件該当の判断）に比較して困難な内容をもつのが通常である。しかし、今ここで多くの学者が意識した違法判断の困難さは、右にのべた市民刑法規範と市民法的許容命題との衝突の解決のもつ困難さと必ずしも同質のものと言うを得ない。具体的法構造そのものが浮動的であり、生成中なのである。吾妻教授の表現によれば、争議権の法的構造を、「労働力のコントロール」という側面でのみ構成すべきかどうかが正に争われねばならないのである。権利が衝突してその限界が争われているのではなく、正にどのような権利なのか、出発じたいが争われているのである。生産管理問題について、最高裁が財産権と争議権の衝突を「法益較量」しつつその正当性の限界を論じたとき、正に、ある特定の内容規定のもとに把握された争議権のそのような具体的内容が「万人の首肯する基準」でなかったところにこの判決が批判をうけなければならない真の問題点があったのである。

右の問題意識はしかし、戦後直後の理論状況の話である。すでに戦後三〇年の労働運動と裁判実践、労働法学の進展は、右の状況をどのように変化させたであろうか。

今日争議権の具体的基準は万人の首肯すべき点に生成を終えたのであろうか。労務不提供にのみ争議権の内容を限定し、平和説得にピケットの限界をみる最高裁の基準は、果たしてどうか。私には、それはあるべき争議権の姿とは思われない。争議権制限の諸法規についても問題は多い。今後も、現実の労働運動は裁判所や労政・治安当局の規制をこえて進むことが予想されよう。争議権法認の歴史段階は必ずやみずからの社会的正義をめざして運動し続けるであろう。(7) このように理論戦線を認識するとき、争議権の具体的基準は、依然として浮動、生成されるにふさわしい理論構造におかれる必要がある。有泉教授は、それを違法阻却説に連結された。しかし、このことはそれ程必然的な結合であろうか。

熊倉教授が「ピケと緊急避難について」(討論労働法、三二、昭二九・一〇)を報告された際、ある地労委の委員長が法益較量論から平和説得論を主張され、法益較量という枠組みがなければ「労働者の階級的利益のためなら何をやってもよい」ということになると反論したのに対し、熊倉教授はこう答えておられる。

「ピケットの問題は法益均衡の問題ではないのです。市民法上の抽象的に平均化された抽象的な同質の権利と権利との間の問題ではない。ピケットやスクラムを一八世紀的な自由権(言論の自由)から説くのは間違っている。争議の防衛がピケットであり、憲法上保障された権利行為で初めから適法行為であって構成要件に該当しない」と反論されている。

この論争じたいが決定的な論理性をもって何ごとかを決定する内容をもつとはいえまい。しかし、依然としてその具体的基準じたいが争われている状態で、必要なことは、その権利の本体をたえず尋ねる努力である。労働法上のその権利の原点との関係が常に反芻される必要がある。そう考えるならば、刑法上の構成要件該当性の判断を先行させて、当該事実の市民刑法的な評価の判断を確定することは、必ずしも、権利の具体的基準じたいを探究する課題にとってふさわしい構造とはいえない。労働法原理じたいのなかで、具体的事実を材料にしてあるべき具体的基準を求めつつ、争議権の構造を明らかにしてゆく必要がある。絶えず動いてゆく多様な労働紛争の現実の科学的把握に基づいて具体的基準が求められるのであるが、労働法的違法性の判断の先行を一貫して説かれる熊倉教授の主張、それはまた、争議権発達三段階論の上に、民刑一貫して、争議行為の労働法的正当・不当の判断を主張される蓼沼教授の理論にも共通の思想を見ることができる。一般刑法学上の違法論のなかにあって、ただ、特殊労働法的許容命題としての争議行為の正当性を事後的に判断する方法は、改める必要がある。

九　次に、第二に、右と関連していることであるが、いわゆる争議の流動性、対抗性、団体性として、市民刑法的評価には親しまない争議の法的評価の特殊性、いわゆる「場」の理論についてである。この点も、熊倉教授は、すでに早くから主張されてきたところであり、それがまた、労働法的違法性の評価の先行という構造と結びつけられている。

「ロックアウトと刑法上の諸問題」（討論労働法、六、昭二七・四）で報告された熊倉教授に対して、三藤正氏はこう反論される。「争議行為のある個々の側面を構成要件該当性でバラバラに評価しても、結局違法判断において争議行為の正当性の問題を論ずる際、再び統一して行為を労働法の観点から評価するから同じことではないか」というのである。これに対して、熊倉教授はこう説明されている。「バラすことじたい労働法上の権利とみとめられた労働法上の行為が意味をもたないことになってしまう。個々バラバラにすることじたいがそもそも労働法上の適法行為として見ていないところの考え方なんですね。……労働法よりも刑法に一方的に優越性をおく主張になる」と。

注

（1）峯村光郎教授還暦記念『法哲学と社会法の理論』（有斐閣、昭四六・六）一九一頁以下。

（2）熊倉教授の関心は大まかにいって三つの方向に向っていたといえよう。第一は、その時々の日本の新しい刑事立法に対して、迅速果敢にこれら立法の客観的意義を国民の前に明らかにしてゆくというものであった。第二は、労働刑事事件をめぐる理論的実践的活動である。本稿はこの分野に焦点をおいた。第三は、刑法と刑法理論の社会科学的研究である。第一の立法批判と第二の裁判批判の理論的基礎づくりがこの第三の作業であった。

第一の立法批判として主要なものをひろっただけでも以下の通りである。『不敬罪の刑法学的意味』（昭二一・一二）、「刑法と民主主義——刑法改正要綱案批判」（人民評論三巻三号）、「軽犯罪法の制定とその現代的意義」（社会科学一六号、昭二三・七）、「国家公務員法改訂の意味するもの」（政治学研究二号、昭二三・一二）、『軽犯罪』・法律学体系・法学理論篇一三一（昭二五・一〇）、「公安条例——その意味するものと背景にあるもの」（世界評論四・八、昭二四）、「治安立法の構想とその意義——団体等規正法案批判——」（法学志林四九・三）、「刑法改正準備草案の総合的検討・自由に対する罪」（『法律時報』臨時増刊、昭二五・六）、「暴力行為等処罰法の一部改訂と労働組合運動」（季刊労働法四八、昭三八）、「刑法・刑訴法改正の問題点」（労働法律旬報二五八、昭三二）、「『破壊活動防止法』案と人権」（日本週報二〇五）、「『改正刑法準備草案』の刑法思想について——小野清一郎『理由書・序説』を中心として」（『静岡大学法経研究』一四、昭三七）など。

第三の刑法と刑法理論の社会科学的研究について、特に重要なものは、刑法の本質に関する六項目テーゼである。戦後の労作『法思想史概説』（解放社、昭二四・一）の第四章「唯物史観法思想、補説＝ブルジョア法の物神性はいかにして発生するか——」の中に、この六項目テーゼが現われるが、しかし、それはすでに戦前の労作、『近代刑法思想の発展と科学的精神』（昭一二・一二）（熊倉武著『刑法と民主主義』または、同著『近代刑法思想の発展』に収録）に初めて展開されたものであった。このテーゼはその間多少の経由はあるが、これも基本方向において一貫して主張されてゆくものであって、「法の階級性について」（思想三〇七号、同著『刑法の理論と実践』に収録）を経て、その最も完成した姿を、同著『日本刑法各論上巻』（東京・敬文堂、昭和四五・三）一九—二二頁に見る。なお、この六項目のテーゼについては、木田純一『戦後日本の刑法学』に批判がある。

（3）勿論、熊倉教授においても争議権のブルジョア法的限界が予定されている。しかし、その強調の仕方は宮内教授と比較して、ある差異があるというべきであろう。

「しかし、もとより、労働法といえども、ブルジョアジーの階級的支配権力のもとにおけるブルジョア市民法秩序内においての労資両階級の政治的・階級的力関係の展開の均衡点をあらわす法的形式であるという意味において、またあるいは、労働法は、近代資本主義国家における既存のブルジョア市民法秩序の一環としてくみいれられ、それの形式的な全体統一性のもとに指向されているものであるという限りにおいて、大きく一定の限界を――ブルジョア権力国家的限界を画されているものであり、無限定的な拡大・ないしは過信のゆるさるべくもないことは、敢えて説明するまでもないところである。

だがしかし、労働法がかりに既存のブルジョア市民法秩序のなかにくみいれられ、錯倒した支配階級的法意識によって権力的に強制されたとしても、歴史的主体としての自己を意識したプロレタリアートの労働運動の発展・あらたな歴史的正当性にうらづけられたプロレタリアートの階級的な法意識によって基礎づけられ、支えられているものである限りにおいて、ブルジョア国家権力的限界＝労働法的正当性の限界は、静止ないしは固定するものと考えることは許されず、展開される労使両階級の政治的・階級的力関係のありかたと動向とによって、常にゆり動かされつつ発展してゆくものであるということが忘れらるべきでないであろう」（『労働刑法』労働法講座Ⅰ、昭三二、同著『労働刑法』法政大学出版局、昭四一・一一、九頁）。

（4）　争議行為の正当性の判断の犯罪論上の位置につき、構成要件該当そのものが成立しないとする労働法学者に、本多教授、片岡教授、蓼沼教授、宮島教授、山中康雄博士、吾妻博士、松岡博士がある。荘子『労働刑法（総論）』六八頁参照。

宮内裕教授は、右のような構成要件不該当説に対して次のように批判する。「争議行為が正当なものである限り、刑法上不可罰である。……刑法学上それが違法阻却原因と把握されるか否かということは、単に技術的な問題であって、実質的な意味はもたない」（季刊労働法一五、昭三〇・三、一一頁）、と。さらに、「構成要件該当性と違法阻却原因の関係は、原則と例外というわれわれの思惟経済にもとづく技術的操作にすぎない。行為に違法阻却原因があれば、行為は最初から可罰的違法類型である構成要件に該当しない。一たん構成要件に該当して違法と判断された行為が、後になって違法阻却原因があることによって、違法性が消滅すると考えるのは誤りである。労働法関係者のなかでこの点を問題にする傾向もあるが、それは論理的構造と警察・検察庁などの争議を犯罪視し、強制処分を行いがちな意識とを混同しているからである。問題は前者にはなく、後者の前近代的ファシズム的意識にある」（同一九頁注（2））。勿論説かれるが如くであるが、前近代的ファシズム的意識が、法心理学的に「構成要件該当――違法阻却」説に結びつく危険があるというのが、熊倉教授の認識なのである。

（5）　法益較「量」とか比較衡「量」とかいわれ、そこから量的比較が違法判断の性格のようにいわれるが、私は、具体的な二つの事実を前にしたいずれか一方の「選択」がその判断の実質であるように思う。拙著『争議禁止と可罰違法論』一三八頁、五二頁注(4)参照。そして、ある意味では、人の日々はこうした「選択」の連続ともいえよう。

（6）　労働法上の基本権、とくに、争議権の秩序形成的契機といわれるものも多義的である。戦後の民主主義的な諸政策の進展の中では、社会変革そのものの一翼を担うという意味がそこに盛りこまれていたと考えられるし、さらに、個々の労使間の具体的労働条件の確定に到るための取引手段としての許容される権利内容、つまり手段としての具体的争議形態そのものが開かれていて、具体的事実を通じて、手段そのものの内容が作られてゆくという意味をもさしているのであろう。争議権行使の具体的限界が問題になる以前に、争議権の具体的基準が策定されるのもそのゆえである。労働法的違法性という問題はそこにある。

こう考えてくると、いうところの争議行為の正当性の判断は、事実判断というよりも前に、争議権の労働法上の規範的構造を、ただ具体的事件を材料にして検討する純粋の労働法的な理論活動としてまず先行し、そのうえで、個々的に確定された具体的基準にてらした事実の当嵌め、正当性の成立の判定という段取りになるはずである。具体的基準を策定するに当って、当該事件限りの諸事実を前提し、その限りで当該事件での既存の諸権利への侵害の事実も当然に判断資料となる。その側面では、構成要件該当後の違法判断に類似した姿となる。そのことが、あたかも、労働法的正当・不当の判断が一般刑法学上の違法判断として位置づけられてきた根拠でもあろう。しかし、現象的に類似しているものの、それは、本来、刑法的評価とはかかわりのない、純労働法的な権利内容の、規範的確定作業なのである。具体的判断基準の作成作業であって、違法判断——既存の具体的な——権利の事実的な外延の認定、単純な事実への規範の当嵌め——でないと考えるのが正当であろう。争議行為の正当性の判断をこのようにはっきりと犯罪論体系の外にだしてしまうとき、一般刑法学上のその構造は変更の必要はないことになる。労働法上の法的判断が終了して、労働法上正当でない行為とされたものについて、初めて、市民刑法上の構成要件該当判断が始まる。先行した争議の正当性判断は刑法上の評価ではない。

（7）　本文で述べたように、争議権が生成中の権利だとしても、生成されるべき領域は、労働運動の力によってどうにでも拡大しうるというものではない。それは争議権そのものの本質を越えて進むことはない。そこに力の限界が論理的に存在している。かりに力がその限界を破って進んでも、やがて反対の力が論理的限界までおし戻すだけである。それはまた、今日、政治反動のため争議権のあるべき具体的基準が裁判上実現しえていないとしても、やがて現実の運動とともに、それが実現される展望を与えもすることと同様である。

なお、中山研一教授は、労働刑事事件において、「新しい違法評価の規範的基準」を展望され、そこに、沼田教授のいわれる『資本悪への批判を媒介として打ち出された社会正義の要請する労働者の権利の優越性の承認』を設定される。しかも重要なのは、可罰違法性の理論を採用されたうえ、この理論に、右の労働法原理による修正が重畳的に作用せねばならないとされ、被害法益の軽微性以前に、利益衡量の場面への労働者「権」の権利性の投入による違法「阻却」論が前置されなければならないといわれる（中山研一「労働基本権と労働刑法」『労働法の基本問題』沼田稲次郎先生還暦記念（下）六四頁以下）。また、違法阻却説を維持されながらも、争議行為の態様によって、構成要件該当阻却的争議、違法性阻却的争議の類型化も提唱されている。謂われるところの構成要件阻却的争議というものが、争議の事実的な特徴上、威力業務妨害や強要、脅迫等の各犯罪構成要件のいずれの要素をも充足しえないような争議の態様を考えておられるのか、あるいは、さきの「労働者の権利の優越性の承認」という法的契機との関連で、構成要件該当阻却的争議が観念されるのか、明らかでないように思われる。私は、行為無価値論による可罰違法論と憲法論を内容とする正当性の判断とを理論的に対立するものとして理解し、前者に代えて後者を主張してきたのであった（拙著『争議禁止と可罰違法論』）。しかし、中山研一教授は、この両者は排他的関係にあるものでないといわれる。裸の論理としてではなく、一つの理論的立場として考えるとき、私にはその結論は了解できない。さらなる教示を戴きたい。

（法の科学　第五号）

第二三　性表現の今日的考察

性表現に関する刑事規制は、性に関する時代風潮の激しい変化につれて、一方において憲法上の言論・出版の自由との関係で、他方において「欲する成人の自由」、刑法による特定倫理の強制への反駁との関係で、大きく動揺している。そこで、猥褻概念の構造を分析しつつ、問題点を素描したい。

一　猥褻概念

一　各国の猥褻概念

わが国の判例上それは「徒らに性慾を刺激興奮せしめ、普通人の正常な性的羞恥心を害し、善良な性的道義観念に反するもの」(最判昭和26・5・10および、チャタレイ事件最判昭和32・3・15)とされる。アメリカでは、ロス＝ミラー判決として一応確立されたと思われるこの概念は、「(a)平均人が、当今の社会的基準にてらして、当作品が全体として好色的興味に訴えた(appealed to the prurient interest)ものと考えるか、(b)その作品が行為を顕著にいやらしい方法で(in patently offensive way)描写したか、(c)作品が全体として真面目な文学的、芸術的、政治的又は学問的価値を欠くか」

（Roth Decision 24. 6. 1957；Miller Decision 21. 6. 1973）とされる。ドイツでは、かつては「正常人の道徳感情・羞恥感情を性的関係において著しく侵害するもの」とされたが、連邦最高裁は、「著しく粗野又は刺戟的で、共同体の利益を妨害したり重大な面倒にさらす性行為の叙述」（ファニー・ヒル判決 Urt. v. 22. 7. 1966）という。イギリスでは、コモン・ロー上「人を堕落腐敗させる（to deprave or corrupt)」とされるが、猥褻出版物法（一九五九年、六四年改正）は、この制定法上の猥褻文書の頒布・販売目的の所持についての起訴に関しては、「公共の利益（public good)」を抗弁として許容し、「学問、文学、芸術又は学習その他一般的関心の対象の利益のため」による場合公共の利益として正当化されると規定する。

形式的に定義を比較しただけでも、そこにいくつかの差異を見出すことができる。米英の法的規制は、社会的価値の比較衡量を（猥褻概念にふくめて理解するかどうかの差はあれ）明確にこの犯罪構成上の要件としてあげているのに、わが国の定義やドイツのそれはこの点に全く触れていない。また、猥褻じたいの概念要素を比較すると、イギリスの定義が最も包括的な規定であるのに対して、他の定義は、性慾の過度の刺戟とか、羞恥感情とかの概念をあげて内容的に規定しようと努力している。とくに、ドイツは、共同体の利益の妨害とか重大な面倒のおそれという結果無価値の指示を含む点で一つの特徴がある。もっとも、イギリスでポルノ写真を受取った者が警察官であって彼が法廷で「堕落腐敗しなかった」と証言したのに有罪の評決をした陪審の判決を破棄した判例があり（The Queen v. Clayton〔1963〕）、法廷弁論や学説上、読者が単に不浄な観念を抱くことではたりず、読者の性格や行動への何らかの変化、具体的な性格の堕落や反社会的行為の誘発を必要とするという主張（Smith & Hogan, Criminal Law, 1965 p.512 ff. p.514-515.；Gardner, Q. C. in Penguin Books (Chatterley Case)）がみられるが、判例の基本的立場は「堕落腐敗」は文書の客観的性質の問題であって、窮極の読者の人格や行動への事実上の具体的結果を問わないものと考えられる（D. P. P. v. Whyte〔1969〕「もともと腐敗堕落した連中に売った」事案。なお、Davidow, O'Boyle, Nebraska L. Rev, Vol. 56〔1977〕, No.2 の英米猥褻法比較参照）。イギリスはこの概念に異性間のエロチックな欲求、同性愛の奨励、性倒錯のほか、薬物摂取や残虐な暴力の昂進をも広く含ましめており（The Queen v. Calder & Boyars Ltd.〔1969〕）その点で特異な内容をもつが、性表現に関する限りでは、社会的な性に関する風俗への攻撃（強姦や姦通など）は勿論、個人の正常な人格（上品さ、清潔、貞淑など）への侵害についての具体的結果を必要としない点で他の国の場合と一致している。猥褻規制の動機がこれらの社会的個人的影響を危惧したものである（チャタレイ最高裁判決参照）ことは容易に理解されるが、これらの側面における具体的結果（具体的な反社会行為の発生、人格の堕落・崩壊）をその構成要件の概念内容としてはとりあげていないものといえる。したがって、それは、社会法益への抽象的危殆犯であり、個人法益（正常な道徳感情・羞恥感情）への具体的危険犯として構成するものと理解される。果して、そのような構成が今日可罰の根拠たりうるかということが各方面から反省され始めている。

二　わが判例の定義適用上の特異性

わが判例においては、さきの定義の具体的な適用において、前田信二郎教授、中山研一教授、田中久智教授らの指摘のように、性欲を人間の低級な性質として、その過度の興奮じたいが理性人としての羞恥を伴うものと理解する。「性欲刺戟」と「羞恥」とを同時存在的に受取るきわめて倫理的な立場が示される。その結果、性器や性行為の露骨な表現が常に猥褻の内容とされ、しかも、表現の露骨さに関して、性行為非公然の原則という倫理、性風俗を絶対不変のものとして、これらの事項の具体的描写を部分的にふくむ文書をすべて猥褻文書とする結果になっている。「性道徳に反する」という最後の要素も、性器や性行為をかくすという性倫理に反するもの（性行為非公然の原則に反するもの）としてのみ理解される。恰もそれらを見ているように表現する（チャタレイ事件東京高裁判決昭和27・12・10下村三郎裁判長参照）ことと解される。したがって、わが定義の三要素は、唯行為の露骨な表現という一点に収斂され、著しく形式的な内容のものとなり、性表現の形式に関する極めて保守的な社会倫理を高調し、性表現の実質的な社会的側面をとりあげにくいものとする内容のものとなっているところに問題がある。

わが判例の定義上の三要素を他の国のそれと比較するとき、一定の共通の要素を認めることは勿論できる。「羞恥心を害する」というわが要素は、ロス＝ミラー判決の(b)の要素と照応し、理解の仕方によっては、「徒らに性慾を刺戟する」というわが要素は、かの(a)の「好色的興味に訴える」という要素に照応しているともいえる。「徒らに」という形容は「過度に」として、専ら刺戟の程度を示すものと解されているが、性慾の刺戟のみを専ら文書のテーマとしたもの、それ以外に性表現の社会的意味、他の生活関係との関連のない、専ら人間の性慾じたいをそのもののために追求する、かつてアメリカの戦前のユリシーズ判決のいう「猥褻のための猥褻（dirt for dirt's sake）」、ドイツの判決にいう「人間の性慾への裸の客体化」という猥褻の社会的側面に連なってゆく要素として理解しうる側面が、とくに「徒らに」という形容を通して把握されるようにも思われる。わが文献の中にも、「徒らに」という点にその趣旨を読みとる論者もあった。

三　部分原則と解消論

勿論、部分的原則か全体観察かの立場の相異があり、イギリスのヒクリン原則が前者の立場にたち、これを青少年読者を基準にして堕落腐敗の傾向の有無を判定したために、性を内容とする真面目な文芸作品が猥褻規制の対象とされ、その歴史的な反省がさきの制定法の「公共の利益」の抗弁の実定法化となった。アメリカのロス判決もこの全体観察を明言し部分原則を否定するものであった。

ある政治文書が旧秩序の一環としてその性道徳や性秩序の偽善や腐敗や非人間性を暴露したり、文芸作品が人間の性を真面目に追求する場合、法廷は必然的に、それら文書の部分表現の法的評価に直面せざるをえず、その際、文書の全体テーマと当該部分との関連、したがって文書全体の思想からみたその部分の内容的必然性を判定せざるをえなくなる。植松正博士や大野真義教授（「刑法一七五条にいう猥褻の概念と規範的評価」阪大法学一一〇三号にはわが国の判例・学説が完全に渉猟されている）が強調されたように、全体との関連でその部分を法的評価の対象とすることに猥褻法の基本的課題があるとされるのも充分に理由のあることである。この限度では、いわゆる猥褻性の「解消」、「昇華」という問題は必然的に登場せざるをえなくなる。部分原則と「解消・昇華」論とは決して相排除し合う関係にはない。解消し昇華されていない場合、つまり、その部分表現は、全体の部分としての意味を失い、それじたいが、独立の文書として社会的実体をもつことになり、猥褻規制の対象となる。芸術作品であっても猥褻文書たりうるとする判例の態度が、部分原則なるがゆえに批判されているが、おそらく判例の本意は右のようなものであったろうし、また、サド最高裁判決もそのことを自覚的に判示するに至っている（最判昭和44・10・15）。

全体のテーマとの関連を初めから全く無視し、ただ部分表現だけをとり出してその猥褻性を判定する程に部分原則を誇張したり、逆に、全く全体との関連を失い、独立の文書としての社会的実体をもつ部分表現（文芸書の擬装）を、その他の部分にある表現が猥褻をテーマとしないという理由で部分を全く無視する程に全体観察を誇張するのも問題であろう。

解消・昇華論の立場で全体と部分の法的評価を進めることによって、真面目な文芸作品が規制されるおそれは殆どないといえよう。チャタレイ事件についてのアメリカの地裁は、ユリシーズ判決、ロス判決を基準にして、この解消論を見事に展開して、検察側の一二ヶ所猥褻起訴を退けた（U. S. District Court S. D. New York, 21. 7. 1959）。アメリカの場合、編集上の工夫は勿論、宣伝販売についても極めて慎重な取扱いがなされたようであるが、わが東京地裁は、これらの判決よりも数年早く、おそらく戦後では最も早い時期に、わが国としては歴史的に初めての文芸裁判の経験をし、そこで極めて重要で興味のある法的解決をすることになった。

四　チャタレイ東京地裁判決のいう猥褻概念

東京地裁は本小説の全体のテーマをとりあげ、性についての特異な、画期的な思想を展開したが、この思想の難解さのために、大胆な性描写から生ずる性的刺戟が理性によって制禦しにくいものとなっている猥褻文書類似のものであるとした。しかも、わが主たる読者層が中学校卒業以下のものであること、当今の乱れた社会風潮のもとでの一般的な理性による制禦力の著しい鈍化傾向の中で、恰も春本同様の低俗な性欲小説であるかのような広告により爆発的に買われたとし、いわゆるパンダリングの理論によって本小説を猥褻文書と判決した。そして、猥褻の定義についても「一般的に性欲を刺戟するに足る表現があり、これにより人が性的興奮を惹起し理性による制禦を否定または動揺するに至るもので、自ら羞恥の念を生じ且つそのものに対し嫌悪感を抱く文書」とした（東京地判昭和27・1・18〔一九五二年〕）。

二　相対的猥褻概念の発展

一　アメリカにおける相対的猥褻概念

パンダリング（pandering）の観念を中心とする相対的猥褻概念（variable obscenity）は、一九六〇年のロックハルト教授らの論文で理論化され、一九六六年の有名な三判決（Memoirs, 383 U. S. 412 (Fanny-Hill case); Ginzburg, 383 U. S. 462; Mishkin, 383 U. S. 502）において確乎とした地位を築いた。ウォーレン・コートの時代に漸次拡げられていったこの相対的猥褻概念は、作成・頒布者の主観的目的、頒布の態様や方法、受取る相手の如何を問題にすることにより、一方において、ファニー・ヒル判決のように、僅かでも社会的価値があれば猥褻でないとすることによって、ロス判決のいう(c)の要素を軟化させ、同意した成人へのハード・コア・ポルノにさえ表現の自由を保障する方向をもつと共に、他方において、宣伝の方法や受け手の年少者を基準としたり、異常な性的好みをもつグループにむけられた時は、その者を基準とすることによって、文書そのものが本来猥褻でないとき又は一般の平均的成人にとって猥褻でないときでも、これを硬く猥褻と決定する点において、硬軟両極に猥褻概念を機能せしめることになる。この相対的猥褻概念の流れは、バーガー・コートの一九七三年ミシュキン判決以下同日の全員一致の八判決によって、ロス判決の三条件の基準が再確認され、この基準に合致する文書は、主観的意図、宣伝方法、受け手の如何にかかわらず、憲法上の表現の自由を享け得ないとされた。論者にとってはこのことによって相対的概念は早や死にさせられ、ロス判決の絶対的猥褻概念（conceptual approach）に立ち戻ったという。

ところが、都市のビジネス区や住宅に成人劇場の乱立を防ぎ（都市の伝統的調子や美観を維持する社会利益つまりニューサンス利益）、または、公共の道路や場所から被見される露天劇場の規制（同意しない大人や年少者の羞恥感情や人格保護および近隣者のプライバシー保護）のため次第に行政規制が始まり、これらの「区画立法（zoning statutes）」の憲法問題（表現の自由侵害）がおこった。ついに合衆国最高裁は、一九七六年にヤング判決において、規制の程度（刑罰による全面禁止ではない）を重要な根拠として、その規制の合憲性を認めるに至った（Young 427 U.S. 50 (1976)）。しかも、これら規制の対象とされる性表現は、いわゆるロス＝ミラー判決のいう厳格な猥褻定義を常に越えたゆるい概念が用いられる。刑罰による全面禁止ではなく、社会や個人の利益に見合った表現の実施面での部分的な行政規制である点に、ある広さをもった表現規制の合憲性が結論されたことになる。ここに再び相対的猥褻概念が復活したことになり、規制の質を刑罰から行政規制に緩和することによって国家的強制の途が開かれ、言論表現の自由への侵害が、一種の比較衡量論に基づいて容認されることになる。ある論者は、絶対的猥褻概念によって、行政規制をふくめて、一切の国家的干渉を許さない領域を平等に国民に保障する途の方が、よりよく表現の自由を守る途であるとして、これら一連の区画規制立法を違憲とし、ロス＝ミラー判決の絶対的猥褻概念を維持すべきであるとするものがある。相対方式、比較衡量論による実質的な表現の自由の侵害を警告するのである。この論者は、絶対的猥褻概念はハード・コア・ポルノのみを捕捉する有効な判断枠組であるという（F. F. Schauer, Hastings L. J. Vol. 28 (1977) No.6）。アメリカの猥褻法判例の流れをこのように整理することの当否はしばらくおき、パンダリングを含む相対的猥褻概念が硬軟両極の機能を発揮することは、さきの東京地裁が本小説じたいを猥褻文書とは認めなかったのに、広告販売の方法により猥褻文書となるとしたことからも、よく理解することができる。

二　東京地裁判決の卓越性――「徒らに」の再構成

しかし、既にアメリカのこれらの諸判決にさきがけて、パンダリングの理論、全体的考察方法を採用した東京地裁の先見を我々は充分に評価しなければならない。

そこでは多くの証人が読後感を証言したが、ほとんどが強い性欲の刺戟を述べたけれども、何らかの否定的な印象を結論した証人は意外に少ない。ローレンスの性の思想に強い反撥を示す証人、単なる陳腐さと、性行動の社会的制約（時・所・社会的条件）無視を非難する証人、または職業が警察官である証人など、一般的に通常人よりも、かなり強いセンシビリティの持主のみが否定的印象を述べたにすぎない。このことは、これら多くの証人が、地裁がその基準とした英文学者や評論家なみのローレンス理解ではなくとも、作品の真面目さから、これらの顕著な性表現部分にもかかわらず、猥褻性を解消している結果とも受けとることができる。「理性による制禦」という要素を新しく取り入れることによって、作品全体のテーマと部分表現の関連をとらえ、かつまた、パンダリングの理論を既に開発したこの判決は、アメリカよりも早く、猥褻概念のより科学的把握をなしえていたといえる。東京高裁・最高裁と進むにつれて、形式化された概念にもりこまれた保守的な社会倫理強調のなかに、この地裁の努力が結実しえなかったことはまことに残念なことであった。

しかし、わがサド判決も遂に承認するに至った解消論は、全体的考察と結びつけて受取るべきであって、部分表現のみの巧拙の問題におしさげてはならない。さらに「徒らに」の部分にこの趣旨を読み込むことによって、わが判例独自の猥褻概念の内容充実を図ることがさし当りの課題といえる。

三　解消論と比較衡量論

ロス＝ミラー判決は、その三要素の最後に(c)として比較衡量の問題をあげた。この要素は、イタリア刑法やさきのイギリス猥褻出版法にみられた規定と同一趣旨のものである。しかし、この(c)の要素は、アメリカのファニー・ヒル判決の示した「わずかでも社会的価値のあるもの」（"utterly without redeeming social value" test）を拒否しているのであって、いわゆる解消論レベルの問題とは別の問題を処理する要素として、ロス＝ミラー判決に位置づけられていると考えるべきであろう。アメリカの連邦判事の意見には、この(c)は、つまり(a)、(b)の要素の裏面であって、解消論の枠内に(c)を理解し終えようとする意見がある。ファニー・ヒル判決の形での(c)のテストは、同意した大人のハード・コア・ポルノさえ、管理社会の慰安・娯楽の一つとしての社会的価値、異性の性への関心や性技の学習としての社会的価値すら認めることに途を開き、ある論者は、ファニー・ヒル判決以来の相対的猥褻概念によって、最早文書じたいの猥褻性は完全に姿を消し、三つのカテゴリー、すなわち、同意しない大人を対象に曝すこと、年少者の健全な育成の保護、パンダリングに限られることになっているという（W. Simon. & J. H. Gagnon, Trans-Action, July / August 1967 in: A. S. Blumberg, The Scale of Justice, p. 163 ff.）。ミラー判決がこの(c)の要素を厳格化したのにはおそらく右のような理解に歯どめをかけ、少なくともハード・コア・ポルノの絶対的可罰を明確化することにあったろう。全体的考察による解消論を採用する限り、「好色的興味に訴える」や、わが判例の「徒らに性欲を刺戟する」という要素により、真面目な文芸作品は、(c)の要素をまたずに、可罰対象からはずされることになろう。(c)の固有の意味は、(a)(b)により、全体として猥褻文書とされたものについて、更に特定の優越的利益によって（鑑定の必然性）その違法性が阻却される、限られた分野の問題を処理する基準を示そうとすることにあろう。ハード・コア・ポルノは右の(a)(b)によって確実に捕捉されようが、その限界に接近するいわゆるフレンジ・ポルノ（frengeland, or marginal pornography）の正当化さえ、この(c)は予定していないと考えられる。この後者の問題については後にとりあげることにして、次の猥褻概念の要素に移ろう。

三　「性的羞恥心」と表現の社会的制約

一　「性的羞恥心」

次に、「性的羞恥心を害する」という要素について考察しよう。わが判例においては、この要素は性欲の刺戟と同時に存在すべきものとされ、独自の意味を失っていることはさきに指摘した。しかし、ドイツやアメリカの判例においては、この要素に独自の意味が、そして、それは部分表現の形式上の重要な契機としての意味が理解されている。性欲の刺戟といういわば生理現象の平面ではなく、性表現の社会的制約、したがってまた、社会的許容の限度がこの要素をめぐって把握され、特に、この点の制約が時代風潮と共に、たえず流動していることが自覚されている。性欲の刺戟は必ずしも羞恥を伴ったり、羞恥感情の侵害として顕現したりするものではない。特に、文書の場合、このことは特に留意しておく必要がある。羞恥は確かに人間の倫理的感情として、個人的な心理の平面にあるが、しかし決して生理現象でなく、社会的な質、社会倫理的な資質である。それは、生理現象としての性欲の興奮に伴われはするが、常に社会的状況との関係において最も明確に現れる。公然猥褻行為においては、羞恥嫌悪の情を抱かせるものとして規定され、行為態様と結果惹起との関係は特に明確に現れる。文書や図画の場合でも不意打にあった同意しない大人の場合には、羞恥は明らかに現れる。しかし、同意した大人の場合、羞恥感情への侵害は回避される。ポルノの入手やポルノ映画への出入は社会的契機を含み、その限度での羞恥は残るであろう。しかし、それは、公然猥褻行為や不意打の被害者の羞恥とは異質である。社会的許容の限度は、それに係わる個人倫理、良心との関係で生れるが、そこを通って覚知される対象の許容限界を越えた表現じたいから生れる筈の羞恥心の攻撃性は、既に同意によって乗り越えられているからである。

性表現が露骨であり、それが公然と示されうる、表現上の社会的制約がこえられているとき、不意打によって生ずる倫理感情への反応こそ本来の猥褻概念のいう羞恥の中核である。社会的な習慣、エチケットなど、常に社会的契機との関連でのみ個人に定着する個人感情であり、また、社会的変化を通じて変化してゆく性質のもので、自然的、生理的な性欲の触発という問題とは別の内容をもつ。性行為非公然という社会倫理は確かに今日もある。しかし、どこからを「非公然」とするかの限界は、性器、性行為じしんの表現についても社会的変化から隔絶してあるわけではない。わが判例と異なり、ドイツのファニー・ヒル判決は、アメリカのファニー・ヒル判決にも部分的にふれつつ、この性表現に関する社会的制約が大きく変化したことを認めて、「著しく粗野又は刺戟的」という表現形式の特徴を通じて羞恥感情の侵害をとらえ、今日の社会的制約としては、ファニー・ヒルの表現形式は、もはや「著しく粗野、刺戟的」とはいえないと判決した（BGH Urt. v. 22.7 1969, NJW 1969, Heft 41, 1818）。わが判例は、性行為を恰も見るが如くに叙述するのは直ちに表現上の社会的制約を破るものであって、性表現に関する性道徳に反するものであるとすると同時に、この制約が破られることが顕著であればある程、性欲の刺戟・興奮も過度のものとなると解しているように見られる。三つの要素が表現の露骨さという一点に凝集してしまうのは、表現の社会的制約を極めて広く解し、性行為の表現そのものの禁止と解することからの当然の帰結である。そこに羞恥感情の社会的性質をわきまえ、その社会的変化に慎重に対応するドイツのこの判決との差異がある。また、アメリカの諸判例が、流動する性表現上の社会的寛容さに留意しつつ、「顕著にいやらしい」か否かを判断するような態度がわが判例には欠けている。

二　社会的制約と羞恥の二重の社会性

勿論、この羞恥の契機は、その表現形式に関する社会的制約との関係で、不意打の読者を襲うであろう。しかし、さきにも指摘したように、その内容を予想している読者は、この羞恥を回避して性的刺戟のみを手に入れる。性表現の羞恥感情との関係は、客観的に存在する社会的制約との関係でのみ生ずる個人感情ではあるが、同意した大人との関係で大きな難点に遭遇する。そこで、羞恥感情を問題にするに当っては、不意打をうける読者が常に予定され、それを基準とすることにより、羞恥を生ずべきもの、羞恥心を害する傾向のもの、という形で、文書の客観的性質として規範的に把握される。文書の頒布という行為形態は当然にそこに不同意の大人への落手が考えうるので、この規範化じたいには理由があるが（猥褻概念じたいを頒布行為との結合においてとらえる立場があるが、ここでの理論はそれとは異なる）、羞恥感情に含まれている社会性、公然性、したがって、社会的制約の実質的内容を正確に理解する必要がある。その刑法的意味は、表現に関する社会的制約を無視する表現者の反倫理性という行為無価値と、そのような無視によって不意打をうけるであろう読者の側の羞恥感情への攻撃性という結果無価値、つまり侮辱に似た、一種のニューサンス的要素が含まれていることを知るのである。性表現の流動しつづけている社会的寛容さの限界という面でも、また、羞恥感情への攻撃性が具体的読者への現実的結果から離れて一般化されているという面でも、二重にこの契機の社会的側面があることが指摘されねばならない。

四　猥褻規制の将来

一　猥褻可罰の基礎の動揺

以上のように、「徒らに性欲を刺戟する」（「全体として好色的興味に訴える」）という要素と、「羞恥心を害する」という要素を考察してきた。そして、後者に特定の社会倫理違反の行為無価値と、抽象化されているがある種の結果無価値性を見出すことができた。しかし社会風俗を害する罪としての猥褻文書頒布の可罰性はそこに充分に表現されているだろうか。文書の全体的テーマの問題としての「徒らに性欲を刺戟する」または「好色的興味に訴える」という要素は、可罰の根拠とどのように係わるのか。この文書の具体的内容にかかる性質にこそ社会風俗との関係が示されるはずである。羞恥心が主として表現形式からとらえた猥褻規定とすれば、これらの契機は表現内容からとらえたものである。前述したように、猥褻表現に現われた性は、理性とか性以外の人間の生活関係とから全く捨象され、価値・反価値の対位法的表現を欠いた一面的な性描写、性の粗大化により人間を生理的な刺戟＝反応体にまでおしさげ、人間を性欲の裸の客体化においてとらえることになる（資料「アンドレアと赤い夜」没収事件ボン地裁判決、法時一一九・六・六三以下）。性欲を刹那的享楽の具とし、耽溺と乱倫が語られ（チャタレイ東京地裁）、婚姻外の性交の賛美、性欲の満足に限られた愛、誠実さや結婚に対する軽蔑的、嘲笑的態度、強姦をふくめた性犯罪や同性愛、性倒錯、サド・マゾの奨励と賛美等々、これらの性風俗の伝統に反した表現内容が問題となる。ここでは、個々の性表現の形式の逸脱という側面ではなく、その表現がセットされている内容の性的道徳秩序への背反性が直接問われ、性をとりあげる姿勢、性思想、性道徳そのものの是非がとりあげられることになる（但し、アメリカの判例は、伝統的に刑法は道徳の内容の是非を問題とすべきではないことを強調し、ドイツのファニー・ヒル判決がやっとこの線にたった）。勿論、これらの反伝統的な性行為現象が抽象的な道徳理論の問題としてではなく、性行為表現の社会的制約を無視した、性感覚の一面的描写と密接に結合して表現される。ここに従来から猥褻文書の、伝統的性秩序・性風俗への危険性と読者の健全な人格低下のおそれが指摘されてきたのであった。社会法益の抽象的危険、個人法益への具体的危険がその可罰性を支えてきたのである。

ところが、この基本的な法的社会的推論を基礎づける経験的証拠が明白でないとする調査や研究の結果が示され始め（Cairns / Paul / Wishner, 46Minn. L. Rev. 1009. 1038〔1962〕; Lockhard / McClure, 38Minn. L. Rev. 295〔1954〕; Dr. Jahoda's Studies, Roth 237 F 2d796. 815–816 ; President's Committee 1967. ; Simon / Gagnon, aaO ; Prof. Dr. Lothar Michel, Prof. Scarbath, KJ 1973. Heftl. 57）、既に西欧のいくつかの国は、猥褻文書の刑圧を原則的に、又は部分的に（西ドイツは暴力＝サヂスト的、幼児姦等を内容とするいわゆるハルテ・ポルノの可罰を残した）断念した（宮沢浩一「風俗を害する罪、平場＝平野・刑法改正の研究二六一頁以下参照）。猥褻文書の社会的有害性という基本的可罰支点を疑うとすれば、その処罰は専ら個人の羞恥感情への攻撃という側面が残るしかなくなる。ところが、それなら「同意した大人」にとっての可罰根拠は消失する。刑法は単に特定の道徳を刑罰で強制することになる。多元化した社会において、一般的合意のない徳目の刑圧は、限られた法的資源の有効な利用という面からだけでも賢明な政策たり得ない。反秩序的な少数者が刑圧によって却って多数派となる危険をおかすことになる（Charles Frankel, Minesota L. R. Vol. 61〔1977〕No.6, p.921 ff.）。ポルノの刑圧を維持しているアメリカでさえ、猥褻規制の実質は、文書じたいのポルノ性を捨て実質的には西ドイツの規制の線で動いているという。同意しない大人の保護、年少者保護、パンダリングの処罰と、何れも文書じたいの猥褻性はもはや可罰限界を画していないからである。しかも区画制限立法（zoning statutes）は合憲判決を経て次第にその行政規制の範囲を拡大しつつある（島伸一「表現の自由と捜索・押収」上智法学論集二一・一・参照）。

二　猥褻規制の二つの道

伝統的な猥褻処罰の根拠であった社会的有害性を否定するならば、猥褻法の将来は二つの道の何れかを選択せざるを得なくなる。一つは、アメリカのように、猥褻の刑事規制をハード・コア・ポルノに局限しつつ、フレンジ・ポルノの行政規制を強めてゆく方向である。他の途は、西ドイツのように、原則としてハード・コア・ポルノの一般的刑圧をすら断念し、同意しない大人と年少者の保護やパンダリングについてのみ刑圧を残す方法である。

ハード・コア・ポルノだけが問題でありうるならば、その比較的狭い市場と本来的な私的性質から問題は少ないといえよう。今日のこの問題の重要性は、フレンジ・ポルノにある。西ドイツがこの方面について、少年保護を超えてどのような法規制に進むのかは明らかではない。しかし、アメリカは、その行政規制の合憲判決をてこに、その規制を拡大しつつある。わが国においても、有害図書からの少年の保護に関する条例が動き始めている。これらの行政規制は、住民参加、当事者聴聞、自主規制体制を用意したとしても、規制対象の拡大に伴う限界の不明確さは、表現の規制の中核としての「事前の公正な告知」を欠き、政治的、芸術的表現の自由への大きな制約となる危険がある（ストラスブルグ・ヨーロッパ人権委員会に提訴されたイギリスのThe Queen v. Handyside (1971) 事件、Nebraska L. Rev. aaO.）。ニューサンス利益の保護・少年保護と表現の自由の保障との緊張がフレンジランドにおいて適切な基準を見出すためには、なお猥褻刑事規制以上の細かな技術的配慮が開発されねばならないであろう。管理社会は、フレンジ・ポルノの需要をより促進する傾向にある。住民本位の政治体制とそのもとでの健全な文化政策の推進充実とが、これらの歪んだ社会現象の窮極の解決策ではあろう。わが国の猥褻法が西ドイツの方向に向うにせよ、アメリカの方向に向うにせよ、その途は決して平坦ではありえない（平野龍一教授はすでに早い時期に同意した大人への解放と同時に行政規制の危険を指摘された。ジュリスト一九五二・二・一五号、六一・二・一号参照）。今日のわが判例の猥褻概念を憲法による制限解釈の方法によりアメリカの実情や西ドイツの刑法に近づける理論的、実践的努力が必要であろうし、ニューサンス利益と少年保護についての行政規制についてもフレンジ・ポルノを含めて有害図書の細かな特定化、規制手続の民主化、規制技術の合理化への努力が必要となる。

（法学セミナー増刊　総合特集シリーズ　『言論とマスコミ』）

第二四　刑罰法規の委任──猿払事件最高裁判決──

（最判（大）昭和四九年一一月六日　刑集二八巻九号三八三頁）

一　事実の概要は次の通りである。

「本件公訴事実の要旨は、被告人は北海道宗谷郡猿払村の鬼志別郵便局に勤務する郵政事務官で、猿払地区労働組合協議会事務局長を務めていたものであるが、昭和四二年一月八日告示の第三一回衆議院議員選挙に際し、右協議会の決定にしたがい、日本社会党を支持する目的をもって、同日同党公認候補者の選挙用ポスター六枚を自ら公営掲示場に掲示したほか、その頃四回にわたり、右ポスター合計約一八四枚の掲示方を他に依頼して配布した、というものである。」

国公法一〇二条一項は、公務員に関し、「……を除く外、人事院規則で定める政治的行為をしてはならない」と規定し、この委任に基づき人事院規則一四─七（政治的行為）は、右条項の規定する「政治的行為」の具体的内容を定めており、右の禁止に違反した者に対しては、国公法一一〇条一項一九号が三年以下の懲役又は一〇万円以下の罰金を科する旨を規定している。被告人の前記行為は、右規則五項三号、六項一三号にいう政治的目的を有する文書の掲示又は配布にあたるとして起訴されたものである。

「第一審判決は、右の事実は……右各規定に該当するとしながらも、非管理職である現業公務員であってその職務内容が機械的労務の提供にとどまるものが、勤務時間外に、国の施設を利用することなく、かつ、職務を利用せず又はその公正を害する意図なくして行った規則六項一三号の行為で、労働組合活動の一環として行われたと認められるものに、刑罰を科することを定める国公法一一〇条一項一九号は、このような被告人の行為に適用される限度において、行為に対する制裁としては合理的にして必要最小限の域を超えるものであり、憲法二一条、三一条に違反するとの理由で、被告人を無罪とした。原判決は、検察官の控訴を斥け、第一審判決の判断は結論において相当であると判示した。」検察官は両判決の憲法二一条、三一条の解釈は誤りであるとして上告した。

二　判決の要旨は次の通りであった。

㈠　公務員の右条項による政治的行為の諸類型の禁止は、その限度でそれら行動に含まれる政治的意見の表明の自由を制約することになるが、それらの行動以外の行為により意見を表明する自由までをも制約しているものではないから、公務員の政治的中立（憲法一五条二項参）による行政の中立的運営とそれへの国民の信頼を確保するという国民全体の共同利益を守るためには、これらの行為の禁止は、表現の自由に対する制限として利益の均衡を失していず、合理的にして必要やむを得ない限度を超えていないので、憲法二一条に違反しない。

原審と第一審が重要視した、公務の職種・権限の如何、勤務時間の内外、施設職務利用の有無、組合活動か否かを区別しなくても、本法の禁止目的と禁止行為との合理的な関連性を失うものではなく、また、本件のような行為は、政治的傾向の強い、広汎にわたるおそれのあるもので、その弊害は、原審などのいうように、決して軽微なものと評価すべきではない。

㈡　罰則制定の要否および法定刑の量は立法政策の問題であるから、この立法機関の裁量がその範囲を著しく逸脱し、罪刑の均衡その他の観点から、著しく不合理でとうてい許容し難いものでない限り、憲法三一条に違反しない。本件政治的行為の禁止違反はその保護法益の重要性からみて刑罰の対象となる違法性が認められ、かつ党派的偏向の強いものであることを鑑みるとき、この程度の罰則も決して不合理ではないから、右裁量の範囲を逸脱したものではない。

㈢　政治的行為の禁止が憲法二一条に違反せず（判旨㈠）、その違法性にして刑罰の対象となる違法性が認められる（判旨㈡参照）以上、その違反行為を構成要件として罰則を法定しても憲法二一条違反とならないのは当然である。

原審等判決が弊害の軽微なものにまで一律に刑罰を科すのは、かりに禁止が憲法二一条に違反しないとしても、結局二一条に違反しないとするのは、違法性の程度の問題と憲法違反の有無の問題とを混同するものである。

㈣　懲戒処分と刑罰とはその目的、性質、効果を異にするから同一の行為について両制裁を適用しうる建前をとったとしてもなんら不合理ではない。

原審等各判決が、憲法判断の根拠として両制裁を同列において比較し、司法判断により前者が「より制限的でない他の選びうる手段」と軽々に断定することは相当でない。

㈤　国公法一〇二条一項が人事院規則に、懲戒処分と刑罰の対象となる特定の政治的行為の定めを一様に委任するものであるからといって、そのことの故に、憲法の許容する委任の限度を超えることになるものではない。

(六)　被告人に対し罰金五、〇〇〇円を科する。

三　反対意見（大隅、関根、小川、坂本各裁判官）の要旨は次の通りである。

(一)　人事院規則六項一三号は、行政の政治的中立性への侵害・危険を一切問わず、公務員の身分をもつだけで包括的一般的に政治的文書の掲示、配布を可罰禁止するものであるから、憲法一五条一項、一六条、二一条、三一条に違反する。その理由はこうである。公務員を含めて国民の政治活動の自由は最も高い国民個人の基本的権利であるが、行政の政治的中立性も重要な要請であり、公務員の一市民としての政治活動の自由には一定の制約が公共の利益のため課される。この両要請は、公務の外様性を考慮して具体的個別的に調整されねばならない。公務員関係の規律上の義務として懲戒処分をもって特定の政治的行為を禁止するに当っては、その禁止の目的が憲法上是認しうるものであり、そのため必要にして適当なものと合理的に判断しうる範囲であれば、合憲的に制約しうる。この点の国会の判断の合理性を審査するに当たっては、特定の行為の中立性への侵害の現実的危険のみならず、抽象的危険をも斟酌してよい。国公法一〇二条一項の禁止は、懲戒処分に関する限りの基準に合致しており合憲である。しかし、可罰禁止の点から考えるならば、その合憲性の基準はより厳格であることを必要とする。その基準は、一般国民の政治的行為の可罰禁止の合憲判断と同じ基準である必要がある。つまり、禁止された政治的行為それじたいにおいて直接国家的社会的利益に重大な侵害をもたらし、またはもたらす危険があり、刑罰による禁圧が要請される場合に限られる。真に止むをえない最小限の範囲にとどまる必要があり、公務員の政治的行為の禁止においては、行政の政治的中立性とそれへの国民の信頼に関し、単なる観念的抽象的な危険や、その保護の裸の必要性、保護の万全性の程度では合憲たりえない。規則六項一三号は右の基準をみたしていない。

㈡　国公法一〇二条一項は、違反に対する制裁の関連からいえば、公務員につき禁止さるべき政治的行為の懲戒処分対象と可罰対象とを区別することなく、一律にその内容についての定めを人事院規則に委任している。このような立法委任は、犯罪の構成要件の規定を委任する部分に関する限り、憲法四一条、一五条一項、一六条、二一条および三一条に違反し無効である。その理由はこうである。委任は、当該法律の中で特定の事項に限定し、具体化の基準が指示されている限り一般的には合憲である。国公法一〇二条一項には禁止される政治的行為の設定について明示の基準の指示はないが、同法その他の法律全体から、行政の政治的中立性とそれへの国民の信頼の保持の目的のために禁止することが必要かつ相当と合理的に認めうるものを具体的に特定すべく委任したものと解釈できる。従って懲戒処分の対象として規律上の義務を課するものとしてである限り、このような広汎な概括的委任であっても、委任じたい憲法に反するとはいえない。しかし、可罰禁止規定の委任に関しては、懲戒処分対象と可罰対象との合憲性の範囲を異にすること、さきの指摘の通りである以上、その委任もまた同一の基準で合憲とすることはできない。おのずから別個の、より厳格な基準ないし考慮要素による委任の指示を必要とする。国公法一〇二条一項には、そのような指示を見出しえない。その無差別一体的な立法の委任は、可罰禁止の規定委任としては憲法に違反する。

㈢　国公法一〇二条一項による委任はこのように同法一一〇条一項一九号による処罰規定の定めに関する限り無効であるから、これに基づく規定もこの関係においては無効であり、その違反を処罰できない。原判決は結論において正当であるから、本件上告は理由がなく棄却すべきである。

（反対意見の上告棄却は反対意見要旨のみによってなされている。おそらく、その点が同要旨㈠よりも、違憲の根拠として、理論的に前提的であるからであろう――井上）。

四　罪刑法定主義の建前から、刑罰法規については、厳格な意味での法律による罪刑の定立が要求され、政令その他による命令によることは禁止される（憲法三一条）。しかし、憲法七三条六号は、法律の特定の委任があれば、その委任の範囲内で罰則を設けうることを予定している。この理解は、政令以外の命令について判例により認められた（最大判昭和25・2・1刑集四・二・七三）。とくに、人事院規則一四―七33・5・1についても先例がある（最判昭和33・5・1刑集一二・七・一二七二）。本件においで、あらためて、本件の委任の特定性の内容について争われることになった。

五　本件大法廷判決の意見を分かれしめたのは、結論の上では、規律違反と犯罪とでは、委任の合憲性の基準としても寛厳の差異をもつべきか否かにあった。そして、その争いの基礎には、両法域では合憲的に禁止しうる政治的行為類型にも広狭の差異があるか否かにあり、その対立は、東京中郵事件判決に鮮明に現われた「人権思想にたつ可罰違法論」と「秩序思想にたつ違法一元論」との対立の延長であるといえる。

懲戒処分と刑罰とは、その禁止の抑止力において格段の差がある。もちろん、懲戒処分だから禁止を課してもかまわないという訳ではない。違法である以上、それから遠ざかるのが国民の義務である。しかし、比較的おだやかな制裁は、その禁止の限界範囲を比較的正確に、当事者の双方に把握させ、その禁止をとりまく事実上のトワイライト・ゾーンは比較的狭いとみてよい。しかし、いったん可罰宣言が下されると、規制の側の緊張と受け手側の自己規制とは相乗的に作用して、とくに、抽象的危険しかない政治的行為の限界およびトワイライト・ゾーンの領域は比較にならぬほど拡大される。反対意見が「実際上あまねく国の政策に関する批判や提言等の政治上の意見表明の機会を封ずるに近く」と述べたのは誇張ではない。現実的な危険行為の処罰と抽象的危険行為の懲戒処分とが相まって、公務員の政治的自由と政治的中立性とがよく調和して共存しうる。

六　刑罰法規の委任の合憲性についての反対意見の基準は新しいものであって、この問題において、人権思想をより具体的に発展させ、刑法の現代的課題に見事に答えたものである。

七　本判決の参考文献としては、井上祐司「可罰的違法性」刑法の判例（第二版）、小嶋和司「立法の委任」憲法の判例（第三版）、吉川経夫「猿払事件」警察研究四八・四、中義勝「公務員の政治的行為と刑事罰」昭和四九年度重要判例解説（ジュリスト五九〇号）がある。

（刑法判例百選Ⅰ　総論（初版））

第二五　尊属殺の合憲性

（最判（大）昭和四八年四月四日　刑集二七巻三号二六五頁）

一　事実の概要

公訴事件によれば、父から一四歳の時に無理に姦淫された被告人が、その後も異常な生活を強いられ、相ついで五人の子供（うち二人は乳児のときに死亡）まで出産するに至っていた折、情を知らない同じ職場の青年から求婚されたのを機会に、忌わしいこれまでの生活を清算し、人間らしい生活を求めようとする被告人と、これを激しく拒み従来の関係を続けようとする父との間に、葛藤が続くうち、ある機会に遂に父を殺害するに至った事件である。第一審宇都宮地裁は、刑法二〇〇条をもって旧家制度の思想に基づく差別規定であり、憲法一四条一項に違反するとし、一九九条を適用、過剰防衛と心神耗弱を認めて刑を免除した（昭和四四・五・二九）。第二審東京高裁は、過剰防衛を否定するとともに、二〇〇条を合憲とし、無期を選択、心神耗弱、酌量減軽により三年六月の懲役刑を言い渡した（昭和四五・五・一二）。

二　判　旨

判旨によれば、下田裁判官一人の反対意見のほか、一四名の多数意見により、二〇〇条は憲法一四条一項に違反するとした。多数意見には、岡原裁判官の補足意見と、田中二郎裁判官を含む六名の裁判官の意見（この意見を便宜上少数意見とよぶ）が附された。

一　（多数意見）(1)「およそ、親族は、婚姻と血縁とを主たる基盤とし、互いに自然的な敬愛と親密の情によって結ばれていると同時に、その間おのずから長幼の別や責任の分担に伴う一定の秩序が存し、通常、卑属は父母、祖父母等の直系尊属により養育されて成人するのみならず、尊属は、社会的にも卑属の所為につき法律上、道義上の責任を負うのであって、尊属に対する尊重報恩は、社会生活上の基本的道義というべく、このような自然的情愛ないし普遍的倫理の維持は、刑法上の保護に値するものといわなければならない。しかるに、自己または配偶者の直系尊属を殺害するがごとき行為はかかる結合の破壊であって、それ自体人倫の大本に反し、かかる行為をあえてした者の背倫理性は特に重い非難に値するということができる。」

(2)「そこで、被害者が尊属であることを犯情のひとつとして……類型化し、法律上、刑の加重要件とする規定を設けても、かかる差別的取扱いをもってただちに合理的な根拠を欠くものと断ずることはできず、したがってまた、憲法一四条一項に違反するということもできないものと解する。

……しかしながら、……加重の程度が極端であって、前示のごとき立法目的達成の手段として甚だしく均衡を失し、これを正当化しうべき根拠を見出しえないときは、その差別は著しく不合理なものといわなければならず、かかる規定は憲法一四条一項に違反して無効であるとしなければならない。」

(3)「刑法二〇〇条の法定刑は重く、法律上執行猶予を言い渡すことができない。しかし、事案のなかには強い非難に値しないものもあり、処断刑の最下限を言い渡している例も決して稀ではない。このことは法定刑が極端に重きに失していることを窺わせる。」

(4)「このようにみてくると、尊属殺の法定刑は、……尊属に対する敬愛や報恩という自然的情愛ないし普遍的倫理の維持尊重の観点のみをもってしては、これにつき十分納得すべき説明がつきかねるところであり、合理的根拠に基づく差別的取扱いとして正当化することはとうていできない。

以上のしだいで、刑法二〇〇条は、尊属殺の法定刑……において、その立法目的達成のため必要な限度を遥かに超え、……刑法一九九条の法定刑に比し著しく不合理な差別的取扱いをするものと認められ、憲法一四条一項に違反して無効である……。」

(5)　原判決破棄。被告人の行為は刑法一九九条に該当し、有期を選択、心神耗弱により減軽処断し、その刑期の範囲内で懲役二年六月に処する。しかし、諸般の事情に鑑み三年間右の刑の執行を猶予する。

二　(補足意見)　(1)身分制道徳があるのは認めうるが、それは極端に重い法定刑のみに露呈されているもので、多数意見が立法目的からは説明がつきかねるとするのも言外にこの理を示すものである。

(2)「説明がつきかねる」とするのは、説明できない所以を説明するの煩を避けたものでことがらの性質上やむをえないところであるのみならず、その言外に含蓄するところは前述のごとくである。

三　(少数意見)　尊属がただ尊属なるがゆえに特別の保護を受けるべきであるとか、本人のほか配偶者をふくめて卑属の尊属殺人はその背徳性が著しく特に強い非難に値するとかの理由によって特別の規定を設けることは、一種の身分制道徳の見地に立つもので、個人の尊厳と人格価値の平等を基本的な立脚点とする憲法一四条の許さざる差別的取扱いである。立法目的は合憲で手段のみ違憲であるとするなら、立法政策上の法定刑均衡を失したものとしてむしろ憲法三六条からのみ論じうるにとどまる（田中裁判官の意見。小川、坂本両裁判官同調。下村裁判官、色川裁判官、大隅裁判官の各意見も、それぞれニュアンスの差はあるが、紙幅の関係で省略する）。

四（反対意見）　立法目的も手段も合憲とし、科刑上の困難は行政措置によるべく、また、この種の問題の奥深さから立法府の判断をことさらに尊重する必要があるとする。

三　解　説

一　多数意見は、法定刑の極端な高さを合理的に説明できないから不合理な差別であるという。しかし、その重さが合理的に説明できないとしただけでは、未だ直ちに、「だから不合理な差別である」とはいえまい。「恣意を排除した客観性のある結論」（下田反対意見）としてそう断定するには、合憲性の推定を破るだけの積極的な論証が必要であるように思う。報恩の倫理をもってしてもその異常な重さは説明できず、さらにそれ以外にこの重さを合理的に説明しうる根拠が見出せないともいう。しかし、合理性の検討がまちがいなく終了しているかどうかの客観的保障は示されていない。それ程の重い差別的取扱いが不合理であることを積極的に正面から論証する必要がある。「説明できない」としても「事がらの性質上止むをえない」とか、「言外に含蓄するところ」によって推量すれば足りる（補足意見）ということでは憲法一四条の違憲の根拠づけとして十分ではない。

勿論、合理的に説明のできない高さの法定刑が設けられていることは、その点だけで既に、憲法三一条の実体的デュー・プロセスの要請に反し違憲といえる。あるいは、吉川教授や田中意見のように、「残虐な刑」（憲法三六条）といってもよい。しかし、憲法一四条で事を論ずるには、その差別の合理性につき疑いを超えた、確定的な不合理性の論証が必要であろう。香川教授が「不合理の判示のみであって、不必要であることの説示はなにひとつなされていない」とされるのは、このような多数意見の論証の弱さを指摘されたものとして受け取ることができる。

二　補足意見は、多数意見が説明できないとした点を説明している。その異常な高さは正に身分制道徳によるものであると。説明できない高さだから不合理な差別となるのではなく、説明できるがその内容が憲法一四条の認めえない理由によって高められた重刑による差別であるというのである。

しかし、補足意見は、多数意見とともに、そして少数意見とは異なり、この違憲の理由は、あくまでも法定刑の高さにのみ露呈しているもので、尊属殺という特別の加重類型をおくという差別じたいには及ばないという。合憲的家族倫理もまた差別的取扱いじたいを合理化するからである。

平野教授は、加重の程度ではなく、加重の理由が問題であるから、その理由にして憲法の容認しないものである限り、たとえ僅かの加重でも、差別規定じたい違憲となると批判される。おそらく、補足意見もそれを認めるであろう。しかし、補足意見は、ある高さに達するまでは合憲的理由によって正当化されるという立場にたつから、その範囲内である限り、違憲の理由による加重はまだ始まっていないとするであろう。そして、依然として差別の設定一般は合憲であると答えよう。

こう見てくると、補足意見の違憲論は一応の説得性をもっている。しかし、真の問題点は、補足意見が多数意見とともに分有しているところの、「尊属への尊重報恩」の家族倫理が果たして憲法一四条の容認する倫理たりうるかどうかにある。

三　少数意見は正にこの問題に答えている。身分制道徳の性格は、たんに重い法定刑にのみ現われているのではなく、尊属殺の規定それじたいの中に現われている。「配偶者の尊属」を無造作に加え、近親殺の中から特に尊属殺のみを選び出した。尊属への尊重報恩は普遍的倫理であるとするが、その実質は親親たらずとも子子たるべしという権威服従の倫理、尊属という身分だけで重刑に値するという形式化された家族倫理であり、それはもはや憲法の予定する倫理とは無縁である（色川意見参照）。論者の殆どがこの少数意見を支持するのは当然である。近く、中谷教授は比較法史的な研究によって、わが尊属殺規定の後進性を明らかにしておられる。多数意見と補足意見にみられる憲法論は当然のことながら、尊属殺以外の加重類型の合憲性を予定する。尊属傷害致死罪についてこのことは現実のものとなった（最判昭和49・9・26刑集二八・六・三二九）。この加重も、仲地助教授の指摘されるように、尊属に加えられた暴行傷害じたいの「忘恩性」によってのみ説明できる。

四　反対意見は、尊属殺を合憲とした旧大法廷判決（最判昭和25・10・11刑集四・一〇・二〇三七）の趣旨をひきつぐものである。

五　平野教授は、この多数意見が仮想的に合憲的尊属殺規定に言及した点をとりあげ、違憲審査として不当であると批判される。多数意見は、尊属殺加重規定じたいと法定刑とに分離して憲法判断を進め、現二〇〇条も、加重類型設定という抽象的レベルの問題としては合憲とした。このことが右の批判をよんだのである。一つの規定を分離して憲法判断を相対的に行う時、必然的にその要素を含むことになる。いわゆる一〇・二六中郵判決においても、公労法一七条につき、解雇との関係では合憲だが、刑罰との関係で、同条が労組法一条二項を排除する程に強く読みとられるとすればもはや違憲であるとする趣旨が窺える。そして、そこにも、公労法上可罰に値する争議行為のある類型化が語られている。思うに、違憲判断には、ことがらの性質上その立論の過程においてこのような仮定的な合憲規定への言及ないし暗示を含まざるをえないのではなかろうか。西ドイツでは違憲判決を本性にそってモビライズするため、事後的無効や補充的立法機能が論ぜられている。今後の課題である。

参考文献

青山道夫・鍛冶千鶴子・吉川経夫・鶴見祐策・法と民主主義七〇号、中谷瑾子・法学研究五〇巻七号、金沢文雄「尊属殺違憲判決をめぐって――法と道徳の見地から――」判タ二九七号二頁、大塚仁・ジュリスト五三二号、香川達夫・判例評論一七二号（判例時報七〇〇号）、同・昭和四八年度重要判例解説（ジュリスト五六五号）、同・法学教室〈第二期〉二号、平野龍一・警察研究二五巻三号、同・法律時報四五巻六号、福田平・法学教室〈第二期〉七号、仲地哲哉・愛知学院大学論叢法学研究一九巻四号、西原春夫・法学セミナー二五九、二六〇号。

（刑法判例百選II　各論）

第二六　刑法上の絶対的責任——ランバート事件——

(Lambert v. California, 355 U. S. 225 (1957))

一　事実の概要は次の通りである。

ランバート夫人は、ロス・アンゼルスの街角で警官から近寄って話しかけられ、その場で麻薬の疑いで引っぱられ、手錠をかけられてパト・カーにおしこめられ、警察署に連行された。身体検査や尋問をうけたが麻薬法違反の証拠は何も出てこなかった。しかし、警察は、ランバート夫人がかつて文書偽造罪で有罪判決をうけたこと、しかし市条例によって義務づけられているところの、重罪人登録をしていないことを発見した。そこで彼女は市条例の重罪人登録義務違反として起訴された。

ランバート夫人は、七年間ロス・アンゼルス市に住んでいたが、この条例の存在を知らなかった。条例もまたランバート夫人のような該当者に告知する規定をもっていなかった。また、実際、彼女にはそのような義務のあることを合理的に覚知しうるすべは何もなかった。法廷で彼女はこの不知の立証を申し立てたが却下され、有罪、罰金二五〇ドル、三年の保護観察を言い渡された。彼女は、本条例の登録条項はデュー・プロセス違反であるとして合衆国最高裁に上訴した。

二　判旨を分説すれば次の通りである。

(一)　ダグラス判事、四人の判事が同調。「問題はこの種の登録法が、登録義務について何の現実の認識もなく、又は、その認識の蓋然性について何の証明もない者に適用されるとき、デュー・プロセスに違反するかどうかである。立法者には、ある犯罪を宣言し、その定義から認識やそのための努力をするという要素を排除する広い自由がある」(Chicago, 220 U. S. 559)。「しかし、われわれがとりあげているのは、全く受動的な行為、たんに登録しないという行為である。それは作為の実行でないし、また行為者にその行態の結果へと警告するような情況下での作為の懈怠でもない(比較せよ、Shevlin-Carpenter Co., 218 U. S. 57; Balint, 258 U. S. 250; Dotterweich, 320 U. S. 277)」。「われわれのデュー・プロセスの概念のなかに深くしみ込んでいるのが告知の義務である。告知は、市民が公訴から防禦する機会をもつために、時として本質的なものとなる。」「この条項(登録義務)の違反は、何らの積極的活動に伴われるものでなく、都市にいることだけが基準である。その上、登録の必要性に関して人をして吟味へとおしやるような情況は全く欠けている。精々この命令は法執行機関の便宜のために発案された法執行技術以外のなにものでもなく、それを通じて、その後当市にある重罪人の氏名と住所のリストが編集されるのである。届け出でさせて、発生管轄において既に公に記録された前科を単に蒐集するにすぎない。」「にもかかわらず、この上告人は、逮捕後に警察から初めて義務の存在を知らされた時、法に従い登録を申し出たがその機会を与えられなかった。しかも、彼女の不知につき何ら非難さるべきものがなかった時にも刑罰を避けえないのである。」「われわれは、登録義務につき現実の認識があったか、又は、その認識をもちえた筈なのにその義務を履行しなかったことの証明のあったことが、本命令のもとでの有罪判決がなり立つ前に必要であると信ずる。」「人が登録義務を知らなかったとき、およびそのような認識の蓋然性の証明がない時は、デュー・プロセスに合致して有罪判決をうけることはない。」

(二) バートン判事反対意見。本件上告人に本命令を適用しても彼女の憲法上の権利を侵害するものではない。

(三) フランクファーター判事反対意見、ハーラン、ホイットテーカー両判事同調。「本条例は他の一連の法規同様、警察権の行使による規制手段のなかに見られるもので、その目的は、それじたい悪としての犯罪の処罰にではなく、ある社会的な善の達成にある（Balint, 258 U. S. 250）。麻薬の事実につき全く無実の者の所持を五年の懲役に処するのと、本件につき二五〇ドルの罰金、三年の保護観察に処するのと、その間に公正さ、峻厳さの問題として、また言いたければ正義の問題としても、両者の間に全く区別はない。特定の心理要素を峻厳さの配慮から立法者は排除する。その場合でも、法の要求するところとその遵守に対する制裁との間に著しい不均衡があれば、修正八条（残虐な刑罰）、ひいて修正一四条の違反となることはある。しかし、本法廷の判決は、作為と不作為の間に憲法上の区別を引こうとするものである。この区別を合憲・違憲の区別とすることは許されない。」「私はこの判決が先例の力強い流れからの孤立した逸脱であって、法の大海に浮かぶ捨小舟として覆るであろうことを信じている。」

三　解説すれば次の通りである。

(一) 本件は厳格責任（absolute or strict liability）に関する判例であるが、モリセット事件（342 U. S. 246 (1952) 爆弾の空ケースを売り払った管理公務員のconversion事件）と共に、厳格責任の批判的態度をとったものとして特に重要である。一九世紀中葉以来の社会関係の複雑化に伴う行政規制の増大につれ、刑法の基本原則である責任主義の要請を不必要とする一連の制定法犯罪がつくられてきた。酒類販売、食品薬物販売から始まったこの傾向は、保健衛生・度量衡などに関する一般警察規則へ、さらに、自動車・交通、建築・鉱工業ならびに工場法へ、またある種の治安立法へと及んでいる。社会経済生活への法の介入が拡大強化されるにつれ、これら制定法犯罪は、かつての公共福祉違反罪（public welfare offence, civil offence, public tort）という範疇をこえ、その制裁もかなり高額の罰金や懲役刑すら含むに至っている。かつてはこれら厳格責任を許す法規について、この種違反事件の量の膨大さ、故意の立証困難という実際上の配慮と、他方でこの種規制の広い公共利益保全の必要性、比較的重大でない制裁により犯人の処罰じたいではなく違反の継続阻止・予防、高い注意基準の奨励という観点から、「健全な立法政策」とされてきた（Sayre, 33 Colum. L. Rev. 55. (1933)）。

この厳格責任の考え方は、古くから存在していたコモン・ロー上の文書誹毀（libel）につき認められてきた新聞発行人の絶対的代位責任や、一定の年齢以下の少女に対する種々の性犯罪についての年齢錯誤の抗弁不許容、重婚（bigamy）・姦通（abultery）におけるボナ・フィデの抗弁不許容、さらに一般的な「法の不知は宥さず」の原則とも深く係わりあって展開されてきたものであった。

㈡　しかし、二〇世紀以後の行政機構の整備発展、規制範囲の拡大、価値観の多元化などの新しい社会変化は、この種制定法犯罪に質的変化をもたらし、再検討の気運が高まってきた。合衆国の批判的なこの種判決も、このようなコンテキストで理解する必要がある。

勿論、本来的な公共福祉違反罪においても、若干の判決は、責任主義を厳格に要求し、あるいは過失を要求した（Edwards, Mens Rea in Statutory Offences (1955)）。また、立法も改正を重ねる間に、注意を尽くしたことを免責事由とする規定を設けるものも現れている（例えば、Food and Drugs Act (1955) Sec. 113(1); Factories Act (1961) Sec. 161 (4)。学説も多く厳格責任に批判的である (G. Williams, General Part 240 (1955); J. Hall, General Principles 325 (1960); G. O. W. Mueller, 42 Minn. L. Rev. 1043 (1958); G. Hughes, 67 Yale L. J. 590 (1958); H. M. Hart, 23 Law and Contemp. Prob. 401 (1958)）。

合衆国においては、この判決以後において、例えば、スミス事件（361 U.S. 147, 1959）が同様に厳格責任に批判的な判決をした。書店主がわいせつ本と知らずに店頭にならべたことがロス・アンゼルス規則に違反するとして起訴された事件について、判決は、州に厳格刑事責任立法をする権限はあるとしつつも、本件のように内容の認識のない書店主を処罰することは、ひいては憲法上保護さるべき表現の自由を禁止する傾向をもつとし、国の権力による表現の自由への介入に余りにも大きな扉を開くものとして本条例を憲法違反とした。

また、イギリスではスウィート事件（Sweet v. Parsley, 1969 1 All E. R. 347, 2 W. L. R. 470）がある。女教師たる被告人がその借家の一部を転借していた住人がカンナビスの喫煙をしていた。「カンナビス喫煙の目的で使用された屋敷の提供にかかわった」として起訴された。その喫煙の事実を知りえない情況があったのに、厳格責任として有罪とされた。上院は本規定は厳格責任ではないとし、有罪判決を破棄した。屋敷を提供する目的が喫煙のためであることを要し、誠実にかつ合理的理由により喫煙の事実を知らなかった時は、この目的がなく無罪である、とした。この際、判決は、原審のような規定の運用は、ホテルや一般借家の提供、友人の来訪にすら過剰の規制を及ぼすこと、無実の行為者に犯罪人の烙印をおすことの重大さ（本件でこの女教師は職を追われた）が規制目的と比較衡量されている。

このように、厳格責任批判、責任主義復権の背後に、とくに第二次大戦後の一定の社会変化が反映していることを理解することができる。ランバート事件に関する登録義務についても、通例の慣行としては、看守、パロール、保護観察官、有罪宣言をする判事が登録義務を告知することになっており、ある地方では（ニュージャージー・レイクウッド）警官が、バスターミナル、ホテル、レストラン、郵便局などに登録義務のあることを報知する文書を配布しており、ミネソタのセントポールでは、新聞の論説やラジオ・テレビを通じて、公衆に登録義務の命令のあることが広く報道されていた。本件のばあい、単なる法律の制定・公布のみをもってしては、告知としてたりないとするものであり、そこにも今日的な社会変化が反映している。

㈢　本判決について論者はその結論を高く評価するものの、判決理由が作為・不作為の区別の上に、しかも限られた形の不作為に限定した点を批判する。「法の不知は宥さず」の暗い原則からの離脱を、不作為犯一般に（Hughes）、あるいは犯罪全般におよぼし（Hart ; Mueller ; C. Hawards, Strict liability 98 (1963) ; G. D. Fletcher, 15 U. C. L. A. L. Rev. 1203 (1968)）、違法認識の可能性によってメンス・レアの基礎を確立せよとするのである。

確かに、このような規範主義的な責任論は、厳格責任合理化の一つの途ではある。日本やドイツの学説の大勢もその方向にある。しかし、膨大に肥大したこれら制定法犯罪の大群は、責任主義の回復・徹底ということですべて問題が解決するものではない。既に早く、ホール教授は、刑法と公衆の道義観との一致を説いて、法社会学的研究を通じて事案の類型化をはかり、独立のCivil Offences Actの草案、行政・司法手続の整備新設の下に、真の当罰性のある刑事犯——行政機関の警告無視による悪質な故意違反——のみをとり出すことを提案している。また、イギリスのある委員会は、厳格責任の廃棄とこれに代わるより有効なコントロール手段の検討を宣言している（*Law Commission's Working Party or Codification of the Criminal Law*, Published Working Paper No. 17, 1968, pp. 13-17）。

今日この分野について社会学的分析が進んでいる（M. Smith and A. Pearson, Crim. L. Rev. 5 (1969); M. G. Carson, Modern L. Rev. 396 (1970)）。そこで行政裁量が大きく働き、厳格責任の苛酷さが避けられているという。とくに、カーソン氏は、この行政裁量の基礎に、一般化された道義非難テスト（過去の違反や警告、事業所の態度、政策の一般的評価）が置かれていることによって、「行政査察」という特殊の道具を通じて、一方で必要な刑事訴追と、他方で業務の基本態度の変化の導入とが調和し、そこに刑事裁判所では果たせない有効な機能が果たされているという。いずれにせよ、全般的な実態の正確な把握に基づいて、責任主義と公共の利益保護の今日的調和を求めるべく、刑法と行政法の適切な関連と区別を見出すことこそ、緊急の課題というべきであろう。

（英米判例百選Ⅰ　公法）

第二七　危険の実現としての因果問題

この特集は、昭和五一年六月五日、府中市民会館において開催された第五一回刑法学会の「共同研究・因果関係」の記録である。なお報告にあたられた井上祐司会員は、その後病気入院などのことがあったため報告を再現することができなかったので、当日提出された報告レジュメを掲載することとした。

一　相当性説をあくまでも因果論として構成しようとする試みが現在の作業目標である。そのためエンギッシュの危険とその実現の判断を因果理論として純化するため、ハートの条件・原因区別の理論を利用したい。

二　このような方向は、過失犯の構造に一定の変化をもたらす。伝統理論では、その客観面として裸の行為と結果との条件関係、その主観面として結果の予見可能性が考えられていたが、今や危険な行為ということで過失の実行行為を考えることになる。過失責任は結果の主観的予見可能性を中核とするが、その前提として、まず、客観的に当該行為が危険でありその行為に内在している結果への因果力がその具体的結果として実現したことが必要である。危険性とその実現を責任の証拠として論じてきたが、これは不充分であると思う。

三　行為の危険性は、いわゆる新過失論の客観的注意と同じではない。ここには結果への因果的関心はあるが、義務違反とか、行為の危険性と有用性との較量（法的許容の限界）という違法評価を含まないからである。新過失論のたてたこの問題領域は、ここでの立場では、あくまでも過失責任の中で論ぜられることになる。

危険の「実現」というのは、事実問題であって、可能態から現実態への変化は行為の因果力についてのみ思考可能である。

四 危険とその実現の問題は、これまでむしろ規範的に説かれてきた。しかし、これらの問題のうち、あるものは、過失責任の注意義務認定の前提として考えることが適切であるので、これをここから除き、危険の実現を純粋に因果問題として構成してゆきたい。

五 ハートは、英米法において、因果問題である、"proximate"、"remote"の区別が次第に予見可能性説やリスク説という政策論法的傾向に置きかえられつつある現状に反対し、条件・原因の区別は、法政策をこえた日常生活のわれわれの観念に深く定着している区別であり、この日常用語上の条件・原因区別の上に、初めて法政策は加味されるべきだとした。

ハートは、外界の変化を直接にもたらす行為（多くは他動詞として表現される）を、因果用語の基本にすえ、この周辺にこの用語法のメタファーが人と人との間の交渉についても生れるとした。刑法における行為類型について言えば、基本型としての「結果を惹起する」（causing harm）因果類型は、故意過失の作為犯で、その因果は目的操縦を実体とし、行為と結果は一応ゆるやかな規則性を以て連なり、その間に第三者の有意行為、偶発事故（coincidence）が介入すれば因果は切れる。しかし「機会を提供する」（providing an opportunity）因果類型にはその否定型として故意過失の不作為犯、その肯定型として幇助犯が考えられ、この分野では、「規則性」は問題にならず、標準的実践、期待された手順からの逸脱を実体とし、行為と結果との間に有意行為が介入しても因果はきれない。ここでは、「リスクの範囲内」が因果吟味の基準となる。「行為動機を提供する」（providing a reason）因果類型

（教唆犯）、「他人をして行為せしめる」（causing (or inducing) others to act）因果類型（間接正犯）についても独自の因果論を構成する。

六　具体的事案への適用

(1)　危険の実現が規範的な理由によって阻害される場合はここから除かれる。例えば、東京高判昭和45・5・6判決——位置問題としての速度と速度制限の規範目的。仮定によって動かしうる限度（被害車の発見可能地点）。

(2)　行為時の特殊事情（co-existing circumstances）は事件進行の背景をなしそこを通って行為が展開するものであり、因果経過中に介入する偶発事故とは区別される。特異体質が競合しても因果は肯定される。例えば最判昭和46・6・17（かくれた心臓疾患）。

(3)　講壇設例（時限爆弾の仕掛けられた飛行機と旅行の勧誘）。四つの類型。第Ⅰ（偶発事故できれる）、第Ⅱ（有為行為できれる）、第Ⅲ（間接正犯として原因となる）、第Ⅳ（自ら仕掛けた直接正犯）。

(4)　介入行為が完全な有意性を欠く場合、又は介入事実が充分な偶発性といえぬ場合。

（例イ）米兵ひき逃げ事件（最判昭和42・10・24）におけるBの引おとし行為（犯跡隠蔽への加担）。

（例ロ）三%ヌペルカイン事件（最判昭和28・12・22）におけるCのかたよせ行為（通常の錯誤・過失）。

（例ハ）鉄棒つまづき事件（最判昭和25・11・9）における被害者の逃亡（自己保存・通常の過失）。

（例ニ）道頓堀溺死事件（大阪地判昭和40・4・23）と火あぶり水中ショック死事件（大判昭和2・9・9）との区別。

七　その他

第二八　争議行為と可罰的違法性

一　このテーマの背景として、争議行為の制限禁止と犯罪構成要件該当後の刑事免責との関連という問題がある。とくに、公労法違反事件や国公法、地公法違反事件について長い間の論争があり、最高裁の大法廷判決にもこの問題を直接とりあげたものがあった。しかも、その大法廷判決は、いわゆる四・二五判決以来逆転した。この逆転は、可罰的違法性の理論の最高裁による拒否として位置づけられたり、「憲法次元における違法二元論」から「違法一元論」への転換とされたりしている。憲法問題と違法論とは本来別個の問題であるが、一〇・二六判決が解雇禁止の合憲性と可罰禁止の違憲性という憲法判断を示したことから、恰も違法という観念の相対性（二元論）と全法域性（一元論）との争いが右の憲法判断に関連があるように受け取られている。

憲法判断においては、ある具体的な法規と憲法の条項との、法規の間同士の判断であり、他方、違法論が問題とするのは、常に具体的なある行為の法的評価である。行為の具体的な評価は、違法論としては、何らかの不法効果の実定法上の前提要件の問題として登場するので、関連の法規、第一には、刑法に限っていえば、犯罪構成要件（罰則）の問題として、第二には、構成要件該当行為の違法評価（違法阻却事由、いわゆる刑事免責）の問題となる。いずれも実定法規上の問題であるから、違法論の問題には、それに立ち入る前に、憲法判断による実定法規の合憲、違憲の問題が先行する。一〇・二六判決の右の憲法判断は、特定の違法論上の観念や理論から語られたものではない。勿論、その憲法判断を示すに当たり、単純労務不提供としての争議は債務不履行（民事不法の一種）であるとか、可罰性をもつに至る争議の態様が例示されたりしているが、その判決の要点は、公労法一七条の争議禁止の法意を労組法一条二項の刑事免責を剥奪する程に強く読むことは憲法二八条に違反するがゆえに、刑事事件との関係では改めて労組法一条二項の問題を論ずべきだとした点にある。違法の観念が相対的であって、全法域性をもたないからそうなのではない。公労法上の違法が仮に違法の観念上全法域的であるとしても、右の憲法判断に服さざるをえないのである。

四・二五判決を境にして、二つの大法廷判決が示されたが、この二つの憲法判断のいずれが適切で優れたものか、いずれが今後国民の支持をえて憲法の判断として定着していくかという問題が、このテーマの中心問題である。したがって、いわゆる逆転判決の理由の中に、あえて可罰違法の観念との共通の部分や残滓を見出すことは、今後の法廷闘争上の論理としてならば別として、右の中心問題をめぐる二つの憲法判断の当否こそが、今日の段階でも依然として問題の基本であることをいささかでも曖昧にしてはならない。一〇・二六判決を違法阻却型可罰違法論とよび、四・二五判決を構成要件阻却型可罰違法論とよぶ用語法が用いられ、逆転判決によってそれが否定されたとする主張もみられるので、特に、憲法判断と違法の観念との区別を明確にして真実の争点を正面にすえておく必要がある。

二　刑法の謙抑主義の立場から可罰違法論を提唱された佐伯千仭博士の立場は、行為法と制裁法とを峻別する規範説や、規範衝突の解決の法理としての目的説に比して優れており、この佐伯理論に今後の違法論の将来を展望する立場が力強く主張されている（米田泰邦、生田勝義）。

構成要件論、違法論は刑法の基礎理論であり、その構成は、さらに法の本質や国家論にも連なるものであるが、支配のための法を国民のための法へと変革していくという課題に立って再構成する必要がある。問題をこのテーマに限っていえば、佐伯理論において、労組法一条二項の「準用」が憲法上義務的であるという主張、ならびに、その「準用」による違法判断の内実が、公労法の違法にもかかわらず、あくまでも、争議行為の正当性の判断に影響をとどめていない点が強調される必要がある。可罰的違法性阻却事由という位置で問題を処理する構成にもかかわらずその内実の憲法性と判断基準こそ重要である。公労法の禁止にもかかわらず、「もともと正当な争議行為の範囲にある限り」労組法の正当化事由を「準用」して違法性を否定されるのである。全法域にわたって正当性をもつものではないが、この可罰違法阻却事由の内実は、正当化事由の判断と全く同一の内容であって、しかもそれを憲法が要請しているのである。「準用」と「適用」とは犯罪論体系の用語上の形式の上の差異にすぎない。

三　藤木英雄博士の可罰違法論は、その多元的違法観（〈緊急性〉〈常軌性〉〈軽微性〉）の一環をなす点に特徴がある。問題解決的思惟の典型であり、実践的にも有効であった。争議行為との関連では二つの場面がある。単純労務不提供としての争議を社会的相当行為の一つとして、〈常軌性〉を正当化シンボルとする構成要件該当阻却説、さらに、ピケット等における平和説得を超える灰色の部分を行為無価値論により、〈軽微性〉を正当化シンボル（構成要件の予定する程度の実質的違法性不存在）とする構成要件該当阻却説である。これらの理論において、争議権やピケット権の規範構造は新しい権利であるだけに抑制的であることが司法判断として事がらの性質上正当であるとされる見解に基本的な問題がある。新しい権利（労働基本権）が暴行の権利や殺傷の権利である筈はない（緊急行為の正当化にはその契機が厳格な要件の下で承認されている）。しかし、最高裁のいう規範構造は、日本の現実の労働組合の組織上の特徴や労働争議の実態に即して判断すると、争議権等の法認の実質を持ちえないし、したがってその規範構造を実態に照応した内容にすることが法理論的に重要である（「新しい違法阻却事由の仕上げ」）。

藤木理論の二つの阻却説については、前者では結局争議行為の正当性の限界という法益衡突を解決することによってのみ社会的相当な争議と不相当なそれとの区別をするしかないという点、後者では動機目的の違法と法益侵害の態様の可罰感情評価に重点があって法益較量という契機が欠落している点に問題がある。さきの規範構造の保守性とも関連するが、具体的事件における当事者の権利意識や規範意識の中に新しい権利の規範構造にまで昇華すべき契機の有無を点検していくこと、具体的規範構造に照らして事実の具体的適用例を積み重ねていくことが、「もはや正当とはいえないが逸脱の程度が軽微だから（実質的に、可罰的に）違法でない」という領域を設けておくことより、基本的により重要であると思う。

四　最高裁四・二五判決以来の逆転判決について、「憲法次元における違法二元論から違法一元論への転換」という主張がある。これは、二つの憲法判断を標語的に示すものとして語られる限度では問題は少ないが、実際は、合憲的に禁止された行為についてさらに憲法上正当な行為があるという一〇・二六判決の憲法判断が憲法の解釈論として背理であるという主張が含まれている点で看過できない問題である。さらに、そこには、禁止の合憲性と制裁の合憲性とを分離し、後者については立法政策における裁量権濫用の問題として憲法判断を行なうとする枠組みがあり、一〇・二六判決の憲法判断との間に、既に枠組みとしての実質的な開きがある。したがって、制裁の合憲性としては、憲法二八条と公務員の全体の奉仕者性（職務の公共性）との調和を直接比較するという構造をとらない。「合憲的禁止」という言葉がいつの間にか「全法域的禁止」に読み変えられる。一〇・二六判決は、無条件の全面一律禁止の違憲性をこそ説いたのであり、それを前提にして初めて公労法一七条の合憲を認めたにすぎない。争議権の濫用について警察権の介入の必要があること勿論であるが、憲法二八条のある今日は治安警察法時代のように、公務員であれ、争議の態様如何を問わず一切犯罪視する法意識は残存しえない筈である。憲法次元における違法一元論というのは、そのような法意識の理論的衣裳にほかならない（臼井滋夫『可罰的違法性論』に対する批判的検討、警察学論集・昭五二・九、同・最近の最高裁判例にみられる違法性の理論、研修・昭五一・三～七）。

五　いわゆる久留米駅事件方式について違法論の立場から触れる必要がある。争議行為と争議に際して生じた個別的な構成要件該当行為とを区別し、後者について「法秩序全体の見地からの許容性」を論ずるものである。しかし、その方式の内実には、具体的許容命題（例えば、争議権とか団体権とか表現の自由など）をたててその許容の限界を論ずるという、いわゆる目的説でさえ手段の相当性の中で論ぜられたところの、法益較量の実質が欠落している。それは諸般の事情論とも共通性はない。具体的許容命題の明示を欠くため、法秩序全体の見地からの許容性といってみても、実際は、かつての「社会通念」型の論理と同様に、動機目的の違法を説き、法益侵害じたいを手段の不相当と断定するのみで、当該行為が争議行為として、または団結権の行使として、または表現の自由として担っている筈の積極的な法益保全という客観的側面が無視されてしまう。この方式が民間の争議にも適用されているが、そこでは、民間の争議行為についてさえ憲法二八条の保障が空洞化していく危険がある。法秩序全体の見地という言葉はあるが、具体的許容命題の指示がないので、一体何として許容しようとするのか、許容の限度をどのような判断で行なうのか一切不明である。公労法上の違法な争議という動機目的が許容性否定の重要な要素とされる。公労法一七条の禁止の法意を解雇の限度にとどめることによって辛うじて合憲性をもちうるという一〇・二六判決の人権思想の精神は、禁止された争議の決議の無効、就労の権利という論理（東京高判昭和47・10・20判例タイムズ二八三号一二〇頁、最決昭和45・6・23松本正雄裁判官反対意見、同事件上告趣意—判例時報五九六号九四頁、九六頁。これに対する批判として拙著・争議禁止と可罰違法論（昭和四八・四）二二一頁以下、蓼沼謙一・労働法律旬報八六四号参照）に対してと共に、このように目的の違法性として刑事事件に拡大していく解釈に対しても、これを憲法的に禁止している筈である。久留米駅事件方式は、このように、歪められた目的説の形をとって、法益較量のない、したがって、実質的に違法判断をもたない「実質的違法」論を説くものである。この方式は、秩序思想の憲法判断とそれに系譜的に連なる一連の判例違法論、とくに「社会通念」型のそれに近いものとして位置づける必要がある。

（ジュリスト増刊　労働法の争点）

<著者紹介>

井上祐司（いのうえ・ゆうじ）

九州大学名誉教授，名古屋経済大学名誉教授。
主著『争議禁止と可罰違法論』（成文堂，1973年），『行為無価値と過失犯論』（成文堂，1973年），『因果関係と刑事過失』（成文堂，1979年），『法における因果性』（共訳，九州大学出版会，1991年）。

刑事《けいじ》判例《はんれい》の研究《けんきゅう》（その一）

2003年6月10日　初版発行

著　者　井　上　祐　司

発行者　福　留　久　大

発行所　（財）九州大学出版会

〒812-0053 福岡市東区箱崎7-1-146

九州大学構内

電話　092-641-0515（直通）

振替　01710-6-3677

印刷／九州電算㈱・大同印刷㈱　製本／篠原製本㈱

ISBN 4-87378-786-6

アルトゥール・カウフマン／甲斐克則 訳

責任原理 ——刑法的・法哲学的研究——

Ａ５判　五二六頁　七六〇〇円

刑法学および法哲学の碩学アルトゥール・カウフマンが、法存在論の観点から刑事責任の本質に迫りつつ、責任原理の意義と基礎づけを明示し、過失犯、結果的加重犯、客観的処罰条件、量刑、刑罰論、行刑等の諸問題について責任原理に根ざした理論を展開する不朽の名著の完訳。

H・L・A・ハート、T・オノレ／
井上祐司・真鍋　毅・植田　博 共訳

法における因果性

Ａ５判　九八六頁　一五〇〇〇円

本書は、民・刑事にわたる千件以上の判例について、分析哲学的手法をもって、不法行為や犯罪など、法的答責性制度の客観的側面である因果性の分析を行った大著。

J・フロウド、W・ヤング／井上祐司 訳

危険性と刑事司法

Ａ５判　三一二頁　四五〇〇円

ケンブリッジ大学社会学教授フロウドらは、いわゆる保安処分として、新しい『保安刑言渡制度』を提案している。手続保障を明確にしているのが一つの特徴であろう。

アントニャン、ボロディン／佐藤雅美 訳

犯罪現象と精神異常

Ａ５判　二四八頁　四五〇〇円

犯罪学や法学の知見にとどまらず精神医学や心理学の成果をも利用して、精神異常と犯罪との関係を明らかにするとともに、「責任能力ある精神障害者」の犯罪現象の予防に向けて、刑事答責、鑑定・刑事手続き上の問題、矯正、再社会化の問題に関して詳細かつ多面的な提言を行う。

九州大学法政学会 編
九州大学法学部創立七十周年記念論文集

法と政治 ——二十一世紀への胎動——（上・下）

Ａ５判（上）四三四頁　（下）三八六頁　各七〇〇〇円

幾多の個別研究対象の広がりにもまして、新たな世界像が問われる今、二十一世紀の新しい地平へのステップを刻むべく編まれた論集。政治学・基礎法学中心の上巻と、公法学・私法学中心の下巻の二分冊。

（表示価格は本体価格）